本成果受到中国人民大学"统筹支持一流大学和一流学科建设专项"（原"985 工程"）的支持

中国和平发展与国际制度

当代世界与中国国际战略

China's Peaceful Development and International Institutions

蒲　俜　著

社会科学文献出版社
SSAP
SOCIAL SCIENCES ACADEMIC PRESS (CHINA)

总　序

　　进入新世纪以来，随着中国崛起进程加快，中国与世界的关系正发生历史性变化。中国通过自身的改革开放逐步"融入"现存的国际体系。中国的国家实力明显增强，国际地位显著提高。某种程度上，中国已经从国际体系的边缘走到中心，中国与世界的关系高度相互依赖，中国对世界的全方位影响日益增强，世界对中国崛起的复杂认知和期许相伴而生。与此同时，中国在国际社会中的话语权、国际规则的制定权仍然缺失或不足。随着中国国家利益的全球拓展，中国遭遇外部世界的风险也愈加突出，中国与外部世界的碰撞和矛盾也有所增多。一个对外开放的中国如何认识和看待外部世界，特别是随着中国崛起的态势日益明朗，中国应该如何认识自己过去的发展，如何定位自己的未来角色，如何回应国际上的要求和期待，如何应对各种不同的国际挑战？种种新的问题不断出现，也使一个处在改革开放时期和崛起时代的中国对于国际问题研究的深入发展有更迫切的需要和更高的要求。

　　鉴于此，中国人民大学国际关系学院筹划、组织了"当代世界与中国国际战略"系列丛书，内容涉及国际关系理论、国际政治经济学、国际关系和外交史、当代国际关系和中国外交实践等领域，既有马克思主义的国际政治思想，也有西方当代国际关系理论，还包括对重大现实问题，如金融危机、能源安全、国际冲突等问题的关注。丛书作者大都是我院中青年学术骨干，这套丛书是他们在自己相关学科领域的最新研究成果，其中相当大一部分是在他们博士学位论文的基础上修改、加工而成。上述成果经过我院学术委员会的推选，将陆续列入出版计划。我们期望这套丛书的出版，能够增进国际关系学界的学术交流，拓展中国国际问题研究的新领域，推动中国国际问题研究的发展和繁荣。

　　这套丛书选题基本涵盖了理论、历史和问题研究等领域，在很大程度上反映了中国人民大学国际问题研究的特色。基于近 60 年的学术传统和历史经验，历经数代学者的持续努力和长期积淀，中国人民大学国际关系学院已经成为具有国内领先地位和较大国际影响的国际问题教学研究基地。

学科优势明显，学科特色突出。人大国际关系学院在国际关系基础理论、国际政治经济学、国际战略研究、欧洲问题研究、美国问题研究等领域确立了全国优势地位，马克思主义的国际关系研究也是我们的传统优势领域。近年来，人大国际关系学院在夯实国际关系基础理论的教学和研究的同时，特别重视对当代国际关系和中国外交的重大现实问题和战略问题的关注和研究。基础理论研究和重大现实问题的结合成为人大国际关系研究的鲜明特色。这既是改革开放和中国崛起时代的呼唤，也是国际关系学科发展和成熟的必然需求。

国际关系学科最早形成于一战后的英国，二战后随着美国崛起为世界超级大国，包括国际问题研究在内的社会科学研究重心移到美国。美国实证主义的哲学传统、20 世纪 60 年代社会科学领域的行为主义革命，使得国际关系理论逐步摆脱了哲学、法学、历史学等学科的影响，越来越受经济学、社会学和心理学等社会科学的影响，国际关系理论研究越来越向科学化方向发展。国际关系理论的科学化必然要求我们的研究者保持价值中立，但国际问题研究学者的学术兴趣和视野，总是受到国际、国内政治形势的影响和局限。无论学者们怎样竭力保持研究的科学性和价值中立，这门学科的整体发展方向都与国家所面对的外部局势、所处的国际地位和对外交往的政治需求息息相关。因此，如何在理论的价值中立和现实服务之间保持平衡，推动知识生产和服务社会双重功能的实现，是中国国际关系学界面临的重大问题，也是我们推出这套丛书的初衷。

丛书的策划和出版得到社会科学文献出版社领导的大力支持。对此，我们表示衷心的感谢。本成果受到中国人民大学"统筹支持一流大学和一流学科建设专项"（原"985 工程"）的支持，对此我们也深表谢意。

学无止境。由于国际问题研究在中国尚属年轻学科，丛书作者又多是中青年学者，作者们的观点难免有偏颇甚至不当之处，敬请专家、同行和广大读者批评指正。

"当代世界与中国国际战略"丛书编委会
2015 年 5 月

目　录

Contents

序　言

　　中国的和平发展，是经过改革开放 30 多年的探索而形成的一条新型发展道路。它将中国的国内发展与对外关系联系起来，对内求发展、求和谐，对外求合作、求和平，既是中国现代化建设的必由之路，又是中国对自身崛起模式的战略选择。

　　国际制度（International Institutions）一词，产生于 20 世纪 80 年代后对国际关系相互依赖现象的理论研究，是指国际社会中"一整套相互关联并持久存在的约束规则（正式或非正式），它们规定行为体角色、限制行为体行动，并塑造行为体预期"①。国际制度产生于主权国家之间的共同需求，一旦建立，国际制度就能对国家的行为能力及利益产生重要的影响。

　　进入 21 世纪以来，中国与国际社会的关系发生了令人瞩目的变化。以 2001 年 11 月正式成为世界贸易组织的成员为标志，中国不仅加入、接受了绝大多数多边国际公约和政府间国际组织，而且推动改革各种内部机制，实现与国际社会"接轨"，大大提高了对国际交往中基本原则、规范、惯例的认同和遵循。无论是在政治、安全领域，还是在经济、社会领域，中国的发展越来越离不开世界，世界的稳定繁荣也越来越离不开中国。中国的崛起已经成为客观事实，在西方主导下的国际制度环境中，中国选择走和平发展道路，获得了很大的发展空间。

　　但是，尽管中国的和平发展为全球经济发展注入了全新的动力，尽管中国被视为现行国际制度的全方位参与者和利益攸关者，一个迅速强大的中国仍然不可避免地冲击了国际制度的既有结构。相互依赖程度的加深没有消除中国与国际制度之间的差异，中国在国际制度中扮演何种角色仍然充满不确定性。国际社会日益要求中国承担与之相适应的国际义务和责任，中国的和平发展道路正是对此做出的积极回应，借此打破"国强必霸"的传统大国崛起模式，致力于树立负责任新兴大国的国际形象。着眼于长期

---

　　①　Robert Keohane, *International Institutions and State Power*: *Essay in International Relations Theory*, Boulder: Westview Press, 1989, p. 3.

发展，中国如何更加有效地参与国际制度，将在一定程度上决定中国和平发展道路的走向。具体而言，国际制度对中国的和平发展有何作用？中国与西方主导下的国际制度之间的冲突能否在和平发展的框架内得到解决？中国的和平发展将对国际制度产生什么影响？都是现阶段亟待研究的战略课题。

第一章　中国与国际制度的关系

纵观近代以来的国际关系史，一个崛起中的大国与既有国际制度之间的关系是决定霸权兴衰乃至推动国际关系演变的动力。中国与国际制度的关系，始于19世纪在西方的坚船利炮下被迫打开国门，在国际制度中长期处于任人宰割的地位。1949年新中国成立后的很长时间里，受制于美苏冷战格局和国内政治发展的制约，中国在国际社会处于边缘状态，被排斥在主流国际制度之外。实行改革开放之后，中国开始积极加入、参与各种国际制度。然而，直到冷战结束以后，随着中国经济实力的迅速增长和对外开放程度的大幅提升，中国的世界大国地位渐成共识，中国与国际制度的关系才成为国际关系中的焦点问题。

一　国际制度的内涵

1. 概念的提出及其界定

国际制度作为国际关系理论研究的重要概念，始于20世纪七八十年代，但是，作为一种国家间交往的制度化安排或共同的行为准则，国际制度在国际关系实践中的雏形，发端于威斯特伐利亚和会，之后以欧洲为中心的国际社会的逐渐成型。

人类社会的组织形式自古就有，"制度"（institution）一词是从拉丁语派生而来的，表明"一种已确定的活动形式，这个概念的产生远远早于政治学和社会学的发展"。[①] 1648年《威斯特伐利亚和约》首次确认了国家主权、独立、领土等早期国际关系准则，开创了通过多边国际会议形式解决国际争端、结束战争的先例，为近代以后国际会议的普遍化奠定了初步的经验。到19世纪，政府间国际会议制度已经形成了一系列规则和程序。1815年的维也纳会议上，欧洲列强对拿破仑战争结束后欧洲各国疆界及政

---

① 〔英〕戴维·米勒、〔英〕韦农·波格丹诺编《布莱克维尔政治学百科全书》，中国问题研究所等译，中国政法大学出版社，1992，第359页。

治秩序进行了明确的规范。此后直到第一次世界大战爆发之前，持续不断的会议外交构成了欧洲国家解决有关共同利益问题时普遍接受的多边机制，史称"欧洲协调"。19 世纪中叶，一批以专门性、技术性的国际合作为职能的国际行政联盟建立起来，这是最早出现的具备常设机构的国际组织。1899年和 1907 年在海牙召开的两次国际和平会议，不仅完善了国际会议的制度化水平，而且推动了近现代国际法的演变，确立起和平解决国际争端的原则和程序。20 世纪经历了两次世界大战的洗礼，世界各国和人民强烈渴望国家间关系的和平与秩序，国际联盟和联合国的先后建立都可以视为在战争结束后构建全球性集体安全制度的尝试。《联合国宪章》的宗旨和原则革新了国际关系的准则，各种全球性、区域性、多边性、双边性的制度化机制均有重大突破，以国际组织、国际法、国际公约、国际会议等形式为主要载体，内容涉及政治、经济、社会、能源、环境等全方位的领域。冷战结束后，世界上不同类型的国家都卷入了全球化的大潮，规范国际关系运行的原则、机制、规则在更大范围内得到国际社会的接受和认可，国际制度在国际关系中的地位和作用更加充分地得以彰显。

正是随着近代以来国家间交往的制度化发展进程，国际制度及其相关概念逐步进入国际关系理论研究的范畴。"至少从二战结束以来，国际制度的作用已经成为世界政治研究的重要内容。"[①] 1947 年在美国波士顿创刊的学术期刊《国际组织》（*International Organization*）集中了二战后初期关于制度化研究的早期成果，重点以联合国、国际货币基金组织等政府间国际组织的章程、投票程序、组织机构等作为研究对象。然而，冷战的束缚制约了政府间国际组织发挥作用，联合国沦为美苏对抗的场所。到 20 世纪 60年代末 70 年代初，世界政治经济发生了重大转折，具体表现有：美国由于越南战争的巨额军费开支，国际收支状况恶化，霸权地位动摇，导致"布雷顿森林体系"瓦解；东西方关系相对缓和，西欧、日本在经济上崛起，发展中国家作为一支整体力量活跃在国际舞台上；国家间的经济联系和依赖不断增强，经济因素在国际事务中的地位上升，跨国公司等非国家行为主体的作用突出；等等。上述变化促使国际关系理论研究转向探讨更加广泛意义上的国际社会组织方法与制度框架，而不仅仅是着眼于正式的国际组织，"国际制度"的概念及其相关研究也由此应运而生。

---

① Lisa Martin & Beth Simmons, "Theories and Empirical Studies of International Institutions", *International Organization*, Vol. 52, No. 4, 1998, p. 729.

1975 年，《国际组织》杂志夏季号发表了题为《对技术的国际回应》的专辑，其中，约翰·鲁杰的论文《对技术的国际回应：概念与趋势》与厄恩斯特·哈斯的论文《是否有漏洞？知识、技术、相互依存以及国际机制》最为著名。两篇论文都提出了"国际机制"（International Regime）的概念，即："由一组国家接受的相互的预期、规则与规定、计划、组织的动力以及财政的承诺"①。此后，"国际机制"一词，在世界各国政治、经济、文化等领域相互依存日趋紧密的背景下，成为国际关系研究的热点。1981 年斯蒂芬·克拉斯纳提出，国际机制是指在特定国际关系领域的"一整套明示或默示的原则、规范、规则以及决策程序、行为体的预期以之为核心汇聚在一起。原则是指有关事实、因果关系和诚实的信条；规范是指以权利和义务方式确立的行为标准；规则是指对行动的专门规定和禁止；决策程序是指作出和执行集体决策的普遍实践"。② 这一定义得到了广泛的接受和引用，其后，有关国际机制的理论进一步发展。到 80 年代中后期，对于国际机制的研究开始与对国际合作的探索结合在一起。罗伯特·基欧汉在此基础上提出了"国际制度"的概念，发展出了新自由制度主义。

基欧汉认为，制度包括两个方面的含义，一方面指"一种普遍的行为模式或分类"，另一方面指"一种特定的得到正式或非正式组织的人为安排"。③ 具体而言，基欧汉认为国际制度包括三种形式：正式的政府间国际组织或跨国非政府组织；国际机制；国际惯例。"国际组织是指设有官僚机构和领导成员的，并使他们能够对各种国际事务作出反应的目的性实体；国际机制是指得到政府一致同意的、涉及国际关系特定问题领域的有明确规则的制度；国际惯例是指包含着默示的规则和理解、塑造行为体预期的非正式制度。"④ 在基欧汉看来，无政府状态下的国际关系中，只要存在互利关系，就可能出现相互合作。国家间合作的可能性取决于某个特定领域

---

① John Gerard Ruggie, "International Responses to Technology: Concept and Trends", *International Organization*, Vol. 29, No. 3, 1975, p. 570.

② Stephan Krasner, "Structural Causes and Regime Consequences: Regimes as Intervening Variables", *International Organization*, Vol. 36, No. 2, 1982, p. 186.

③ Robert Keohane, *International Institutions and State Power: Essay in International Relations Theory*, p. 162.

④ Robert Keohane, "The Analysis of International Regimes: Towards a European – American Research Programme", in Volker Rittberger ed., *Regime Theory and International Relations*, Oxford: Clarendon Press, 1993, pp. 28 – 29.

在相互依赖基础上是如何被制度化的，这些制度化安排表现为国际组织、国际机制、国际惯例的创建和完善，三者是相互作用的一个整体。"惯例、机制和组织之间的区别在实际上不像这种程式化的描述所暗示得那么明显。谈判所得的协议中总是包括一些处于惯例性理解边缘的明确规划，它们或多或少都有一些含糊的地方。而也许没有任何例外，国际组织总是隐含在国际机制之中：它们所做的主要的事情就是监督、管理以及调整机制的运作。组织和机制在理论分析中可以分开，但在实践中它们却是同一事物的不同表现而已。"① 惯例、机制和组织三者的汇合，就构成了国际制度。就这样，基欧汉系统地确立起国际制度的概念框架，形成了独具特色的国际制度理论学派。

尽管部分学者倾向于认为"制度"的涵盖面比"机制"更为广泛，"它既含有机制所强调的规范性含义，也包括操作机制的组织机构和执行机制所造成的后果"②，但基欧汉对"国际制度"的界定与克拉斯纳的"国际机制"概念在内涵上基本是重叠的。因此，这两个概念在探讨国际关系制度化和国际行为规范化的文献中经常被当作可以互换的同义语来使用，本书在后文的分析研究中亦采纳这一观点。

2. 国际制度的作用

在无政府状态的国际关系中，国际制度的产生是国际关系行为主体之间相互依赖程度不断发展的必然结果。行为体的共同需要，产生了不同领域的国际制度，其设计初衷是稳定国际关系，促成国际合作、实现国际社会各行为体之间的秩序与和谐共处。国际关系三大主流理论对于国际制度的地位及其作用的认识各有侧重，可以分为基于权力（power - based）、基于利益（interest - based）和基于知识（knowledge - based）③。

现实主义和结构现实主义理论对国际制度的看法围绕权力展开。在现实主义者看来，无政府状态的国际社会中，国家是自私理性的行为体，权力起着决定性的作用。国际制度是国家之间权力分配的结果。爱德华·卡尔认为："国际法和国际组织是权力与国家利益的副产品。"④ 汉斯·摩根索

---

① Robert Keohane, *International Institutions and State Power: Essay in International Relations Theory*, p. 5.
② 王杰主编《国际机制论》，新华出版社，2002，第8页。
③ See Andreas Hasenclever, Peter Mayer, Volker Rittberger, *The Theories of International Regimes*, Cambridge University Press, 1997, p. 1.
④ Edward Carr, *Twenty Years' Crisis: 1919 - 1939*, New York: Harper and Row, 1964, pp. 170 - 171.

也将国际组织视为一种权力工具，是"运用旧的外交技巧的新场所"①。以肯尼斯·华尔兹为代表的结构现实主义者，强调国际体系的权力结构对国家行为起决定性作用，认为国际法、国际机制、国际组织、国际惯例等虽然构成了调节国际关系的制度框架，但是只能起到从属的作用。正如米尔斯海默所说的，"制度所反映的是各国基于国际权力分配而做出的自我利益估算。制度是由体系中实力最强大的国家创建和塑造的，它们这样做的目的在于保持乃至增进它们对于世界权力所占有的份额。因此，制度从实质上讲不过是施展权力的竞技场"②。罗伯特·吉尔平的霸权稳定论是结构现实主义者有关国际制度的代表性理论。在其著作《世界政治中的战争与变革》一书中，吉尔平提出霸权国家凭借实力与威望，制定霸权体系的基本原则、规则、规范和决策程序，即国际制度。换言之，国际制度是霸权国提供的公共物品，受权力结构尤其是霸权国家意志的支配。因此，现实主义者和结构现实主义者虽然都承认国际制度在国际社会中的存在和作用，但只能是受制于权力分配结构的工具性作用。

　　新自由制度主义理论对国际制度的研究以利益的聚合为出发点，在国际关系理论流派中发展最系统，理论化程度最高。与结构现实主义一样，新自由制度主义承认国际社会处于无政府状态，国家是自私理性的行为主体。但是，不同于结构现实主义，新自由制度主义认为，国家在无政府状态下对国家利益的利弊权衡必然产生国际合作，而国际制度是国际合作的保障。国际制度一旦确立，就成为国际关系中的独立变量，通过确立法律责任、减少不对称信息以及降低交易成本等方式来促进国家间开展合作。③在新自由制度主义看来，国际关系的实质是合作，权力因素虽然在国际制度的形成及维护过程中发挥重要作用，但国际制度通过确立国际关系行为规范来限制国家追求国家利益的方式，从而制约权力斗争，甚至改变国际体系中的权力结构。对于霸权稳定论，新自由制度主义认为，"国际合作可能通过霸权的存在而培养起来，同样，霸权也需要其他国家的合作来制定和执行国际规则。霸权与合作并不是可以互相取代的，相反，他们常常是

---

① Hans Morgenthau, revised by Kenneth Thompson and David Clinton, *Politics among Nations: The Struggle for Power and Peace*, 7th edition, 北京大学出版社, 2007, 第 501 页。

② John Mearsheimer, "The False Promise of International Institutions", *International Security*, Vol. 19, No. 3, Winter, 1994/1995, pp. 13 – 14.

③ 参见〔美〕罗伯特·基欧汉《霸权之后：世界政治经济中的合作与纷争》，苏长和译，上海人民出版社，2001，第 104—132 页。

相互的共生的关系"。① 因此，国际制度不再是霸权的附属物，而是能够影响国家国际行为的独立变量。

结构现实主义和新自由制度主义对国际制度的观点都依赖于物质因素的分析，属于传统的理性主义研究范畴，而 20 世纪 80 年代末兴起的建构主义理论则从文化、观念出发来分析国际制度，强调非物质因素的建构作用。建构主义认为，国际关系是一种社会建构，"国际结构不是物质现象，而是观念现象"。② "国际生活的特征取决于国家与国家之间相互存有的信念和期望，这些信念和期望在很大程度上是由社会结构而不是物质结构造就的。这不是说物质力量和利益不重要，而是说物质力量和利益的意义和效用取决于体系的社会结构。"③ "权力和利益之所以具有它们实际上所具有的作用，是因为造就权力和利益的观念起了作用。"④ 从建构主义角度看，国际制度是一个基于规范的社会性概念，价值观念、文化、知识等非物质、主观性因素对国际制度的形成和发展有着重要作用。而且，国际制度是一个动态的学习的过程。国际制度与国际行为主体之间是一种双向互动的关系，一方面，行为体建构了制度；另一方面，国际制度也建构了行为体的身份、利益，从而影响了行为体的行为。

如上所述，围绕国际制度与国家权力、国家利益、观念认同之间的关系，国际关系三大主流理论从不同的角度研究国际制度的作用及地位。结构现实主义认为权力结构决定国际制度，国际制度是霸权国的工具；新自由制度主义认为国际制度是基于行为体自身利益考虑的理性的结果，强调国际制度对国家行为的影响和制约；建构主义理论强调观念、文化，在基本理论主张上与前两者相去甚远，但承认国际制度作为独立变量能够对国际关系和国家行为产生影响。国际制度理论正是在三大主流国际关系理论的相互质疑、相互补充中逐步发展和完善起来，其"发展方向将是新现实主义、新自由主义和建构主义理论的相互借鉴，传统理性主义方法和社会学方法的相互结合"。⑤ 实践中，当前人类社会的几乎所有领域都形成了一系列的国际制度，不仅其自身的规范化程度大幅提高，而且在国际事务中

① 〔美〕罗伯特·基欧汉：《霸权之后：世界政治经济中的合作与纷争》，第 54 页。
② 〔美〕亚历山大·温特：《国际政治的社会理论》，秦亚青译，上海人民出版社，2000，第 23 页。
③ 〔美〕亚历山大·温特：《国际政治的社会理论》，第 24 页。
④ 〔美〕亚历山大·温特：《国际政治的社会理论》，第 167 页。
⑤ 王杰主编《国际机制论》，第 120 页。

行动能力与权威性也大大增强。国际制度的存在与运作，构成了与权力政治体系并存的制度体系，对于协调国家间关系，促进国际合作，增进信任，减少冲突，维护和平与发展发挥了积极作用。通过向国际社会提供公共物品，国际制度为国际社会的正常运转提供了保障，降低了国家参与国际事务的交易成本。通过为国家行为提供合法性依据，国际制度催生了一整套行为体认同和遵循的原则、程序、规范，促进了国际社会的有序运行，使国际关系具有了连续性和稳定性。

3. 国家与国际制度

国际制度归根结底是主权国家创建的产物，是国家间相互依赖关系不断发展的必然结果。"相互依赖的世界提出了一个根本性的问题，即各国如何通过合作的集体行动，来管理和治理日趋增多的全球公共问题。"[1] 主权国家参与创建或加入某项国际制度固然是基于国家利益的选择，但是，国际制度一旦确立，本身具有与国家不同的属性，能够在国际关系中独立发挥作用，甚至可能限制那些创造了国际制度的国家。国际制度在赋予成员国权利的同时，也规定了相应的义务和责任。在全球化浪潮快速推进的时代，国际社会对国际制度的需求越来越大，国家与国际制度的互动关系也越来越紧密。

主权国家创建、参与国际制度的动力来自国内、国际两个层面。在国内层面，对国家利益的追求是最根本的因素，包括国家对安全利益、经济利益、声誉、规范等方面的追求。在国际层面，全球化时代的治理需求、国际权力结构的压力等都是推动国家融入国际制度的因素。因此，国际制度具有相当高的权威性、制约性和关联性。[2] "国际制度的不断发展与健全使得军事力量和经济力量的重要性相对下降，而国际制度本身成为权力资源，成功利用国际制度的国家会在不增加可见国力的情况下加大自己的权力。"[3] 国家与国际制度的关系已经成为国际社会衡量一个国家国际化程度的重要指标。一个积极参与国际制度的国家意味着在国际社会中获得更多的机会和利益，一个游离于国际制度之外的国家意味着将在国际社会中陷

---

① 苏长和：《全球公共问题与国际合作：一种制度的分析》，上海人民出版社，2000，第8—9页。

② 参见秦亚青《国际制度与国际合作——反思新自由制度主义》，《外交学院学报》1998年第1期，第43—44页。

③ 秦亚青：《国际制度与国际合作——反思新自由制度主义》，《外文学院学报》1998年第1期，第43页。

于孤立，或容易被国际社会所抛弃；一个遵守国际制度的国家拥有良好的国际声誉，一个明目张胆违反国际制度的国家则会招致国际社会的谴责甚至制裁。霸权国家需要国际制度，其目的在于实现霸权体系和行为的合法化；中小国需要国际制度，因为国际制度强化了主权平等，对霸权构成约束和制约；崛起中的大国需要国际制度，借以避免与既得利益国家的冲突，缓解崛起进程中的压力。简而言之，世界各国对国际制度的构建、参与越来越多。与此同时，国际制度的创建并非一劳永逸的。国际关系的不断变迁和转型，必然推动国际制度为适应需求而与时俱进。国际权力结构的变化，则是国际制度变迁的主要驱动力。从这个角度而言，国际制度仍难以摆脱国家权力的制约。

反过来，国际制度能够对国家的对外行为取向产生重要影响，并且引导国家在国际制度框架内界定国家利益。尽管国家仍然是国际关系最基本、最重要的行为体，国际社会缺乏强制性的超国家权威，但是，国际制度作为国际社会部分或全体成员利益和意志的体现，具有合法性和互利性，被越来越多的国家所接受。"从积极的意义上说，国际制度就是允许行为者可以做什么，如何去做，它们的目的是释放和扩大行为者在国际范围内的行动自由；从消极的意义上说，国际制度就是禁止或不允许行为者做什么，它们的目的在于限制、约束行为者在国际范围内有损他人利益或全球公共利益的行动。消极的国际制度无非就是对个体行动的适宜控制。"[1] 也就是说，通过确立起行为准则、规范，国际制度一方面鼓励那些采取合作行为的国家，另一方面则限制、惩罚那些采取不合作行为的国家。这样，在与国际制度的互动中，国家逐渐学会在制度框架中重新定义自己的国家利益，放弃短期的国家利益，获取长期的、符合共同利益的国家利益，从而制约国家无节制地追求国家利益，深刻影响国家的对外行为。对于制度外的行为体来说，国际制度存在的本身就意味着规范、标准和价值观念的力量，制度外的行为体也会形成与国际制度的互动，并且可能在经过一个学习与适应的过程后选择加入国际制度，从而扩大国际制度的作用范围。

在国际制度与国家的互动关系中，国际制度不仅规范国家的对外行为，而且能够对国家的国内政治产生广泛的影响。国际政治与国内政治之间一直存在着不可分割的联系。古雷维奇 1978 年在《颠倒的第二意象：国内政治的国际根源》一文中指出，过去学者只重视国际政治的国内根源，而忽

---

① 苏长和：《全球公共问题与国际合作：一种制度的分析》，第 87 页。

视了国内政治的国际根源，应该重视国际力量如何作用于国内结构。① 到 20 世纪 90 年代，建构主义理论开始从观念、规范的国际传播角度探索国际制度的国内政治效应，有关国际制度与国内结构关系的研究渐成热点。所谓国内结构，是指"国家的政治制度、社会结构以及将两者结合在一起的政策网络"。② 国际制度对国家的影响，要通过该国既定的国内结构产生。任何国家都以自己的方式来接受、运用国际制度，同样的国际制度面临不同的国内结构，面临不同的历史传统、政治文化，会产生不同的效果。国际制度介入一国的国内生活后，该国需要在国内实施相应的立法活动来保证国际制度得到支持和遵守，需要在行政机构建设上做出相应的调整来适应国际制度的执行，由此可能重新分配国内政治行为体之间的权力资源。一国接受、采纳某项国际制度，意味着对该国利益、身份与偏好的塑造，引起该国内部相关理念、模式与社会生活的变化，进而影响、改变该国现存的国内结构。

总之，国际制度与主权国家在实践中互相制约、互相塑造。对于国家而言，国际制度绝不仅仅是用以限制、规范国家行为的一系列权利与义务的总和，而且是国家权力的重要来源。如同罗伯特·基欧汉和约瑟夫·奈所说，"如果一个国家能够使自己的力量被他国视为合法，并建立促使他国以和谐的方式确立其利益的国际制度，它未必需要像其他国家那样耗费昂贵的传统经济资源和军事资源"。③ 从这个角度而言，一个国家与国际制度关系的变迁，既是国家基于自身利益的战略选择，也是国家实力与国际地位变化的体现。

二　中国参与国际制度的历程

主权国家对国际制度的参与，意味着对特定国际制度是否参与以及参与的程度，其衡量标准既有对参与特定国际组织、国际公约、国际机制的数量统计，也有对参与意愿、态度、效果的质量评估。据此，纵向考察中

① 参见 Peter Gourevitch, "The Second Image Reversed: The International Sources of Domestic Politics", *International Organization*, Vol. 32, No. 4, 1978, p. 881。

② Thomas Risse – Kappen ed., *Bringing Transnational Relations Back In: Non – state Actors, Domestic Structures and International Institutions*, Cambridge: Cambridge University Press, 1995, p. 20.

③ 〔美〕罗伯特·基欧汉、约瑟夫·奈：《权力与相互依赖》（第 3 版），门洪华译，第 263—264 页。

国对国际制度的参与，经历了从敌对到融入、从消极到积极、从边缘到中心的曲折过程。按照时间顺序，具体可以划分为五个时期。

1. 游离于国际制度之外的时期（从新中国成立到 1970 年）

新中国诞生时，美苏两极格局已大体形成。以美国为首的西方大国拒绝承认中国新生政权的合法性，采取从政治上孤立、从经济上封锁、从军事上威胁的敌对政策。为了寻求国际社会的承认并确保独立，中国做出了"一边倒"的外交决策，与苏联结盟，与社会主义阵营站在一起。冷战背景下的这一选择，在很大程度上使中国失去了参与大多数处于美国把持下的国际组织、国际机制的可能性。1949 年 11 月 15 日和 1950 年 1 月 8 日，周恩来总理兼外长两次致电联合国秘书长和联大主席，声明中华人民共和国中央人民政府才是代表全中国人民的唯一合法代表，要求将国民党代表从联合国及其附属机构开除出去。① 尽管中国认同《联合国宪章》的宗旨和原则，认同联合国作为国际交往方式的重要性，但由于西方国家的阻挠，中国在联合国内的创始会员国席位长期被台湾当局占据，中国的代表权问题迟迟得不到解决。朝鲜战争后，联合国在美国操控之下通过了一系列干涉中国内政、侵犯中国主权的决议，导致中国的联合国政策逐渐倾向于严厉的批判立场，认为"联合国机构在美帝国主义集团操纵之下，已经变成美帝国主义者的侵略工具"。②

在为恢复联合国合法席位而斗争的同时，中国也努力同其他国际组织建立起合作关系，曾先后向国际电信联盟、万国邮政联盟、联合国粮农组织、联合国教科文组织、世界卫生组织、世界气象组织、国际民用航空组织等联合国专门机构提出了恢复合法地位的申请，并且一度出席万国邮政联盟会议，但合法权利均未能恢复。就组织机构而言，这一阶段中国加入了以苏联为首的社会主义阵营建立的世界民主联盟、国际学生联合会、国际妇女同盟等国际组织，还以观察员身份参加了华约。就多边国际会议而言，1949 年 11 月，中国在北京组织召开了亚澳工会代表会议，这是新中国举办的第一次国际会议。1954 年 4 月，中国出席了由美、苏、英、法、中以及朝鲜战争和印度支那战争参战各方参加的日内瓦会议，这是新中国首次应邀出席的政府间国际会议。1955 年，周恩来总理率领代表团出席了由亚、非民族独立国家发起并举办的万隆会议，提出了著名的"求同存异"

---

① 参见裴坚章主编《中华人民共和国外交史》（1949－1956），世界知识出版社，1994，第366—367 页。

② 参见裴坚章主编《中华人民共和国外交史》（1949－1956），第376 页。

原则，会议的公报将中国首倡的和平共处五项原则引申发展为万隆会议十项原则。此后，和平共处五项原则被逐步接受为指导国家间关系的普遍原则，这是中国新型国际关系观念的初步体现。

20 世纪 50 年代后期到 60 年代末，国际局势剧烈动荡，各种力量经历了分化改组的过程。中苏关系完全破裂，美国继续推行敌视中国的政策，中国的对外关系转而实行既反对帝国主义，又反对修正主义的"双反战略"，在对外交往中既被排除在西方国家主导的国际制度之外，又中断了与苏联及东欧国家的正常往来，国际处境空前孤立。"两个中间地带"的提出，正是这一阶段中国同时与两个超级大国为敌，迫切需要摆脱战略被动的产物。"亚洲、非洲、拉丁美洲是第一个中间地带；欧洲、北美加拿大、大洋洲是第二个中间地带。日本也属于第二个中间地带。"① 发展中国家和美国以外的西方国家成为中国与国际社会交往的重点，但这一阶段中国仍然缺少参与国际制度的强烈意识，重点只是放在争取新独立的亚非拉国家支持中国在联合国代表权问题上的立场，对发展中国家成立的七十七国集团、不结盟运动、石油输出国组织等并未表现出积极的态度②，反而因长期被排除在外加重了对联合国的不满。1964 年 12 月，印度尼西亚因反对马来西亚成为安理会非常任理事国而宣布退出联合国以示抗议，中国随后发表声明表示坚决支持，周恩来总理在印尼副总理苏班德里约来华访问时指出："在美帝国主义操纵下的联合国决不是什么神圣不可侵犯的东西，联合国是可以反对的，联合国是可以退出的。而且，联合国是可以不进去的。"③ 实践中，中国从未放弃争取联合国内合法权利的斗争，这种矛盾正是当时中国国际处境的真实写照，既有强烈的参与愿望，又因国家利益无法得到维护而陷于排斥和封闭。

整个五六十年代，中国参与国际制度的水平低，与西方大国主导的国际制度处于游离、敌对之中，甚至被西方国家视为国际制度的破坏者。这种情况严重威胁着中国的国家安全，迫切需要扭转。随着发展中国家在联合国内的崛起，支持中国恢复联合国席位的国家越来越多。1961 年，在美国的操纵下，第 16 届联大通过决议，将恢复中国代表权问题列为"重要问

---

① 《毛泽东外交文选》，世界知识出版社，1994，第 509 页。

② Thomas Robinson & David Shambaugh ed. , *Chinese Foreign Policy*：*Theory and Practice*, Oxford U-niversity Press，1994，p. 407.

③ 《周总理在欢迎苏班德里约第一副总理宴会上发表重要讲话》，《人民日报》，1965 - 01 - 25，第 1 版。

题"，需要联大 2/3 多数才能做出决定，表明美国实际已经难以控制联合国的多数。1965 年，联大在表决阿尔巴尼亚、阿尔及利亚等 11 国提出的"恢复中华人民共和国的一切权利并承认它的代表为中国唯一合法代表"的决议时，第一次出现赞成票和反对票持平的形势。1970 年第 25 届联大，阿尔巴尼亚、阿尔及利亚等 18 国提出的恢复中国合法权利的提案，在表决时得到了 51 票支持，49 票反对，这是历年表决中首次赞成票超过反对票。虽然并未达到所谓"重要问题"所需要的联大 2/3 多数，但中国恢复联合国席位的时机已经成熟了。

2. 有选择的参与时期（从 1971 年恢复联合国合法席位到实行改革开放之前）

1971 年 10 月 25 日，第 26 届联大以 76 票赞成、35 票反对、17 票弃权的多数通过了阿尔巴尼亚、阿尔及利亚等 23 国提案的 2758 号决议，即：恢复中华人民共和国在联合国一切合法权利，立即把国民党集团的代表从联合国及所属一切机构中驱逐出去。这不只是中国外交自新中国成立以来的重大突破，也是中国与国际制度关系的重大战略性转折。从此，联合国有了占世界人口 1/4 的中国人民的真正代表，具有了真正意义上的普遍性。2758 号决议从法律上、政治上确认了中国在国际法和国际关系中的主体地位，中国正式走上了广阔的多边国际制度舞台，国际地位得到实质性的提升。

联合国安理会常任理事国的席位，明确赋予了中国一个政治大国的地位和权力。1972 年 8 月，中国否决了关于孟加拉国加入联合国的决议草案；同年 9 月，为了支持巴勒斯坦，中国否决了一项针对谴责以色列入侵黎巴嫩的修正案，初步在国际政治、安全事务中显示出大国的分量。与此同时，作为安理会常任理事国惟一的发展中国家代表，中国将联合国视为发展中国家争取权利的舞台，在重大国际问题上坚定地同发展中国家站在一起。在朝鲜问题上，中国支持在没有外来势力干涉下由朝鲜人民自己解决，1975 年的第 30 届联大上，中国等 35 个国家提出并推动通过了"关于在朝鲜把停战转变为持久和平，为促进朝鲜自主和平统一创造有利条件"的议案；在阿以争端中，中国支持阿拉伯人民和巴勒斯坦人民收复失地和恢复民族权利的斗争；在南部非洲问题上，中国谴责当时的南非政府奉行种族隔离政策；在裁军和军备控制问题上，中国主张公正合理地实现真正的裁军，认为裁军应该首先从两个超级大国开始。1974 年，邓小平副总理率领代表团参加了联合国关于原料和发展问题的第六届特别会议，与其他发展中国家一起通过了《关于建立国际经济新秩序的宣言》《行动纲领》和《各国经济权利与义务宪章》。这一届特别联大因其所倡导的"建立国际经济新秩序"而闻名于世，实际上是一次加强发展中国家团结、维护民族经济权益，推动各国人民反对帝国主义、殖民主义，特别是霸权主义斗争的重要会议。"只要第三世界国家和人民加强团结，并且联合一切可以联合的力量，坚持长期斗争，就一定能够不断地取得新的胜利。"① 此次会议后，发展中国家开始了加强建立国际经济新秩序的斗争。上述国际事务中的立场和政策，使中国逐步在亚非拉国家中树立起公正的形象，为中国与国际制度接触的最初阶段奠定了基础。

恢复了在联合国的合法权利后，中国陆续恢复或加入了联合国体系内的辅助机构和专门机构，广泛参与了安全、经济、法律、科学、文教、人口、卫生等领域的国际制度与合作，包括：联合国开发计划署、贸发会议、教科文组织、环境规划署、世界卫生组织、世界气象组织、粮农组织、国际海事组织、亚太经社会、工业发展组织等。除联合国以外，中国还逐步与欧共体、亚洲运动联合会、拉美无核化组织、国际大坝委员会、国际奥委会、国际标准化组织等恢复、发展了合作关系。到 1977 年，中国正式参与的政府间国际组织达到了 21 个，正式参与的非政府国际组织达到 71 个②。

中国与国际制度的关系自重返联合国后出现了根本性的转变，这既是中国为摆脱战略被动而调整对外政策的结果，也受到冷战格局中美国为扭转不利而打破中美关系僵局的影响。1969 年，中苏珍宝岛冲突发生，中国面临的直接军事威胁程度加强，迫切需要通过对外联合来对抗苏联的霸权主义。此时的美国深陷越战泥潭和国内经济、政治危机之中，实力遭到削弱，在国际事务中实行战略收缩。中美之间的共同战略需求，促成了 1972 年美国尼克松总统访华和《上海联合公报》的发表，结束了中美两国长达 20 多年的尖锐对抗关系。1973 年，毛泽东在会见基辛格时提出，只要目标相同，中美之间可以"搞一条横线"，即建立从美国到日本、中国、巴基斯坦、伊朗、土耳其和欧洲的"一条线"战略，并团结这条线周围的"一大片"国家，共同对付苏联的扩张。③ 1974 年 2 月，毛泽东会见赞比亚总统卡

① 《中华人民共和国代表团团长邓小平在联大特别会议上的发言》，《人民日报》，1974 - 04 - 11，第 1 版。

② 参见〔美〕伊丽莎白·埃克诺米、米歇尔·奥克森伯格主编《中国参与世界》，华宏勋等译，新华出版社，2001，第 50 页。

③ 参见王泰平主编《中华人民共和国外交史（1970 - 1978）》，世界知识出版社，1999，第 367 页。

翁达时完整地提出了"三个世界"的划分，"美国、苏联是第一世界。中间派，日本、欧洲、澳大利亚、加拿大，是第二世界。咱们是第三世界"。"亚洲除了日本，都是第三世界。整个非洲都是第三世界，拉丁美洲也是第三世界。"① 至此，中国的外交实践用建立联合反霸统一战线的方针取代了反帝反修的方针，在联合国，"中国还利用每一个机会批评苏联，呼吁反对东西方军备控制，遏制苏联权力"。② 中国的调整对国际局势和中国对外关系产生了深远影响，但是，受国际、国内因素的限制，中国对国际制度的运行特点缺乏了解，与国际制度的接触处于恢复和尝试阶段，对联合国等国际组织的参与是有限的，经历了一个从带有疑虑和自卫心态到逐步适应的过程。

3. 积极的参与时期（从中国实行改革开放到 20 世纪 90 年代初冷战结束）

1978 年年底召开的中国共产党十一届三中全会，提出以经济建设为中心，以改革开放为基点的国家发展战略，标志着中国内政外交的重大转折。邓小平以其敏锐的战略眼光，通过对国际形势的深入观察，提出了"和平和发展是当代世界的两大问题"的重要论断，为中国对外战略的调整提供了直接的依据。1982 年 9 月，中共十二大召开，逐步确立起不结盟的独立自主的和平外交政策。邓小平指出："我们坚持独立自主的和平外交政策，不参加任何集团，同谁都来往，同谁都交朋友，谁搞霸权主义我们就反对谁，谁侵略别人我们就反对谁。我们讲公道话，办公道事。这样，我们国家的政治分量就更加重了。"③ 这一调整使中国摆脱了以政治制度、意识形态划线的传统思维，转而发展与国际社会的全方位外交关系，加快了中国融入国际社会的步伐。与此同时，变化中的国际局势也出现了有利于中国融入世界的契机。苏联收缩其对外扩张战略，与美国的全球争霸转入僵持状态，两个超级大国主宰世界的能力下降。世界多极化趋势更加明显，西欧、日本、发展中国家等力量在国际舞台上的独立性加强，中国的对外交往有了更加广阔的活动空间。尤其是中国此时刚打开国门，对外开放政策的推行带来巨大的经济潜力与活力，世界各国都将目光投向中国，大大拓宽了中国与国际社会的交往领域。1986 年 3 月召开的第六届全国人民代表大会第四次会议上，首次正式将参与多边国际制度的活动列为中国对外关

---

① 《毛泽东外交文选》，第 600—601 页。

② 〔美〕江忆恩：《美国学者关于中国与国际组织关系研究概述》，《世界经济与政治》2001 年第 8 期，第 52 页。

③ 《邓小平文选》，第 3 卷，人民出版社，1994，第 162 页。

系的重要内容，指出："中国遵循联合国宪章的宗旨和原则，支持联合国组织根据宪章精神所进行的各项工作，积极参加联合国及其各专门机构开展的有利于世界和平与发展的活动。中国广泛参加各种国际组织，开展积极的多边外交活动，努力增进各国在各个领域的合作。"① 中国开始转变之前有选择参与联合国与其他国际组织活动的态度，开启了与国际制度关系的新局面。

具体而言，这一阶段中国对联合国及其在各个领域的活动做出了更加积极的评价，同时全方位地积极参与了联合国的活动。"世界需要联合国的存在，正如联合国需要世界的支持一样。"② 在政治和安全事务上，中国认识到作为安理会常任理事国肩负的责任和义务，为谋求重大国际和地区问题的公正、合理解决作出了积极努力。1981 年年底，中国明确表示支持符合联合国宪章精神的维持和平行动，并开始缴纳有关维和费用。1988 年，中国成为联合国维持和平行动特委会成员。1989 年，中国首次参加维和行动，向联合国纳米比亚过渡时期协助团派遣了 20 名选举监督员。③ 在裁军议题上，中国从 1980 年开始参加了日内瓦裁军谈判会议及其下属各特委会和工作组的活动，完成单方面裁军 100 万的计划，并向联合国的世界裁军运动和裁军研究所提供捐款。在经济和社会领域，到 80 年代中期，中国已经参加了联合国所有下属经济委员会、发展业务机构和经济性专门机构的活动；1982 年中国正式派团参加联合国人权委员会的会议，并直接参与了联合国有关人权文书的起草与制定工作，为丰富人权的内涵做出了贡献；1983 年中国当选为联合国社会发展委员会的正式成员，积极参与联合国在社会保障、保护老年人、残疾人、妇女、儿童权益、难民、禁毒、预防犯罪等领域的国际合作。中国对联合国事务的全面参与，贯穿了对发展中国家权益的维护。1981 年第 36 届联大期间，围绕第 5 任联合国秘书长的推荐，常任理事国之间展开了"否决权大战"，中国主张来自发展中国家的候选人担任新一届秘书长，坚决反对西方支持的瓦尔德海姆连任，最终妥协的结果是来自秘鲁的德奎利亚尔当选。在《联合国海洋法公约》的起草和制定过程中，中国坚定地维护了发展中国家在专属经济区、国际海底区域等问题

---

① 《关于第七个五年计划的报告——一九八六年三月二十五日在第六届全国人民代表大会第四次会议上》，《人民日报》，1986 - 04 - 14，第 1 版。

② 《联大举行纪念联合国成立四十周年特别会议赵紫阳总理在大会上发表讲话》，《人民日报》，1985 - 10 - 25，第 1 版。

③ 参见田曾佩主编《改革开放以来的中国外交》，世界知识出版社，1993，第 542 页。

上的立场和利益。

这一阶段，中国与国际制度的关系，体现出明显的以经济为中心的特征。1980 年，中国恢复了在世界银行和国际货币基金组织中的合法席位。1982 年，中国派代表列席关贸总协定缔约方大会，并于 1986 年正式提出恢复关贸总协定缔约方地位的申请。联合国体系内的金融、贸易机构及其他多边经济合作机构，为中国提供了大量的优惠贷款、技术援助和人员培训。除联合国系统内的经济机构以外，中国与其他国际经济组织的关系同样发展迅速。在区域层面，1985 年 5 月，中国加入非洲开发银行集团；1986 年 3 月，中国被亚洲开发银行接纳为正式成员。在国际非政府组织层面，从 1979 年开始，中国应邀出席达沃斯世界经济论坛；1983 年，中国加入了世界能源大会。

以经济建设为中心的改革开放，强调中国对外参与的核心是致力于创造一个良好的有利于经济发展的国际环境，激活了中国与国际制度各个方面的交往。中国的积极参与姿态赢得了国际社会的普遍认可，在经济上得到国际社会的有力支持，保障了改革开放的发展进程。但是，由于中国的综合国力有限，在国际事务中过分关注经济利益的得失，对国际制度的参与程度不深，缺乏长远的规划和考虑。

4. 全面的参与时期（20 世纪 90 年代）

冷战的结束，使国际关系摆脱了两极格局的束缚，世界各种力量重新分化组合。经济全球化日益成为一股强有力的、无处不在的趋势，强化了各国间的相互依存和互动关系，推动了国际制度走向完善。大量规范国际关系运行的体制、原则被越来越多的国家接受，政治、经济、社会发展等领域的全球性、区域性制度化协调机制均有重大突破，对国家行为的规范与调控越来越有效。中国经过十多年的改革开放，综合国力取得了相当程度的进步，在坚持经济建设为中心的同时，开始重视中国在国际社会中的地位和作用，关注中国在国际社会中应该承担的责任与义务。以 1997 年东南亚金融危机为契机，中国通过坚持人民币不贬值，为周边国家提供经济援助，逐步确立了"负责任大国"的外交定位。这意味着中国要在国际社会中肩负起创造和平、民主、公正的国际秩序的责任，不仅要更加积极地参与国际制度，而且要成为国际制度的贡献者和建构者。

面对两极格局终结后的世界格局转换，中国提出了建立国际新秩序的主张。"根据历史经验和现实状况，我们主张在互相尊重主权和领土完整、互不侵犯、互不干涉内政、平等互利、和平共处等原则基础上，建立和平、稳定、公正、合理的国际新秩序。"① 中国认为，新的国际秩序不同于过去以强权政治和霸权主义为主要特征的旧秩序，必须保证所有国家的平等地位，联合国作为最具普遍性、权威性的国际组织，是任何别的国际组织无法替代的，理应在建立国际新秩序进程中发挥更大、更多的积极作用。因此，中国更加全面、主动地参与联合国事务，支持联合国进行必要的、合理的改革，在与联合国的关系中致力于维护联合国的权威。1995 年，联合国成立 50 周年的纪念会议期间，中国政府向联合国赠送了"世纪宝鼎"，包含着中国对联合国在国际事务中进一步发挥有效作用的期望。"在人类历史上，从未有任何一个机构像联合国这样具有如此广泛的规模，也没有任何组织能够通过国际合作对世界产生如此影响。"② 中国对国际新秩序的主张，需要一整套国际制度的支持，联合国发挥更大的协调、监督作用，是实现国际新秩序稳定性的保障。2000 年 9 月，在联合国千年首脑会议上，江泽民指出："联合国的积极作用只能加强不能削弱，联合国的权威必须维护而不能损害"，"任何国家或国家集团在处理国际事务中，都不应对联合国采取需要时则利用之，不需要时则抛弃之的态度"。③

这一阶段，中国与国际组织的关系获得了全面发展。根据江忆恩的统计，1977 年，中国参与的各种类型的政府间国际组织的数量是美国的 25%，印度的 30%，世界平均值的 70% 左右；到 1996 年，上述比例上升为 70%，80% 和 180%④。而且，中国的参与内容涵盖政治、安全、经济、人权、环境等各个领域，参与的意识更加主动，参与的方式逐步走向制度化，突出表现在中国参加并参与制定了一系列的国际公约。1992 年中国正式加入了《不扩散核武器条约》，1993 年中国签署了《全面禁止化学武器公约》，1996 年中国签署了《全面禁止核试验条约》，以高度负责的态度参与国际裁军、军控领域的多边合作，积极承担维护国际安全的义务。1992 年的里约热内卢环境与发展大会上，中国政府签署了《联合国气候变化框架公约》和《生物多样性公约》，成为国际环境立法中不可或缺的重要力量。1997 年中国签署了《经济、社会及文化权利国际公约》，1998 年中国签署了《公民

---

① 《加快改革开放和现代化建设步伐夺取有中国特色社会主义事业的更大胜利——在中国共产党第十四次全国代表大会上的报告》，《人民日报》，1992 – 10 – 21，第 1 版。

② 秦华孙：《联合国需要中国中国需要联合国》，《人民日报》，1999 – 12 – 17，第 7 版。

③ 《在联合国千年首脑会议上的讲话》，《人民日报》，2000 – 09 – 07，第 1 版。

④ 〔美〕江忆恩：《中国参与国际体制的若干思考》，《世界经济与政治》1999 年第 7 期，第 5 页。

权利和政治权利国际公约》，积极参加联合国国际人权领域的法律活动。在地区层次，中国 1991 年正式加入了亚太经合组织，1994 年参加了东盟地区论坛，1997 年中日韩－东盟领导人第一次非正式会议召开，彻底改变了此前对地区合作的消极态度，积极推动东亚地区一体化的进程。

整个 20 世纪 90 年代，恰逢冷战结束后的世界秩序重建，中国则处于飞速成长为世界大国的进程中，与之前 40 年相比，中国与国际制度的关系发生了本质的变化，走上了相互借重、富有建设性的新的发展阶段。以通过参与国际制度服务于经济建设为基础，中国开始全面认同国际制度的作用，开始关注自身国际形象的树立，关注国际制度内发言权的掌握。在全方位的外交格局之中，中国一方面加强与现存国际制度的互动，积极履行相应的大国责任，另一方面表现出对不公正、不合理的国际制度进行改造的意愿，逐步显示出一定的塑造国际制度的能力。

5. 创新的参与时期（21 世纪以来）

进入 21 世纪，全球化的势头更加强劲，世界各国在分享全球化带来的好处的同时，不得不共同应对日趋尖锐的大量全球性问题的挑战，促进了国际制度基础上多边合作的深化。2001 年 "9·11" 事件的发生，一方面使国际恐怖主义等非传统安全议题重要性凸显，全球治理的理念作为一种新的国际合作构想迅速升温；另一方面，美国政府在 "9·11" 后以 "反恐" 为名实施了一系列单边主义政策，遭到国际社会不同程度的批评和抵制。在这一背景下，加强、重构国际制度的呼声渐起。与此同时，以金砖国家为代表的新兴国家呈现出群体性崛起的态势，世界经济的结构重心开始发生转移，推动国际体系走向多极化。"国际机制很大程度上将由体系中追求自身利益的那些最有力的成员所设计。"① 新兴国家的崛起必然加速国际制度的重构。

中国的崛起在 21 世纪大国力量格局的消长中最为引人瞩目，国际制度对于中国的战略价值更加凸显，中国参与构建国际制度的意识也更加强烈。2001 年年底，中国正式成为世界贸易组织的成员，中国与国际制度的关系步入新的阶段，在参与各种多边制度合作中开始强调中国对国际社会的贡献。为了向国际社会阐述中国崛起的方式、前景和影响，消除其他国家对中国崛起的担忧和戒备，2004 年中国明确提出将致力于走 "和平发展道路"，其核心是充分利用世界和平的时机，努力发展和壮大自己，

---

① 〔美〕罗伯特·基欧汉：《霸权之后——世界政治经济中的合作与纷争》，第 471 页。

同时以自己的发展维护世界和平。2005 年，中国进一步提出了"和谐世界"的新理念，并将其界定为"持久和平、共同繁荣的世界"，揭示了中国面对国际制度的建设性态度。实践中，中国与国际制度的关系表现出积极的创新性。

首先，创新性表现在中国顺应国际制度的形态多样化趋势，积极参加，并倡议创立了各种新型的制度化合作机制。近年来，"论坛性组织、国际组织间的联合机构（项目）、条约性组织都已成为国家间多边合作的新型制度化模式"。[①] 这些新型的国际组织，从外部特征上不再局限于传统的协定性组织的要素，但它们都是全球化催生下政府间多边合作的制度化产物，而且具有灵活、高效、低成本的优势。根据《国际组织年鉴》的数据，2000 年中国共参加了 3090 个国际组织，其中 1415 个是传统的协定性政府间组织。[②] 到 2007 年，中国共参加了 4386 个国际组织，其中 1753 个是协定性政府间组织。[③] 中国以富有建设性的态度面对多种新型国际组织的日趋活跃，主动探索构建多边合作的制度化模式。例如：中国倡导创立的中非合作论坛，作为中国和非洲国家在南南合作范畴内的集体对话机制，经过 2000 年后的多次部长级会议和 2006 年的首脑峰会，促进了中国和广大非洲国家的交流，为中非关系的发展提供了制度化、组织化的基础；2004 年 1 月，中国 – 阿拉伯国家合作论坛启动，两年一次的部长级会议及其他具体领域的合作机制成为中国与阿盟开展集体对话与务实合作的重要平台；2008 年金融海啸席卷全球，二十国集团（G20）领导人峰会在应对危机中成为世界的焦点，中国借此平台积极参与推动国际金融体系合作与改革的进程；2009 年 6 月，金砖四国领导人举行首次会晤，到 2011 年 4 月，在中国举行的第三次峰会上，南非正式成为金砖国家一员，形成了新兴经济体的合作平台——金砖国家机制（BRICS）。以上这些举措主动顺应了国际制度发展模式日益灵活、多样的趋向，拓宽了中国参与国际制度的内涵和能力。

其次，创新性表现在中国在政策层面和物质层面都加大了对联合国的支持力度。联合国在中国与国际制度的关系中仍然占据无可替代的核心地

---

① 饶戈平主编《全球化进程中的国际组织》，北京大学出版社，2005，第 81 页。

② Yearbook of International Organizations：Guide to Global Civil Networks 2001 – 2002，K. G. Saur Verlag，2001，p. 52.

③ Yearbook of International Organizations：Guide to Global Civil Networks 2008 – 2009，K. G. Saur Verlag，2008，p. 41.

位。2005 年联合国迎来成立 60 周年之际，中国在 6 月份公布了《关于联合国改革的立场文件》，首次以官方文件形式系统阐述中国对联合国改革的看法，重申联合国作用不可或缺，明确提出："联合国是实践多边主义的最佳场所，是集体应对各种威胁和挑战的有效平台，应该继续成为维护和平的使者，推动发展的先驱。"① 其后，胡锦涛在出席联合国庆祝活动时再度承诺："中国将一如既往地遵守联合国宪章的宗旨和原则，积极参与国际事务。"② 实践中，中国目前是安理会常任理事国中派出维和人员最多的国家，建立起较为完整的维和培训体系，并承担亚洲人员的地区维和培训；财政支持方面，1995 年中国在联合国正常预算中的会费比例仅为 0.72%，1999 年上升为 0.97%，2004 年上升为 2.05%，2010 年增长到 3.189%，2016 年增长到 7.921%，20 年时间增长幅度超过 1100%；在联合国千年发展目标、气候谈判、反恐怖主义等重大议题上，中国也开始彰显出担负国际社会责任的自信和能力，丰富了中国联合国外交的内涵。

最后，创新性表现在中国着手构建地区安全机制。2001 年正式成立的上海合作组织是中国主导之下创立的首个区域性组织，是中国与国际制度关系的突破性进展。上海合作组织的前身是 1996 年启动的"上海五国机制"，它的成立和发展充分体现了中国倡导的新安全观。十几年来，上海合作组织从成员国共同关心的边界问题入手，从安全合作逐渐扩展到经贸合作和政治合作，构建起各个领域的组织框架和合作机制，为成员国、观察员国和对话伙伴国之间的合作打下了坚实的基础。对于中国来说，"上合组织实践的意义不仅仅在于它开创了继欧盟、东盟之后又一种地区主义模式，在一个横跨欧亚的广袤而多元的地区实现了区域合作的历史性突破。更为重要的是，它开创了本地区地缘政治的新纪元，使长期以来深陷于结盟或对抗怪圈的该地区国家从此走上了一条结伴而不结盟的崭新道路。"③

上述创新性表现，是一个崛起中大国在成长中的尝试和实践。21 世纪以来，中国的经济总量连续超过法国、英国、德国和日本，已经成为具有世界影响力的第二大经济体。深化与国际制度关系，有利于国际社会增强对中国的信赖，减少敌意，使中国能以较低的成本、较高的合法性、更有效地拓展国家利益、承担国际责任。因此，中国选择走和平发展道路，就

---

① 《中国政府发布关于联合国改革问题的立场文件》，《人民日报》，2005 - 06 - 08，第 15 版。
② 《努力建设持久和平、共同繁荣的和谐世界》，《人民日报》，2005 - 09 - 16，第 1 版。
③ 张德广：《上海合作组织与欧亚地缘政治变迁》，《俄罗斯研究》2006 年第 2 期，第 2 页。

是从战略上将中国的崛起与国际制度联系起来，推动中国在与国际制度的关系中进一步发挥全方位参与者和建构者的作用。

三　国际制度对中国和平发展道路的影响

始终不渝地走和平发展道路，是中国在 21 世纪初确立的国家战略。"和平发展道路归结起来就是：既通过世界和平发展自己，又通过自身发展维护世界和平；在强调依靠自身力量和改革创新实现发展的同时，坚持对外开放，学习借鉴别国长处；顺应经济全球化发展潮流，寻求与各国互利共赢和共同发展；同国际社会一道努力，推动建设持久和平、共同繁荣的和谐世界。这条道路最鲜明的特征是科学发展、自主发展、开放发展、和平发展、合作发展、共同发展。"[①] 和平发展道路的提出和实践，受益于 21 世纪初期这样一个战略机遇期，是符合中国国情和世界潮流的必然选择。和平发展道路能否走得通，取决于能否具备实现和平发展的国内和国际、主观与客观的条件。其中，国际制度带来的稳定、秩序必然会促进中国的和平发展，而国际制度的约束性又使中国的和平发展进程受制于国际制度。

1. 中国和平发展道路的确立

作为国家的大政方针，中国和平发展道路的提出和确立，有一个逐步明晰、完善的过程。

中国的五千年悠久文明史孕育了以"和合"为中心的文化传统，具有崇尚和平的历史渊源。1840 年后，中国一度沦为世界列强瓜分的对象。1949 年以后，中国获得了民族独立，国家富强的目标得以提出并不断充实。随着改革开放进程的启动，中国经济创造了历史上罕见的快速增长奇迹，为提升中国的国际地位和作用奠定了物质基础。中国与国际社会的关系也随之发生了转折性的变化，进一步推动了中国对于适合本国发展道路的探索。1982 年的中共十二大上，邓小平就提出："为把我国建设成为现代化的，高度文明、高度民主的社会主义国家，为反对霸权主义，维护世界和平，推进人类进步事业，而努力奋斗"[②]，将中国的发展与世界的和平进步结合起来。1987 年的中共十三大报告，系统阐述了社会主义初级阶段的基本路线，再次明确指出："中国社会主义现代化建设的成功，必将对世界和

---

① 中华人民共和国国务院新闻办公室：《中国的和平发展》（2011 年 9 月），人民出版社，2011，第 3 页。
② 《中国共产党第十二次全国代表大会开幕词》，《人民日报》，1982 - 09 - 02，第 2 版。

平与人类进步事业作出新的贡献。"① 到了 1992 年中共十四大召开，江泽民在报告中宣告："中国始终不渝地奉行独立自主的和平外交政策。维护我国的独立和主权，促进世界的和平与发展，是中国外交政策的基本目标"②，突出了中国坚持和平外交政策的信念和责任。1997 年的中共十五大规划了跨世纪的战略部署，强调"把建设有中国特色社会主义事业全面推向二十一世纪"，"实现民族振兴、国家富强和人民幸福"③。2002 年的中共十六大报告，则旗帜鲜明地提出了"在中国特色社会主义道路上实现中华民族的伟大复兴"④ 的战略目标，更加清楚地表明了中国追求国家富强的强烈意愿。

上述重要报告的相关内容一脉相承，体现出中国对于自身发展目标的定位和诉求。面对 21 世纪复杂多变的国际形势和国内建设事业的新任务，中国迫切需要在国家发展战略和对外政策的阐述方面与时俱进。2003 年 11 月的博鳌亚洲论坛上，中央党校原副校长郑必坚发表了题为《中国和平崛起新道路和亚洲的未来》的演讲，"和平崛起"一词正式亮相。同年 12 月 9 日，温家宝总理在美国哈佛大学发表了题为《把目光投向中国》的演讲，指出："今天的中国，是一个改革开放与和平崛起的大国。"⑤ 这是中国领导人第一次公开阐述和平崛起的理念，用以向国际社会阐明中国快速发展的方式、前景和影响。12 月 26 日，胡锦涛总书记在纪念毛泽东诞辰 110 周年座谈会的讲话中，同样强调"坚持走和平崛起的发展道路"⑥。2004 年 3 月，温家宝总理在十届全国人大二次会议后的记者招待会上全面阐述了中国和平崛起的要义，即："第一，中国和平崛起就是要充分利用世界和平的大好时机，努力发展和壮大自己。同时又以自己的发展，维护世界和平。第二，中国的崛起应把基点主要放在自己的力量上，独立自主、自力更生，依靠广阔的国内市场、充足的劳动力资源和雄厚的资金积累，以及改革带来的机制创新。第三，中国的崛起离不开世界。中国必须坚持对外开放的

① 《沿着有中国特色的社会主义道路前进——在中国共产党第十三次代表大会上的报告》，《人民日报》，1987 - 11 - 04，第 1 版。
② 《加快改革开放和现代化建设步伐夺取有中国特色社会主义事业的更大胜利——在中国共产党第十四次全国代表大会上的报告》，《人民日报》，1992 - 10 - 21，第 1 版。
③ 《高举邓小平理论伟大旗帜，把建设有中国特色社会主义事业全面推向二十一世纪——在中国共产党第十五次全国代表大会上的报告》，《人民日报》，1997 - 09 - 22，第 1 版。
④ 《全面建设小康社会，开创中国特色社会主义事业新局面——在中国共产党第十六次全国代表大会上的报告》，《人民日报》，2002 - 11 - 18，第 1 版。
⑤ 《广泛开展文明对话和文化交流》，《人民日报》，2003 - 12 - 11，第 3 版。
⑥ 《在纪念毛泽东同志诞辰 110 周年座谈会上的讲话》，《人民日报》，2003 - 12 - 27，第 1 版。

政策，在平等互利的基础上，同世界上一切友好国家发展经贸关系。第四，中国的崛起需要很长的时间，恐怕要多少代人的努力奋斗。第五，中国的崛起不会妨碍任何人，也不会威胁任何人。中国现在不称霸，将来即使强大了也永远不称霸。"①

　　然而，"崛起"一词的敏感性，使"和平"的初衷反倒被某些舆论所忽视，由此可能造成不必要的误解。经过慎重思考，"和平发展道路"作为一种更加务实而低调的替代用词，成为中国全新的战略选择。2004 年 8 月 22 日，胡锦涛总书记在邓小平诞辰 100 周年纪念大会上发表讲话，明确表示中国"坚持走和平发展的道路"②。几天后，胡锦涛总书记再次指出："高举和平、发展、合作的旗帜，坚持独立自主的和平外交政策，坚持走和平发展的道路……为维护世界和平、促进共同发展贡献力量。"③ 此后，"和平发展道路"取代"和平崛起"成为官方正式用语，其内涵得到了进一步的充实。

　　2005 年 3 月，温家宝总理在政府工作报告中宣布："中国社会主义现代化道路是一条和平发展的道路。"④ 2005 年 11 月，胡锦涛总书记在访问英国的演讲中，再度阐述了中国和平发展道路的含义，指出："中国的发展是和平的发展、开放的发展、合作的发展。""中国坚持走和平发展道路，既有中国发展的现实需要，又有中国发展的历史根源。"⑤ 同年 12 月，《中国的和平发展道路》白皮书问世，系统阐释了和平发展道路的内涵和意义，标志着中国和平发展的理念已全面形成。到了 2007 年 10 月，中共十七大召开，胡锦涛总书记郑重宣告："中国将始终不渝走和平发展道路。这是中国政府和人民根据时代发展潮流和自身根本利益作出的战略抉择。"⑥

　　中共十八大以来，以习近平为总书记的新一届中央领导集体，准确把握时代潮流和世界大势，审时度势，开拓进取，提出了实现中华民族伟大复兴的"中国梦"这一重要理念，全面统筹新时期中国的治国方略。实现"中国梦"，就是要实现国家富强、民族振兴、人民幸福，这与和平发展道

---

① 《温家宝总理答记者问》，《人民日报》，2004 - 03 - 15，第 1 版。
② 《在邓小平同志诞辰 100 周年座谈会上的讲话》，《人民日报》，2004 - 08 - 23，第 1 版。
③ 《第十次驻外使节会议在京举行》，《人民日报》，2004 - 08 - 30，第 1 版。
④ 《政府工作报告——二〇〇五年三月五日在第十届全国人民代表大会第三次会议上》，《人民日报》，2005 - 03 - 15，第 1 版。
⑤ 《在伦敦金融城市长萨沃里举行的欢迎晚宴上的演讲》，《人民日报》，2005 - 11 - 11，第 1 版。
⑥ 《高举中国特色社会主义伟大旗帜，为夺取全面建设小康社会新胜利而奋斗——在中国共产党第十七次代表大会上的报告》，《人民日报》，2007 - 10 - 25，第 1 版。

路的内在要求是一致的。习近平总书记指出："实现中国梦，必须坚持和平发展，我们将始终不渝走和平发展道路，始终不渝奉行互利共赢的开放战略，不仅致力于中国自身发展，也强调对世界的责任和贡献；不仅造福中国人民，而且造福世界人民。"①"中国梦"的理念，继承并丰富了中国和平发展道路的战略思想，既显示出中国坚持走和平发展道路的决心和信心，也明确了中国走和平发展道路的目标和方向。

综上所述，从和平崛起到和平发展道路，其核心内容是一致的，不同的表述"无碍大局"②，都是在中国实力迅速增长的过程中对自身发展道路和模式的探索与调整，它"根植于中国的历史文化，形成于中国的发展实践，立足于中国的基本国情，顺应于世界的合作潮流，凝聚了中国的国家意志"③，是中国的长期战略选择，将在实践中不断发展完善。

2. 国际制度塑造中国和平发展的国际环境

中国的和平发展道路从提出到确立的过程，也是中国与国际制度的关系日益密切的过程。中国没有通过挑战现行国际制度的方式来发展自己，而是选择了积极融入国际制度的和平发展道路。国际制度在提供公共产品、促进国际合作、维护国际秩序、加强国际关系民主化等方面为中国的和平发展提供了总体有利、相对稳定的国际环境。

国际制度通过提供国际公共产品，为国际关系的正常运转提供了基本保障，也为中国的和平发展奠定了基础。国际公共产品，是国际社会中所有国家所有人都能受益的产品，具有公共性、非竞争性、非排他性的特征。国际制度是国际公共产品的重要渊源。以联合国为核心的国际安全制度向国际社会提供安全保障，集体安全制度对维护国际和平与安全发挥重要作用。国际经济制度致力于向世界各国提供开放的国际贸易体系、自由的国际金融体系和稳定的国际货币体系。国际人权制度推动了人权理念在全球范围的传播，使人权的国际保护成为国际共识。国际环境制度创立了全球范围采取集体行动应对全球环境危机的机制，敦促世界各国对于可持续发展模式的探索，保护人类社会赖以生存和发展的生态环境。虽然国际制度并不能解决国际关系中存在的所有问题，实践中，由于各个国家对国际制

---

① 中共中央文献研究室编《习近平关于实现中华民族伟大复兴的中国梦论述摘编》，中央文献出版社，2013，第70页。

② 参见郑必坚《思考的历程——关于中国和平发展道路的由来、根据、内涵和前景》，中共中央党校出版社，2006，第200页。

③ 戴秉国：《中国坚定不移走和平发展道路》，《国际问题研究》2011年第6期，第1页。

度的态度往往出于自身利益的考虑而有保留，国际制度在提供公共物品方面受到很大的限制，但是，现存国际制度的确为中国的和平发展创造了总体和平的国际环境，在国际关系各个领域创设了合作竞争的制度化环境，在规定相关义务的同时，也赋予了中国参与国际制度的各项权利。从这个角度来看，国际制度为中国的和平发展道路提供了充分的战略机遇和广阔的发展空间。

国际制度为中国的和平发展提供了国际合作的法律保障。国际合作是现代国际法和国际关系的基本原则，世界各国不论在政治、经济和社会制度上存在何种差异，都有义务在国际关系的各个领域彼此合作。国际合作在国际关系实践中形成了多种多样的形式，覆盖了无所不包的领域。国际制度所具备的权威性和普遍性，赋予了国际合作长期、稳定的法律保障。中国的和平发展道路，坚持"以合作谋和平、以合作促发展、以合作化争端"，[①] 同其他国家在政治、经济、军事、人权、环境等领域开展各种形式和层次的国际合作。根据基欧汉的理论，国际合作失败的原因有两个，一是交易成本过高，二是可靠信息不足。[②] 国际制度搭建了国家间合作的桥梁，为多形式、多层次、多领域的国际合作提供明确的法律框架，确定行为规范，提供制度化的方法和程序，加强国家间信息沟通的质量，增进国家间的信任感，降低国际环境的不确定性和国际关系的交易成本，从而为国际合作的达成提供了可能性和现实的途径。尽管国际制度并非总能保证国际合作的成效，但没有国际制度，国际合作就无法持续稳定地开展。中国走和平发展道路，就是要充分利用现有国际制度框架内的合作平台促进自身发展，以合作的方式解决发展中存在的分歧和矛盾，为中国打造良好的国际环境。

国际制度为中国的和平发展提供了稳定的国际秩序。国际制度与国际秩序有着天然的联系，秩序是一种稳定有序的状态，是以制度为保障的。国际社会的本质特征是无政府状态，但无政府不等于无秩序。正是国际制度的出现，降低了国际社会的无政府状态，防止国际竞争失控，使国际社会从无序走向有序。纵观近代以来国际秩序的演变，其中都离不开国际制度的作用。第二次世界大战后，以联合国为中心的国际制度确立了具有普遍意义的国际关系基本原则，对战后国际秩序产生了重要影响。冷战结束

① 中华人民共和国国务院新闻办公室：《中国的和平发展》（2011年9月），第5页。
② 参见〔美〕罗伯特·基欧汉《霸权之后——世界政治经济中的合作与纷争》，第109页。

后，世界主要大国都提出了自己的关于建立国际新秩序的主张，中国同样提出了在和平共处五项原则基础上建立和平、稳定、公正、合理的国际新秩序的主张。与国际制度一样，国际秩序也是国家间权力斗争的产物，往往更多体现出占据主导地位的大国、强国的意志。中国充分认识到现行国际秩序的性质，强烈主张有利于世界各国的共同生存与发展，有利于世界整体和平与繁荣的国际新秩序。但是，"国际秩序的塑造、维持、转型是与权力结构密切相连的。国际秩序反映了国际体系中权力分配结构的某种形式。正是一种制度化的权力分配，才能确保社会价值分配决策的规则化。国际秩序高度有序的存在，意味着稳定的、制度化的权力分配结构状态"。[1]中国的国际新秩序主张，是在全面参与现行国际制度并发挥建设性作用的基础上提出来的，不是要另起炉灶，不是要通过剧变的方式打破现行国际秩序，而是在维护国际秩序合理成分的同时，通过循序渐进的方式去改造国际秩序中不公正、不合理的成分，推动国际秩序的逐渐变革。

国际制度有助于改善当今世界发展不平衡的状况，推进国际关系民主化，符合中国和平发展一直倡导的国际关系理念。国际关系民主化，是指"以统治和服从为特征的强权型国际关系，向以独立自主、平等参与和互利合作为特征的民主型国际关系的转化过程"。[2] 国际制度在制度设计上具有平等性，任何国家参与国际制度，在享受应有权利的同时，都需要承担必要的义务、接受相关的行为规范，每个国家都要按照统一的规范行事。即使是大国或强国，也很难公开挑战或无视国际制度，只能是在实力基础上利用规则去增进利益，否则，国际制度的权威性和有效性就会受损。冷战结束以来，在经济全球化、世界多极化以及全球治理思潮的共同作用下，国际关系民主化趋势日益加深，国际制度所追求的原则、规范和程序得到了绝大多数国家的普遍认同和接受，是实现国际关系民主化的重要途径，有助于打破少数大国把持国际事务决策权的状况。中国主张，"国家不分大小、强弱、贫富，都是国际社会平等成员，都应受到国际社会尊重。维护联合国在世界事务中的核心地位，遵循联合国宪章宗旨和原则，恪守国际法和公认的国际关系准则，在国际关系中弘扬民主、和睦、协作、共赢精神。各国内部事务应由本国人民自己决定，世界上的事情应由各国平等协

---

① 〔日〕星野昭吉：《变动中的世界政治——当代国际关系理论沉思录》，刘小林、梁云祥译，新华出版社，1999，第422页。
② 俞正梁：《全球化时代的国际关系》，复旦大学出版社，2000，第250页。

商，各国平等参与国际事务的权利应得到尊重和维护"。① 国际关系民主化代表国际关系的发展方向和时代的进步，中国的和平发展不仅要有物质的支撑，更要有价值理念的构建。尽管国际关系民主化的最终实现是一个曲折的过程，但国际制度领域的改革和创新，加强了中国和平发展道路的思想基础。

今天的国际社会离不开国际制度的运行，"在一个以国际制度为本位的世界中，制度在某种意义上已经成为国家拓展国际空间和增强自身实力的一个重要的工具"。② 对国际制度的参与已经成为国际社会衡量一个国家国际社会化程度的重要标准。21世纪以来，国际制度的构建进入一个新的历史时期，新的国际制度安排将在很大程度上决定世界各国在国际社会的行动空间。由此可见，国际制度不仅是构成国际环境的重要因素，而且能够影响国际环境的发展趋向，而一个制度化特征日益显著的国际环境，为中国的和平发展奠定了稳定的、可预测的外部依托，提供了难得的战略机遇。

3. 国际制度强化中国和平发展的内在需要

国际制度不仅作用于中国和平发展的外部环境，而且同样能够对中国和平发展的内在需要产生重要影响。从国内层面来看，中国的和平发展植根于中华文化，立足于基本国情，体现在中国的政治经济社会发展实践当中。"走和平发展道路是中国政府和人民继承中华文化的优秀传统、根据时代发展潮流和中国根本利益作出的战略抉择，是中国发展的内在需要。"③

国际制度的国内影响是通过国际制度的内部化表现出来的。国际制度的内部化，是指当国家参与和接受国际制度时，将国际制度的价值、规范、理念等转化、渗透到国家内部的制度安排中的过程。国际制度的内部化通常可以通过三个层次来实现。其一，国际制度的内部化初步体现在国际制度逐渐被国内公众所熟悉、认知，其合法性得到国内政治精英的理解和话语上的支持，甚至上升到立法层次的辩论议程上；其二，国际制度的内部化还体现在与国际制度相协调的国内行政机构与制度变革上；其三，国际制度内部化的最重要体现，则是国家为了参与某项国际制度而在国内实施的立法活动，包括制定新法、修改旧的与国际制度不适应的法律，以保证

---

① 中华人民共和国国务院新闻办公室：《中国的和平发展》（2011年9月），第16页。
② 苏长和：《全球公共问题与国际合作：一种制度的分析》，第308页。
③ 中华人民共和国国务院新闻办公室：《中国的和平发展》（2011年9月），第21页。

国际制度在国内通畅地得到执行与遵守。[①]

中国对国际制度的参与，是一个社会化的过程，通过对国际制度的学习、适应与内化，中国逐步融入国际社会，国家实力以及在国际社会中的生存、交往和发展能力都得到了大幅提高，从一个国际制度的边缘国家成长为国际制度的主要参与者和建构者。这一进程中，国际制度对中国国内相关领域的价值观念、机构设置、法律法规等产生了深刻影响，中国实现和平发展的国内基础在一定程度上得到了强化。

国际安全制度通过制度化的合作维护世界和平与安全，是一国实现安全利益尤其是共同安全利益的重要保障。20 世纪 70 年代末，美苏两极格局走向松散，中国的安全环境获得更大的战略空间，提出了和平与发展是世界两大主题的论断。此后，中国加大了对国际安全制度的参与力度，逐步转变了对以联合国为核心的全球安全制度以及地区安全制度的看法。以国际军控制度为例，中国以建设性态度参与国际军控和裁军领域的活动，推动国际军控制度的构建。在参与进程中，中国外交部设立了军控处和裁军大使，外交部与军队、研究机构之间形成了跨机构联系的军控专家群体。这些专家通过与西方专家的接触，开始接受一些军控观点，有证据表明，美国专家理查德·加温关于核扩散危险性的论点对中国科学家在 80 年代后期和 90 年代早期关于中国是否应该扭转立场加入《不扩散核武器条约》的讨论有所帮助。[②] 为了忠实履行军控义务，中国建立并完善国内履约机制，成立了履行《全面禁止核试验条约》《禁止化学武器公约》等重要条约的国家机构。通过参与国际防扩散进程，中国相继颁布实施了一系列法律法规，涵盖核、生物、化学、导弹及军品各个领域，广泛采用许可证制度、清单控制办法、出口经营登记制度等国际通行的做法，建立起比较完备的出口管制法规体系，完成了从依靠行政手段到依法进行出口管制的转变。20 世纪 90 年代末，中国提出了以互信、互利、平等、协作、尊重多样文明、谋求共同发展为基本内容的"新安全观"，强调单个国家的安全与地区乃至全球安全紧密相连，作为一种新型国际安全理念，反映出国际安全制度对中国安全观的影响，适应了中国走和平发展道路的需要。

国际经济制度与中国的关系最为紧密。改革开放后中国参与国际经济

---

① 参见苏长和《跨国关系与国内政治：导读》，载〔美〕罗伯特·基欧汉、海伦·米尔纳主编《国际化与国内政治》，姜鹏、董素华译，北京大学出版社，2003，第 13—14 页。

② 参见〔美〕伊恩·约翰斯顿、罗伯特·罗斯主编《与中国接触——应对一个崛起的大国》，黎晓蕾、袁征译，新华出版社，2001，第 328 页。

制度的进程，也是中国经济从高度集中的计划经济体制到社会主义市场经济体制、从传统的内向型发展战略到全方位开放型经济体系的转变进程。世界银行、国际货币基金组织不仅为中国引进了资金、技术和先进的经验，促进了中国的产业结构调整、技术进步，而且直接给中国经济体制改革提供政策建议，帮助中国建立了符合国际标准的货币金融体系，促进了中国国内的经济体制改革。随着改革开放的深化，以推进贸易自由化、一体化为宗旨的国际贸易制度所传递的国际规范和价值在中国社会被逐步接受，中国政府在行政机构和人员配备上做了相应的设置和完善。媒体的宣传以及学术界的讨论，极大地提高了公众对于贸易规范的了解，培养了大批专业化人才。2001 年 12 月中国正式加入世界贸易组织，《中国入世协定书》郑重承诺："中国将保证与贸易有关的或有影响的法律法规符合《WTO 协定》和中国政府的承诺，从而全面履行它的国际义务。为此，中国已经付诸实施一项系统地修订相关国内法律的计划。因此，中国将通过修改现有国内法律，制定完全符合《WTO 协定》的新法律，从而有效、统一地履行《WTO 协定》。"[1] 实践证明，中国的和平发展受益于现行国际经济制度，对国际经济制度的参与直接推动了中国社会主义市场经济体制的确立和完善。

国际人权制度对中国国内人权制度的形成提供了重要的借鉴。中国的和平发展与尊重、保护人权的国际关系基本准则在本质上是统一的。国际人权制度的推行需要"依靠一个有效运转的国内人权保护制度。国际人权标准向国内法的转化在很大程度上要由国内宪法来完成"。[2] 改革开放以来，随着中国经济的持续增长，中国的政治文明和民主法治建设水平不断提高，人民的生存权和发展权获得大幅改善，特殊群体权利的保护得到显著增强，中国的人权保护体制得到完善。通过签署一系列国际人权公约，履行国际人权义务，中国的国内政治生活普遍认可了人权国际保护的理念；通过知识阶层和精英阶层有关人权问题的研究和讨论，中国确立起自己的人权观念，在承认人权具有普遍性原则的前提下，强调生存权和发展权是发展中国家首要和基本的人权；通过积极参与国际人权合作，中国设立了处理国际人权制度相关事务的专门机构。2004 年 3 月，第十届全国人大第二次会议通过宪法修正案，明文规定"国家尊重和保障人权"，成为中国国内人权立法与国际社会接轨的里程碑。

---

① 《中国入世协定书》，上海人民出版社，2001，第 262 页。
② 〔奥〕曼弗雷德·诺瓦克：《国际人权制度导论》，孙世彦译，北京大学出版社，2010，第 35 页。

　　国际环境制度是中国国内环境制度建设的基础。1972 年联合国在斯德哥尔摩召开的第一次人类环境会议，开启了中国的环境保护事业。此后，通过参与国际环境谈判、签署国际环境条约、开展国际环境合作，中国政府和公众的环境保护意识迅速提高。1983 年的第二次全国环境保护会议上，环境保护被确定为一项基本国策；1994 年，《中国 21 世纪议程》出台，可持续发展战略成为中国经济社会发展的基本指导思想；2005 年 12 月，国务院发布《关于落实科学发展观加强环境保护的决定》，科学发展观成为指导中国经济社会与环境协调发展的依据。与环境保护内涵的日益丰富相适应，中国的环境保护机构设置和能力建设也不断加强，80 年代初成立的环境保护局到 1998 年升格为国家环境保护总局，至 2008 年再度升格成立了环境保护部，全国各地方则建立了省、市、县三级的环境保护机构，形成从中央到地方的环境保护体系。与此同时，中国陆续制定了大量环境保护法律、法规和行动规章，涉及所有环境领域，形成比较完善的环境法律体系，其中相当大部分是受到国际环境公约影响而制定的，吸收国际环境制度中的理念、原则，把国际环境立法转化为国内环境立法。

　　综上所述，中国的和平发展与参与国际制度的进程相辅相成。对于正在崛起的中国而言，积极参与国际制度，是实现中国和平发展的重要战略选择。国际制度的内部化反映到中国国内政治经济社会的各个领域，在很大程度上强化了中国的国际化程度以及对国际制度的认同态度。"不同国家建立或维持国际机制的意愿不同，都源于其国内因素。"[1] 通过国际制度的内部化，中国实现了与各个领域国际制度的良性互动，在提高参与国际制度能力的同时，中国和平发展的国内基础被赋予了新的内涵。当前，中国的国内发展更加注重民主和法制的建设，更加强调对人权保护的力度，更加重视经济增长过程中对生态环境的保护，充分体现出中国和平发展的国内基础与国际制度之间的互动。但是，国际制度并非完美无缺，而是不可避免地受到国际政治中那些不公正、不合理因素的影响，尤其是对于中国这样的新兴发展中大国来说，国际制度倡导的理念并非全部都适用，国际制度既有的规则并非完全有利于中国的和平发展。因此，中国在参与国际制度的过程中，应积极推动国际制度朝着更加公正、合理方向的变革，以防范国际制度内部化带来的制约和挑战。

---

① 〔美〕罗伯特·基欧汉、约瑟夫·奈：《权力与相互依赖》，第 122 页。

第二章　中国和平发展与国际安全制度

国际安全制度是指在安全领域的国际制度。传统上，安全是指军事安全，即：与战争相关联的主权独立、领土完整、霸权更替等"高级政治"问题。尽管冷战结束后"传统安全"与"非传统安全"的区分作为新的研究范式而引人注目，"安全"这一概念逐渐扩大，包含了军事、政治、经济、社会等内容，但是，传统的军事安全仍然是立国之本，在国际安全研究中仍然占据中心地位。尤其是对于中国来说，走和平发展道路需要长期的国际和平环境，而和平需要以军事力量为后盾的制度加以维护与约束。况且，中国的国家统一大业尚未完成，强权政治、霸权主义、军事同盟等因素对中国的威胁仍然没有消除。无论是应对全球性安全威胁，还是解决地区性争端和冲突，中国的和平发展都离不开国际安全制度作用的发挥。

一　国际安全制度的演变与基本框架

安全是指主体免于危险或威胁的状态。自从民族国家产生以来，国家成为维护安全的最重要主体力量。为了生存和发展，国家在无政府状态的国际关系中必然要追求各种安全利益，不同国家之间的安全利益既有差异，也有重合。国际安全制度的产生正是以制度化的合作去实现那些重合的安全利益，尽量消除国家间的差异，防止冲突发生。如同美国学者罗伯特·杰维斯指出的那样，国际安全制度是"容许国家相信其他国家将予以回报而在它的行为上保持克制的那些原则和规范。这一概念不仅指便于合作的规范和期望，而且指一种超出短期自我利益追逐的一种合作形式"。[①] 国际安全制度的形成与运作，受到其内在规律和诸多外在因素的共同影响。进入21世纪，全球化的加速发展冲击了传统的安全观念，推动了既有国际安全制度的调整。中国恰逢其时提出了新安全观，为国际安全制度的革新做出了贡献。

---

① Robert Jervis, "Security Regimes", *International Organization*, Vol. 36, No. 2, 1982, p. 357.

1. 国际安全制度的确立与发展

战争与和平是国际关系的永恒话题。建立国际安全制度的尝试古已有之。15 世纪之后，受"地理大发现"和交通通信技术突破的推动，世界不同国家和地区之间的经济文化往来和民间交流逐渐频繁。为了争夺地区霸权、扩张殖民势力，从 1618 年到 1648 年，欧洲列强先后卷入了旷日持久的大规模战争，史称"三十年战争"。为了结束战争而召开的威斯特伐利亚和会，开创了通过国际会议解决战争问题的先例，包含了诸多构建国际安全制度的要素。同一时期，随着 1625 年格劳秀斯的巨著《战争与和平法》问世，产生了具有约束力的、独立的国际法体系，欧洲各国之间的交往逐渐开始遵循共同的国际行为准则，以欧洲为中心的国际社会逐渐成型了。到 19 世纪，政府间国际会议制度已经成为欧洲列强就欧洲安全问题进行妥协的平台。"欧洲协调"的出现被视为"安全机制的最好例子"①。它维护了拿破仑战争之后的欧洲和平，英国、奥地利、俄国、普鲁士、法国等大国出于自身利益的考虑，在外交政策中采取克制态度，从而约束冲突，尽力避免战争。虽然"欧洲协调"本质上是一种强权政治，它同时充当了维护欧洲反动堡垒、扼杀民族革命的工具，但它为 20 世纪全球性国际安全制度的出现提供了可资借鉴的经验。

19 世纪末 20 世纪初，欧美和日本等主要资本主义国家向以垄断为基本特征的帝国主义阶段过渡，将掠夺领土、资源，扩大贸易的触角扩展到世界的各个角落，亚洲、非洲和拉丁美洲都被纳入了资本主义世界经济体系。为了瓜分世界、争夺霸权，帝国主义国家之间，特别是欧洲大国的扩军活动空前激烈。同时，帝国主义的战争政策也受到世界各国人民的坚决反对，反战运动的声浪日益高涨。在此背景下，26 个国家参加的第一次海牙和会于 1899 年召开，44 个国家参加的第二次海牙和会于 1907 年召开。两次海牙和会虽然无法解决裁军和军备问题，无法阻挡迫在眉睫的战争的步伐，但是，面对无法避免的战争，第二次海牙和会通过了 10 个有关战争的新公约来为战争制定规则，以减轻战争带来的无序和残酷后果。按照德国学者哈拉尔德·穆勒的界定，"安全机制是约束国家间安全关系的某些方面的原则、标准、规则和程序体系"②，海牙和会是构建国际安全制度的重要步骤。

---

① Robert Jervis, "Security Regimes", *International Organization*, Vol. 36, No. 2, 1982, p. 362.

② Harald Muller, "The Internalizations of Principles, Norms and Rules by Governments: The Case of Security Regimes", Volker Rittberger ed., *Regimes Theory and International Relations*, Clarendon Press, 1993, p. 361.

作为平时召开的和平会议,海牙和会是主动采取的预防性外交活动,不仅进一步发展了限制作战手段和方法的战争法规,而且确立起了和平解决国际争端的程序,推动了近现代国际法的演变,为探索战争之外的解决国际争端的方法提供了有指导意义的思路和原则。参加海牙和会的国家突破了欧洲的范围,几乎包括当时世界上所有获得承认的民族国家,意味着19世纪末20世纪初的国际多边活动已经开始摆脱欧洲地区主义而具有世界性了。与会国不论大小强弱,均享有投票权;程序上,除建议案之外的所有决议案都要求全体与会国一致同意才得通过。亚洲、拉美的国家第一次被承认与欧美列强国家处于法律上的平等地位,尽管欧美列强仍是海牙和会实际的操纵者,但在表面上各国是平等的,对革新国际关系观念、构建20世纪全球性国际安全制度准备了条件。

国际联盟是第一个全球性的国际政治组织,它的诞生,开创了集体安全制度在全球范围内的初步尝试。第一次世界大战的深重灾难催生了建立国际合作组织来防止世界性冲突的主张。美国总统威尔逊是一位理想主义的国际政治学者,1918年1月18日,他在国会演说中提出了著名的"十四点计划",被誉为"建立世界和平的纲领"。其中第十四点的内容是:"为了大小国家都能相互保证政治独立和领土完整,必须成立一个具有特定盟约的、普遍性的国际联盟。"[①] 这个主张将建立全球性国际组织的设计同预防战争、改造国际体系的政治目标联系起来,反映出威尔逊对集体安全的倡导。《国联盟约》规定:"缔约各国,为增进国际间合作并保持其和平与安全起见,特允承受不从事战争之义务,维持各国间公开、公正、荣誉之邦交。"[②] "凡任何战争或战争之威胁,无论其直接影响联盟任何一会员国与否,皆为有关联盟全体之事。"[③] "联盟会员国如有不顾本盟约之规定而从事战争者,则据此事实应视为对所有联盟其他会员国有战争行为。"[④] 上述条文清楚表明国联的集体安全思想,其设计无疑昭示着国际安全制度的巨大革新。但是,国联所处的时代,国际关系中仍然信奉强权政治和"弱肉强食"的丛林法则。由于各资本主义国家经济政治发展不平衡,一战后体现战胜国意志的"凡尔赛体系",不能反映列强国家之间的力量对比消长变

---

① 〔美〕斯塔夫里·阿诺斯:《全球通史:1500年以后的世界》,余逊达、张铁军译,上海社会科学出版社,1992,第609页。

② 《国际条约集(1917—1923)》,世界知识出版社,1961,第266页。

③ 《国际条约集(1917—1923)》,第266页。

④ 《国际条约集(1917—1923)》,第266页。

化。面对 30 年代席卷资本主义世界的大危机，国联理想中的虚幻和平走向终结，但也为集体安全制度在第二次世界大战后的进一步实践留下了宝贵的经验和深刻的教训。

第二次世界大战的爆发没有摧毁人们对和平的渴望，相反，建立一个新的更加有效的全球性国际组织的愿望更加迫切了。诞生于二战战火中的联合国被赋予了维护世界和平与安全的核心地位，并且通过《联合国宪章》确立起一整套维护世界和平与安全的原则、规则、规范和决策程序。"采取有效集体办法，以防止且消除对于和平之威胁，制止侵略行为或其他和平之破坏；并以和平方法且依正义及国际法之原则，调整或解决足以破坏和平之国际争端或情势。"① 在联合国的集体安全制度设计中，侵略任何一个国家意味着侵犯所有的国家，将受到其他所有成员国集体的反对和惩罚。与国联时期相比，联合国的集体安全模式在组织形式、行动方式、权力配置上都进一步完善。最重要的在于，联合国的集体安全模式将大国合作与集体安全结合起来，给予安理会五个常任理事国特权，这在程序上使大国一致构成联合国安全机制正常运行的前提。这样的设计显然是为了避免联合国的集体安全体制重蹈国联的覆辙，它通过给予大国特权来确保大国的参与，而大国的参与才能确保集体安全体制的权威性和有效性，同时也意味着大国对世界的和平与安全担负着主要责任。尽管否决权违背了国家主权平等原则，容易沦为大国政治斗争的工具，国际社会对否决权一直存在异议，然而，否决权在客观上对大国力量形成有效平衡，因而充当了联合国集体安全体制的"安全阀"②，其存在对于国际安全制度而言是必要的。

冷战时期，联合国受制于两极格局下的美苏对抗而少有作为，美苏为首的两大阵营各自建立起军事集团进行对峙，集体安全制度的大国一致原则成为一纸空文。以此为背景，各种双边的、地区的安全制度逐步发展起来，为维持冷战时期 40 年的总体和平发挥了积极的作用。直到 20 世纪 80 年代后期，随着美苏关系的缓和，大国合作的动力增强，联合国集体安全制度才重新焕发了生机与活力。90 年代初的海湾战争，是集体安全制度下大国合作的典型范例。

冷战结束后，国际安全制度进入了一个调整时期。苏联的瓦解，意味着两极对抗的结束和全面战争可能性的下降。美国作为唯一的超级大国，

---

① 《联合国宪章》，载许光建主编《联合国宪章诠释》，山西教育出版社，1999，第 681 页。
② 陈世材：《国际组织——联合国体系的研究》，中国友谊出版社，1986，第 67 页。

其政治、经济、军事、科技等各个领域的实力都处于明显优势，因此在国际安全制度的重构中居于主导地位，推动北约东扩、加强美日同盟、组建国际反恐联盟等举措对大国安全互动、地区安全结构产生了一系列的连锁反应。国际力量对比的失衡，使美国对外关系中的单边主义、霸权主义行径上升，突出表现为未获联合国授权的1999年科索沃战争和2003年伊拉克战争，公然践踏了联合国安全体制的权威。大多数情况下，美国仍然注重在联合国的制度框架中去维护世界的和平稳定与自身的领导地位，但是，多边主义的制度框架与单极霸权在相互制衡中的较量是长期的。联合国加大了对集体安全制度的创新以应对各种新的安全威胁，新兴的发展中大国则谋求在多边安全制度中获得更大的权力，国际安全制度的重构将是一个错综复杂的进程。

2. 现行国际安全制度的类型

制度的功能在于约束行为和确保合理的行为预期，近代以来国际安全制度的出现和演变无疑提高了安全领域的有序性和可预见性。20世纪，人类经历了两次世界大战和长达40年的冷战，"自私的自我利益能够导致国家在安全问题上创建机制"[1]，世界主要国家之间为了减少安全威胁，维护国家安全和世界和平进行了频繁的互动，从而构建起了形式多样、相互交织的国际安全制度。冷战结束后，国际安全领域的对抗和威胁仍然存在，脱胎于冷战时期的国际安全制度虽然带有一定的局限性，但对于促进和平、解决纷争、增进信任、创建对话仍然不可或缺。根据其作用范围不同而划分，现阶段国际安全制度可以分为全球性安全制度、地区性安全制度和双边安全制度；根据其基本取向不同而划分，国际安全制度可以分为内向型安全制度和外向型安全制度；根据其表现形式和制度化程度不同而划分，国际安全制度可以分为正式安全制度和非正式安全制度。

全球性国际安全制度必须建立在广泛认同的基础之上，联合国以集体安全为核心的一整套安全制度是现阶段国际社会公认的全球性国际安全制度。维护世界和平与安全是联合国的首要职责，《联合国宪章》通过第六章、第七章和十四章对联合国的安全制度的原则、程序、手段等做出了详细的规定。谈判、调查、斡旋、调停、司法解决等和平手段是联合国解决国际争端和冲突的首选方法。如果和平的努力无法奏效，而国际争端已经

---

① Joseph Nye, "Nuclear Learning and US – Soviet Security Regimes", *International Organization*, No. 3, 1987, Vol. 41, p. 384.

发展到破坏和平甚至发生侵略行为时，根据《宪章》规定，安理会有权决定对冲突方采取包括武力行动在内的强制行动。维持和平行动是上述两种手段之间的一种折中，它由联合国部署军事人员，控制争端并使之逐步降级，为通过其他政治、外交途径最终解决争端创造条件。安理会在联合国安全制度中居于核心地位，掌握着维护世界和平与安全的决策权，五大常任理事国被赋予了特权，"大国一致原则"构成联合国采取强制性行动的前提，为集体安全制度的成功奠定了基础。实践证明，联合国这一全球性安全制度对于维护二战后70年世界的总体和平、解决国际争端发挥了不可或缺的作用。

地区性国际安全制度是以特定区域内国家间相互依赖为基础的，它不具备全球性国际安全制度那样的普遍性，但是，一般而言，"地区的存在不仅在于它的自然属性，更在于它的社会属性，在于某些力量将地区内的国家联接在一起，使它们之间有特殊的互动关系，同时，使该地区在与地区外部世界的互动中体现出价值"。[1]《联合国宪章》第八章以"区域办法"为标题，将地区性安全制度纳入联合国的安全体系中，鼓励地区性组织成为维护世界和平与安全的第一道防线。同一地区内的国家往往在历史、文化上具有密切联系，在现实中相互关心政治、经济、军事和社会领域的问题，形成了紧密的相互依存关系。地区性国际安全制度的建立，一方面能够更加有针对性地、高效地应对不同地区安全问题的特殊性和差异性，另一方面能够充分调动起地区内中小国家对安全问题的参与。不过，地区性安全制度的行动不能损害联合国的核心地位。

双边安全制度是一种更加常见的国际安全制度。两个国家通过正式或非正式的制度安排进行合作以增进彼此安全，防范现实的或潜在的安全威胁，是主权国家寻求安全的动力在双边关系中的通常表现。其中，双边结盟作为保障安全的传统途径，在近现代国际关系中拥有丰富的实践活动，具有持久的影响力。"结盟国家间的战略企图和目标越一致、越接近，形成联盟的必然性和联盟可靠性就越强；结盟国家的实力越雄厚，地缘关系越密切，联盟的有效性就越大。"[2] 从影响上看，双边结盟在改变力量对比、制约对手方面效果显著，但同样也可能引发对手反结盟，加剧对抗和紧张。

① Barry Buzan, "The Asian – Pacific: What Sort of Region in What Sort of World?", in A. MacGre-wand C. Brook ed. , *Asian Pacific in the New World Order*, Routledge, 1998, p. 70.
② 余起芬主编《国际战略论》，军事科学出版社，1998，第305页。

"结盟给国家安全带来的好处是提供了保护，弊端则是发出了挑衅。"① 此外，两国间为解决安全事项而签订的双边条约、为推动安全领域的沟通与互信而创设的安全对话机制等，也是双边国际安全制度的组成部分。

内向型与外向型国际安全制度的区分，以不同的国际安全观念为前提。内向型国际安全制度追求内部的共同安全，不以任何特定国家或集团为对手，而是将所有与安全相关的国家都纳入制度之中，通过集体行动的力量来制止内部任何一个国家的破坏和平的行动。目的在于培养共同利益，降低军事冲突的可能性，从而影响内部所有成员的行为、意图或者能力，实现各国的共同安全。内向型国际安全制度又被称为包容性的国际安全制度。联合国的集体安全制度体现了"所有国家保护所有国家的安全"的内核，是典型的内向型国际安全制度。在集体安全模式下，安全是不可分割的，侵略进攻任何一个国家即被视为侵犯所有国家，将受到其他所有成员集体地反对和惩罚。实践中，联合国的集体安全制度难以像设想的那样对侵略行为采取及时、高效的制裁，但集体安全带来的制度约束和威慑对世界和平的价值不可低估。地区性集体安全的运用有其理论和现实的合理性，然而，以集体安全为目标的地区性组织在实际运作中往往陷入"两极"，要么无所作为，要么背离集体安全的原则成为大国霸权的工具。

外向型国际安全制度是"两个或者两个以上国家为了利用武力对付外来的威胁而形成的一种军事政治的联合"。② 正如威廉·奥尔森指出那样，"外向型安全机制的建立是国家间盛行的不安全和不可预测的结果"。③ 外部威胁或假想敌的存在，是这类国际安全制度存在的前提。传统上，外向型的国际安全制度为了维护内部成员国共同的安全利益，通过成员国间军事力量的制度化联合来增强应对威胁的能力，外部的国家则被看成实际或潜在的威胁。因此，外向型的国际安全制度也被称为排外性的国际安全制度。国家间的军事结盟是典型的外向型国际安全制度，近代国际关系史就是一部列强之间频繁的结盟战争史。二战后的冷战时期，两极对峙形成了分别以美、苏为首的联盟体系。冷战结束后，美国仍然强化其全球联盟体系来

---

① 〔美〕詹姆斯·多尔蒂、小罗伯特·普法尔茨格拉夫：《争论中的国际关系理论》，阎学通、陈寒溪等译，世界知识出版社，2003，第574页。

② Glenn H. Synder, *Alliance Politics*, Cornell University Press, 1997, p. 4.

③ 〔美〕威廉·奥尔森等编《国际关系的理论与实践》，王沿等译，中国社会科学出版社，1987，第298页。

保持唯一超级大国的地位。但是，联盟中非军事因素的影响在冷战后日益上升，政治、经济、文化等领域的利益与安全利益密切联系，联盟的内涵有了新的变化，传统的排外性色彩有所减弱。

根据表现形式和制度化程度的不同，国际安全制度还可以划分为正式和非正式两类。正式的国际安全制度，可以表现为有整套完备常设机构的国际组织、国家间的军事政治联盟、规范约束国家行为的国际法体系、政府间签署的国际条约等，具有组织结构严密、权利义务责任明确的特征。而非正式的国际安全制度，一般以国际论坛、国际会议的方式运作，依靠彼此间的默契和共识来创立、推进，具有松散、适应性强的特征。尽管正式的安全制度制度化水平相对更高，但就效力而言，并非一定就强于非正式的安全制度，原因在于正式的安全制度可能由于缺乏弹性而陷入僵持，而非正式的安全制度却以其灵活而取得成效。此外，随着非正式安全制度被认可程度的提升，产生的影响力和约束力也会相应增强，有可能由此逐步向正式的安全制度演变。

除了以上的不同类型，国际安全制度还可以根据安全问题的不同性质而分为针对传统安全问题的制度与针对非传统安全问题的制度；根据强制程度的不同而分为自愿的安全制度、具有政治约束力的安全制度与具有法律约束力的安全制度；此外，还有学者将冷战结束后的国际安全制度分为基础机制、遗留机制和变更机制三种。基础机制是构成一个地区安全制度基础的具体问题机制，遗留机制是在冷战期间发挥作用但冷战后已名存实亡的机制，变更机制是为了适应变化了的环境而在表现形式上有所变化，但很完整地存活下来而基本未变的机制。[①]

不同的分类方式，从不同的侧面揭示了国际安全制度的特性，它们彼此相互关联、相互补充，构成了国际安全制度的结构框架，促进了主权国家在安全领域的互信、协调与合作。主权国家基于不同的地缘战略考虑和安全利益权衡，以不同的安全观念和政策选择来参与、应对各种国际安全制度，由此塑造了现行国际安全制度的基本面貌。

3. 中国新安全观对国际安全制度的贡献

"安全是一种关系概念，自者的安全是通过同他者的安全关系界定

---

① Simon Duke, *Security Regimes in the New Europe*, *TKI Working Papers on European Integration and Regime Formation*, No. 7, South Jutland University Press, 1997, p. 28. 转引自王杰主编《国际机制论》，第 239 页。

的。"①　寻求安全是人类不懈的追求，安全观念也一直随着人类社会的发展
而处于变化之中。

传统的安全观以军事安全为核心，外部军事侵犯和威胁是最大的安全
问题，国家获得安全的可靠手段是最大限度地扩大自己的军事能力，具体
表现为：增加军事开支、增加武器装备和人员、与其他国家结盟等。迄今
为止，传统安全观念仍然在国际安全制度中发挥作用，一些国家仍然把各
种双边、多边的集体防御机制作为实现安全的方式，实现世界各主要国家
之间的力量均势仍然被视为一种维护世界安全的途径。

集体安全的观念在 20 世纪通过国联和联合国的实践而确立起来。尽管集
体安全同样着眼于军事安全，强调军事力量在制止侵略、维护安全上的决定
性作用。但是，集体安全否定维护安全是单边行为，主张从国际社会整体的
角度来制止和预防战争。"无论谁发动侵略，都将成为每一个国家的敌人；无
论谁抵抗侵略，都将成为每一个国家的朋友。"②　集体安全的观念是内向的，
不针对任何具体对手。与传统的军事集团对抗有着本质区别。二战后联合国
集体安全制度的运行虽然存在弊端，但仍然是现行国际安全制度的核心。

20 世纪 70 年代后，尤其是冷战结束后，以军事安全为内核的传统安全
观念发生了显著的变化。安全的内容从军事领域扩展到经济、文化、社会、
环境、资源、信息等领域；国家对安全的关注从外部威胁因素引申到内部
的政治发展、经济增长和社会生活等因素；国家不再是安全的唯一主体，
"人的安全""人类安全"成为更受注目的对象。随着安全概念的不断扩展，
综合安全、共同安全、合作安全等新观念的相继提出。"综合安全"的观念
最初由日本政府在 20 世纪 70 年代末 80 年代初提出，其认为国家安全不再
只是军事安全，还包括经济安全、政治安全、环境安全等，强调充分动员
军事、政治、经济、外交等资源来对付对安全的挑战。"共同安全"的观念
由研究裁军和安全问题的帕尔梅委员会于 1982 年率先明确提出，重点突出
安全不仅是一个国家的事情，而且是国际社会的共同问题，只有全人类的
共同安全才是真正的安全。"合作安全"的观念则在 90 年代初流行一时，
主张通过合作来实现安全，在制止侵略、消除战争的同时消除导致战争的
各种不稳定因素，通过制度性的安排将现实或潜在的对手转化为合作的伙
伴。"用协商取代对抗，用安全保证取代威慑，用透明取代保密，用实现预

---

① 潘忠歧：《实力与安全的背离——建构国际安全新秩序的基础、原则和模式》，《欧洲研究》
2003 年第 4 期，第 10 页。

② Inis Claude, *Swords into Plowshares*, Random House, 1964, p. 233.

防取代事后纠正,用相互依赖取代单边主义。"① 与集体安全理念相比,合作安全的观念更加具有包容性,更加适应全球化时代安全内涵扩大的趋势。正因如此,合作安全的观念一经提出就得到了世界各国和各地区的关注,美国、加拿大、欧洲国家、亚太国家等都提出了各自构建合作安全制度框架的设想。

中国是合作安全观念的积极倡导者和实践者。1997 年 3 月,中国在东盟地区论坛的会议上,就维护亚太地区的安全首次提出了新安全观。1997 年 4 月 23 日,中国与俄罗斯两国首脑签署了《关于世界多极化和建立国际新秩序联合声明》,系统阐述了新安全观的基本内容。声明指出:双方主张确立新的具有普遍意义的安全观,认为必须摒弃冷战思维,反对集团政治,必须以和平方式解决国家之间的分歧或争端,不诉诸武力或以武力相威胁,以对话协商促进了解和信任,通过双边、多边协调、合作寻求和平与安全。1999 年 3 月,江泽民主席在日内瓦裁军谈判会议上发表了题为"推动裁军进程,维护国际安全"的演讲,指出:"历史告诉我们,以军事联盟为基础、以加强军备为手段的旧安全观,无助于保障国际和平,更不能营造世界持久和平。这就必须建立适应时代需要的新安全观,并积极探索维护和平与安全的新途径。"② 2000 年 9 月,江泽民主席在出席联合国千年首脑会议时再次明确指出:"应彻底抛弃冷战思维,建立互信、互利、平等、合作为核心的新安全观。"③ 2002 年 9 月,中国外交部长唐家璇在第 57 届联大上,首次向全世界全面完整地阐述了中国的新安全观。"互信"是指超越意识形态和社会制度异同,互不猜疑,互不敌视,并就各自防务政策和重大行动展开对话和相互通报;"互利"是指顺应全球化时代社会发展的客观要求,互相尊重对方的安全利益,实现共同安全;"平等"是指国家无论大小强弱,都是国际社会的一员,互相尊重,平等相待,不干涉别国内政,推动国际关系的民主化;"协作"是指以和平谈判的方式解决争端,并就共同关心的安全问题进行广泛深入的合作,消除隐患,防止战争和冲突的发生。④ 上述四点内容,互信是基础,互利是目的,平等是保证,协作是手

---

① Gareth Evans, "Cooperative Security and intraState Conflict", *Foreign Policy*, No. 96, Autumn 1994, p. 8.

② 《推进裁军进程维护国际安全——在日内瓦裁军会议上的讲话》,《人民日报》,1999 - 03 - 27,第 1 版。

③ 《在联合国千年首脑会议上的讲话》,《人民日报》,2000 - 09 - 07,第 1 版。

④ 参见《在第五十七届联大一般性辩论上唐家璇发表讲话》,《人民日报》,2002 - 09 - 16,第 7 版。

段，从而构成一个相辅相成的有机整体。

中国倡导的新安全观，是安全观念与时俱进的产物，是冷战结束后经济全球化加速发展和相互依赖日益加深背景下安全观念的重大改变。从内容上看，中国的新安全观是一种综合性的安全观，强调军事安全、经济安全、政治安全、科技安全、社会安全等内容的有机结合，对安全的维护需要综合运用军事、政治、经济、文化等手段。从实现途径上看，中国的新安全观主张国际合作是维护国际安全的基础，主张摒弃对抗性的零和思维，反对将一国的安全利益凌驾别国之上，认为国家安全与国际安全相辅相成、不可分割，安全不能靠增加军备或是军事同盟来维系，而是应当依靠相互之间的信任和共同利益的联系来实现，在平等基础上运用对话、协商和谈判等机制来解决矛盾和争端，扩大共识，求同存异，以合作谋和平。

自提出以来，中国的新安全观在实践上和观念上都对国际安全制度做出了积极的贡献。实践层面，中国在新安全观的指导下，积极参与全球的和地区的多边安全合作，在联合国维和行动、军备控制、地区性争端解决和地区安全制度构建等事务中发挥了更加突出的作用。从东盟地区论坛、六方会谈，到东盟"10＋1"、东盟"10＋3"、东盟峰会等，中国的参与都体现出新安全观"互信、互利、平等、协作"的内核，既增强了中国在地区多边安全对话与合作中的影响，又增进了中国与周边国家的互信，培养了合作习惯。更为显著的成功实践是中亚地区从上海五国机制到上海合作组织的演变。起步于1996年的上海五国机制不仅讨论五国边境地区的军事问题，而且对五国间的政治、经济、外交等问题交换意见，广泛开展合作，建立起多个层次的会晤机制，不断消除彼此间的障碍。到2001年上海合作组织正式成立，新安全观在地区安全实践中得到全面的应用，开创了新型的地区安全合作模式，与传统的军事同盟、大国协调、均势等形成鲜明对比，为国际社会探索新型的国际安全制度模式提供了重要的经验。观念层面，中国的新安全观顺应了时代发展的潮流。"在人类历史上，各国安全从未像今天这样紧密相连。安全内涵不断扩大，传统安全威胁和非传统安全威胁相互交织，涉及政治、军事、经济、文化等诸多领域，对各国构成共同挑战，需要采用综合手段共同应对。安全不是孤立的、零和的、绝对的，没有世界和地区和平稳定，就没有一国安全稳定。"① 中国的新安全观涵盖

① 《同舟共济共创未来——在第六十四届联大一般性辩论时的讲话》，《人民日报》，2009－09－25，第2版。

了上述安全观念的深刻变化，丰富、发展了全球化时代维护国际安全的模式，有利于国际安全制度理论探讨的深化。

二　中国和平发展与联合国集体安全制度

联合国集体安全制度，是以《联合国宪章》为法律依据，经过联合国60 多年实践确立、发展的维护世界和平与安全的一整套制度。它既包括现行国际法中有关维护世界和平与安全的基本宗旨和原则，也包括联合国制止威胁和平、破坏和平及侵略行为的规则和程序，还包括联合国体系内实施机构的职权划分及运作机制。中国是安理会常任理事国，对维护世界和平与安全负有特殊责任，一贯坚持联合国在维护世界和平与安全方面具有不可替代的重要地位。2005 年联合国成立 60 周年之际，胡锦涛主席在联合国发表的演讲中指出："联合国作为集体安全机制的核心，在保障全球安全的国际合作中发挥着不可替代的作用。其作用只能加强，不能削弱。联合国宪章确定的宗旨和原则，对维护世界和平与安全发挥着举足轻重的作用，已经成为公认的国际关系基本准则，必须得到切实遵循。安理会作为联合国维护世界和平与安全的专门机构，其维护世界和平与安全的权威必须得到切实维护。"① 这一讲话，深刻揭示出中国在国际安全事务中对联合国的重视程度。无论从当前的国际关系现实来看，还是从中国的未来发展趋势来看，积极参与以联合国为主导的国际安全合作是中国和平发展道路的必然选择。

1. 中国参与联合国集体安全制度的基本主张

中国对联合国集体安全制度的参与，本身就是中国和平发展道路的内容。自 1971 年恢复席位以来，中国对联合国集体安全制度的态度经历了从观望到参与，从谨慎到积极的变化。20 世纪 70 年代，由于对集体安全制度的运作缺乏足够的了解，中国对联合国体系内的安全制度运作基本上采取了旁观的立场。进入 20 世纪 80 年代，随着自身的发展和国际形势的变化，中国开始逐步有选择地参与联合国的安全事务，表现出谨慎、务实的特点。冷战结束后，中国和平发展道路的确立表明中国谋求通过和平、合作、发展的方式实现国家崛起，为此，中国需要一个有利于国内建设的稳定的国际安全环境。联合国集体安全制度虽然并不完美，"但却是一种不可或缺的

---

① 《努力建设持久和平、共同繁荣的和谐世界》，《人民日报》，2005 - 09 - 16，第 1 版。

制度安排，这不仅是因为它提供了一种更有效的威慑侵略的方式，也是因为它塑造了一种有助于增进国际合作与和平前景的国际制度环境"。① 中国和平发展道路所倡导的新安全观，与联合国集体安全制度所蕴含的集体安全理念在本质上具有一致性，在内容上相互补充。两者都强调世界和平与安全的不可分割性，把维护国际社会的安全视为实现单个国家安全的制度性保障，两者都倡导通过多边制度合作减少国家间传统的安全困境。从这个角度而言，积极参与并强化联合国集体安全制度，对于中国的和平发展道路无疑具有重要的战略意义。

中国在参与联合国集体安全制度的实践中，逐步形成了带有鲜明特点的基本主张。首先，中国始终坚持对《联合国宪章》宗旨原则的维护。《联合国宪章》奠定了现代国际关系和国际法的基础，它所提出的国家不分大小主权平等、不干涉内政、禁止使用武力、和平解决国际争端等原则使国际社会摆脱了弱肉强食的时代，成为普遍的国际关系行为规范。中国对于《联合国宪章》基本原则的强烈认同，最初是基于遭受不平等条约体系的百年屈辱之后自然而然所产生的价值选择。《联合国宪章》为中国维护国家独立、反对外来干涉确立了强大的依据，而且第一次在重要的国际文件中将中国与美国、英国、苏联、法国等一起并列为大国，使中国由一个封闭落后的国家一跃成为国际社会的主要力量。因此，中国一贯主张维护联合国的权威，主张切实遵循《联合国宪章》的宗旨和原则，将《联合国宪章》视为联合国行动的合法性根源。近年来，国际社会出现了以"人权高于主权"为核心的一系列否定国家主权的论调，甚至主张修订《联合国宪章》。中国认为，世界各国不论大小强弱贫富，只有在《联合国宪章》的基础上才能找到共同的奋斗目标。面对冷战结束后各种传统和非传统安全威胁相互交织的长期挑战，坚持《联合国宪章》是联合国发挥其安全职能的根本保障。

其次，中国在参与联合国集体安全制度的实践中，明显倾向于赞成通过和平手段解决国际争端，积极参与联合国的维和行动，对于联合国动用强制手段解决争端则非常慎重。联合国集体安全制度的具体手段概括起来有三种：和平解决、强制解决、维持和平行动。中国在安理会和联合国大会的投票情况表明，对于那些用和平方式解决地区冲突的决议，中国在绝大多数情况下都会投赞成票。例如，在安理会有关巴以冲突、阿富汗问题、

---

① 杨光海：《国际安全制度及其在东亚的实践》，时事出版社，2010，第142—143页。

达尔富尔问题、伊朗核问题等热点议题的讨论中，中国一直倡导通过政治途径合理解决。在中国看来，和平的解决方式充分尊重了争端方的主权，理应是解决国际争端与冲突的首选。对于安理会中运用强制行动解决冲突的决议，中国一贯持谨慎立场，只要冲突仍然存在和平解决的可能性，中国就不会赞成采取强制行动。当强制行动已不可避免，如果经济制裁、外交封锁等非武力措施有可能解决问题，中国就不会赞成安理会进一步采取武力打击的措施。维和行动是介于和平手段与强制手段之间的一种折中，同样是联合国集体安全制度不可缺少的组成部分。中国在 20 世纪 90 年代后加大了对维和行动的参与力度，在参与中始终坚持三个原则：当事国同意、非自卫不使用武力、中立性。对于没有得到当事国同意的维和行动，例如：1992 年的联合国索马里"恢复希望"行动，中国持保留态度。进入 21 世纪，中国更加认同维和行动是维护世界和平与安全的有效手段，在安理会投票中支持了所有新部署的维和行动以及正在进行的维和行动的延期。

上述针对联合国集体安全制度及其具体手段的主张，反映出中国一方面支持联合国在维护世界和平与安全领域发挥的主导性作用，另一方面始终不渝地坚持维护国家主权原则和不干涉内政原则，在参与联合国集体安全制度的实践中将自身定位于一个致力于维护世界和平、支持公平与正义的负责任大国。联合国集体安全的理想是要超越传统权力政治的束缚，实现从个体安全向集体安全的过渡。但是由于历史发展、制度设计和国际政治现实，集体安全制度存在许多固有的缺陷。同时，21 世纪国际安全形势的深刻变化，对联合国应对安全威胁的能力提出了新的要求，集体安全制度的运行需要相应的调整与完善。对此，中国明确提出："赞成秘书长关于采取集体安全行动应对各种安全威胁和挑战的主张，这同中方倡导建立'互信、互利、平等、协作'新安全观的目标是一致的。建立一个有效力、效率和公平的集体安全机制，关键是坚持多边主义，推动实现国际关系民主化和法治化，坚持《联合国宪章》的宗旨和原则，加强联合国的权威与能力，维护安理会作为集体安全体系核心的地位。"[①] 可见，着眼于未来发展，通过改革进一步有效发挥联合国集体安全制度的行动能力，符合中国的对外战略目标和国家利益，必将为中国的和平发展营造更为有利的空间。

2. 中国与联合国维和行动

联合国维和行动始于 1948 年 5 月，当时安理会决定向中东派出军事观

---

① 《中国政府发布关于联合国改革问题的立场文件》，《人民日报》，2005 – 06 – 08，第 15 版。

察员监督以色列与阿拉伯国家之间的停战协议执行，这一行动被称为联合国停战监督组织。截至 2015 年年底，联合国共开展了 71 项维和行动，在维护地区稳定、帮助当事国从冲突走向和平、实施人道主义救援等方面发挥了重要作用。

中国参与联合国维和行动起步较晚，但近年来进展迅速，当前已经成为安理会常任理事国中承担维和任务最多的国家。

在中国恢复联合国合法席位之后的 20 世纪 70 年代，中国没有介入联合国维和行动。出于对美苏两个超级大国操控维和行动的疑虑，中国不赞成在地区冲突中派遣联合国维和部队，坚决主张国际争端由当事国之间通过和平方式解决，反对联合国介入一国内部事务。这期间安理会启动了三项维和行动：1973 年向中东派遣的联合国第二期紧急部队、1974 年向叙利亚戈兰高地派出的脱离接触观察员部队和 1978 年联合国驻黎巴嫩临时部队，中国都没有参与投票，并且不承担任何财政义务。而根据美国学者塞缪尔·金的统计，从 1971 年 11 月 24 日到 1976 年 12 月 22 日，安理会的 158 次表决中，中国有 46 次未参加投票，占 29%。[①] 这种在安理会中不投票的姿态，成为 70 年代中国与安理会关系的一个重要写照。

进入 20 世纪 80 年代，中国对维和行动的态度发生了重要的转变。1981 年，中国明确表示："对今后凡是严格按照联合国宪章的宗旨和原则建立的有利于维持国际和平与安全，有利于维护有关国家主权和独立的联合国维持和平行动，中国都将本着积极支持的立场，予以认真对待和研究。"[②] 同年，中国同意从 1982 年开始承担对联合国脱离接触观察员部队和联合国驻黎巴嫩临时部队费用的摊款，并且在安理会第 495 号决议的表决中，投票支持延长联合国在塞浦路斯的维和期限。这是中国第一次投票赞成联合国的维和行动，改变了过去片面将维和行动视为干涉他国内政的立场。此后，中国对联合国各项维和行动的摊派费用，都按规定缴纳。1984 年 10 月，中国驻联合国代表梁于藩在联大特别政治委员会上首次全面阐述了中国对维和行动的基本主张，提出："中国支持符合联合国宪章原则的和平行动，认为这种行动是联合国维持国际和平与安全的有效手段之一。"[③] 1986 年，中国向中东派出考察组，实地考察联合国停战监督组织执行任务的情况。1988

① Samuel S. King, *China, the United Nations and World Order*, Princeton University Press, 1979, p. 209.

② 《中国代表团出席联合国有关会议文件集》，世界知识出版社，1981，第 130 页。

③ 田进等：《中国在联合国——共同缔造更美好的世界》，世界知识出版社，1999，第 51 页。

年 9 月，中国常驻联合国代表李鹿野致函秘书长，正式提出加入维和行动特别委员会的申请。同年 12 月，第 43 届联大通过决议，同意接纳中国为维和行动特别委员会第 34 个成员国，中国从此开始参加联合国对维和行动的审议工作。

1989 年 5 月，中国派出了 20 名文职人员参加联合国驻纳米比亚过渡时期协助团，参与协助选举工作。1990 年，中国向中东的停战监督组织派出了 5 名军事观察员。此后，中国开始积极参与到联合国维和行动中。1992 年，中国派遣 47 名军事观察员和 400 名工程大队人员参与联合国驻柬埔寨先遣团的行动，这是中国派出的第一支成建制的蓝盔部队。1997 年 5 月，中国决定原则上同意参加联合国维和待命安排。2000 年 1 月，中国首次派遣警察参加维和行动，向东帝汶过渡行政当局行动派出了 15 名民事警察。2001 年 12 月，中国正式成立国防部维和事务部，统一协调和管理中国军队和警察参与维和行动的工作。2002 年 1 月，中国正式参加联合国维和一级待命安排机制①，意味着中国准备在适当的时候向联合国提供工程、医疗、运输等后勤保障分队。同年 10 月，国务院、中央军委批准了参加联合国维和待命分队组建方案。2003 年 4 月，中国向刚果（金）派遣了一支 175 人组成的工兵连和一个 43 人组成的医疗分队，这是中国维和部队首次远赴非洲。2004 年 6 月，中国向联合国海地稳定特派团派出了 125 人的防暴队，这是中国首次参加在西半球的维和行动，也是首次派出成建制的警察分队参加维和行动。此后，中国派出参与维和行动人员的人数迅速增长并保持稳定规模（参见表 2－1），以实际行动履行中国维护世界和平与安全的责任与义务。2007 年 9 月，中国国防部维和事务办公室赵京民正式就任联合国西撒哈拉全民投票特派团部队指挥官，这是首位担任联合国维和部队高级指挥官的中国军人。2008 年 3 月，中国向达尔富尔政治进程信托基金捐款 50 万美元。2009 年 6 月，国防部维和中心正式成立，这是中国军队首个维和专业培训与国际交流机构。同年，中国为联合国维和事务追加捐款 70 万美元。2013 年 12 月，中国派出首支安全部队参与马里维和行动。2015 年 1 月，中国派出首支维和步兵团前往南苏丹执行维和任务。

---

① 联合国维和行动一级待命机制规定派遣人员和装备必须 90 天内部署完毕，二级为 60 天，三级为 30 天。

表 2 - 1　中国参与联合国维和行动的人数统计（2002 - 2015 年）

单位：人

统计时间	维和警察	军事专家（军事观察员）	维和部队	合计人数
2015 年 10 月	169	36	2838	3043
2014 年 10 月	172	33	1978	2183
2013 年 10 月	172	37	1710	1919
2012 年 10 月	91	43	1797	1931
2011 年 10 月	91	50	1795	1936
2010 年 10 月	65	54	1892	2011
2009 年 10 月	198	55	1895	2148
2008 年 10 月	209	58	1891	2158
2007 年 10 月	177	69	1573	1819
2006 年 10 月	180	68	1416	1664
2005 年 10 月	197	58	791	1046
2004 年 10 月	187	57	787	1031
2003 年 10 月	28	44	225	297
2002 年 10 月	91	53	1	145

资料来源：根据联合国网站数据整理，http://www.un.org/en/peacekeeping/resources/statistics/contributors.shtml。

从 1989 年到 2015 年，在联合国自 1948 年以来启动的 71 项维和行动中，中国共参与了 24 项，截至 2015 年 12 月，在联合国正在进行的 16 项维和行动中，中国派遣了 3045 人参加了 10 项，其中维和警察 169 名，军事观察员 37 名，维和部队 2839 名，派出人数在所有 123 个国家中排名第 9 位，在 5 个常任理事国中居第 1 位。① 2015 年 9 月，习近平主席在出席联合国系列峰会期间，提出设立为期 10 年、总额 10 亿美元的中国—联合国和平与发展基金支持联合国工作，宣布加入新的联合国维和能力待命机制，率先组建常备成建制维和警队，建设 8000 人规模的维和待命部队。

积极参加维和行动，是中国和平发展道路的应有之义，集中体现了中国对世界和平与发展的贡献。联合国的维和行动在多数情况下有效缓解了冲突国家和地区的紧张局势，有利于国际关系的安全与稳定。联合国负责

---

① 数据引自联合国网站：http://www.un.org/en/peacekeeping/resources/statistics/contributors.shtml。

维和事务的副秘书长阿兰·勒罗伊认为，中国已经成为维和行动的"关键因素"和"关键力量"①，联合国对中国参加的所有维和行动都非常满意。中国在维和行动中一贯坚持遵循《联合国宪章》，主张维和行动发挥政治优势和综合功能，避免片面强调军事职能。中国的参与和立场丰富了维和行动的实践和理念，必将推动联合国维和机制更加趋向全面和完善。同时，积极参与维和行动，有利于在全球层次和地区层次争取长期稳定的国际和平环境，有利于树立中国负责任大国的良好形象。中国蓝盔在海外的行动，为世界增加了了解中国的新窗口，也推动了中国军人与他国军人之间的交流，有利于加深友谊、取长补短，提升中国军人应对各种安全威胁的能力，进而增强中国在国际关系中的政治影响力。"中国参与维和行动不仅要直接面对世界冲突地区、热点问题，同时还要积极协调大国关系，既参与其中，又要保持相对独立的外交个性，更要有纵横捭阖的外交谋略。"② 2000 年 3月，安南秘书长任命的"和平行动小组"提交了著名的"卜拉希米报告"，对 21 世纪联合国维和行动的发展方向进行了全面的总结分析，强调维和行动是一项长期的综合系统工程，需要包括联合国、布雷顿森林体系、各国政府以及其他各政府间、非政府间国际组织的协同配合。对此，中国在政策上和行动中都支持加强联合国的维和能力，对于维和行动机制的变化，中国认为，"建立新机制需要谨慎、周密的研究，确保其可行性、有效性，整合资源，量力而行，并充分发挥现有机制的潜力"。③ 作为安理会常任理事国，中国有责任也有能力为联合国维和行动提供更加充足的资源，以确保联合国更好地实践其维护世界和平与安全的职责。

3. 中国与安理会否决权

否决权是指当联合国安理会表决非程序性事项的决议草案时，任何一个常任理事国（中、美、英、法、俄）的反对，就能够阻止安理会通过议案的权力。这一制度是历史形成的大国特权，其法理和事实依据在于：大国应该而且必须对世界的和平与安全担负主要的责任，大国一致是联合国集体安全体系运转的前提。实践中，冷战时期否决权沦为美苏之间政治斗争的工具而被频繁使用，冷战结束后，五大国日益加强在国际事务中的合作，倾向于慎重使用否决权，维护安理会的权威。

中国在否决权的使用上谨慎而具有原则性。综观否决权的使用情况

---

① 参见《我国维和行动备受赞誉》，《人民日报》，2010 – 04 – 02，第 20 版。

② 赵磊：《建构和平：中国对联合国外交行为的演进》，九州出版社，2007，第 206 页。

③ 《中国政府发布关于联合国改革问题的立场文件》，《人民日报》，2005 – 06 – 08，第 15 版。

（参见表 2 - 2），中国是五常中使用否决权最少的国家，迄今共行使过 11 次否决权。

表 2 - 2　1946 - 2015 年联合国安理会否决权使用情况一览

单位：次

	苏联/俄罗斯	美国	英国	法国	中国	合计
地区争端与国内冲突	77	75	32	17	9	210
裁军	4	0	0	0	0	4
成员国加入	51	6	0	0	2	59
合计	132	81	32	17	11	273

资料来源：根据联合国网站数据整理，http://www.un.org/zh/sc/meetings/veto/。

第 1 次否决发生在中国安理会席位被台湾当局占据的时期，1955 年 12 月 13 日，台湾当局否决了安理会关于蒙古加入联合国的决议。这是台湾当局在安理会行使的仅有的一次否决权。

第 2 次否决是在 1972 年 8 月 25 日，中国否决了安理会关于孟加拉国加入联合国的决议草案。由于孟加拉国当时刚从巴基斯坦中分裂出来，考虑到对巴基斯坦的支持，中国投了反对票。

第 3 次否决发生在 1972 年 9 月 10 日，中国否决了英国等西欧国家提出的有关中东问题决议的修正案草案。

第 4 次否决发生在 1997 年 1 月 10 日，中国否决了安理会关于向危地马拉派遣联合国军事观察员核查停火的决议草案，原因在于危地马拉与台湾当局保持"外交"关系，并且从事支持台湾当局加入联合国的活动。

第 5 次否决发生在 1999 年 2 月 25 日，中国否决了安理会关于联合国驻马其顿预防性部署部队延期的决议草案，原因同样是台湾当局因素。马其顿 1999 年 2 月 8 日与台湾当局正式"建交"，迫使中国 2 月 9 日宣布同马其顿中止外交关系。

第 6 次否决发生在 2007 年 1 月 12 日，中国否决了美国和英国提出的有关缅甸问题的决议草案。中国认为，缅甸问题是一国内政，并未对国际和地区和平与安全构成威胁，不应对缅甸施以制裁的压力。

第 7 次否决发生在 2008 年 7 月 11 日，中国否决了美国、英国提出的制裁津巴布韦的提案。中国认为，津巴布韦的局势尚未超出内政范畴，动辄使用制裁或威胁使用制裁无助于解决问题。

第 8 次否决发生在 2011 年 10 月 4 日，中国否决了安理会关于叙利亚问题的决议草案。中国认为，叙利亚需要的不是"大棒"，而是尽早开启包容性的政治对话。

第 9 次否决发生在 2012 年 2 月 4 日，中国否决了安理会关于叙利亚问题的决议草案。中国认为，国际关系中不应动辄使用武力或以武力相威胁，也不应通过外来干涉去改变一个国家的政权。

第 10 次否决发生在 2012 年 7 月 19 日，中国否决了安理会关于叙利亚问题的决议草案。由于草案援引了《联合国宪章》第七章的内容，内容不平衡，损害国际社会在叙利亚问题上的互信与合作，中国不能接受。

第 11 次否决发生在 2014 年 5 月 22 日，中国否决了由法国等国提出的将叙利亚局势提交国际刑事法院的决议草案。中国对于安理会将一国局势提交国际刑事法院的做法持保留意见，认为此举不利于叙利亚有关各方增进互信，将损害国际社会推动叙利亚问题政治解决的努力。

上述自 1971 年中国恢复合法席位后所行使的 10 次否决权中，可以清楚表明中国行使否决权一贯坚持的立场。第一，通过行使否决权，彰显了中国对于国家主权原则的捍卫。无论是冷战时期中国为支持巴基斯坦而否决孟加拉国加入联合国，还是 20 世纪 90 年代中国对于危地马拉和马其顿两个议案的否决，都突出了中国维护国家主权和领土完整的决不妥协的立场。第二，在地区冲突问题上，中国一向反对动辄使用武力或以武力相威胁。中国在叙利亚问题上先后 4 次动用否决权，坚定表达了反对武力干涉叙利亚的主张。中国认为，动辄使用武力制裁无助于解决问题，反而会刺激局势恶化，西方国家、阿盟等提出的有关叙利亚问题的议案，都有可能在叙利亚加剧内战和外部军事干涉，进而使叙利亚乃至整个中东地区都陷入政治动荡。中国的否决，既是基于对不干涉内政原则的坚持，也是基于对世界和平及中东地区利益的现实考虑。第三，通过行使否决权，中国树立了为发展中国家仗义执言的形象。作为五大常任理事国中唯一的发展中国家，中国有责任为发展中国家争取更多的权益。1972 年否决中东问题的修正案，是中国对阿以冲突中阿拉伯人民的支持；2007 年否决有关缅甸问题的决议以及 2008 年否决有关津巴布韦的决议，表明中国坚定维护发展中国家的重大利益。第四，否决权是大国的标志，拥有否决权意味着拥有维护国家利益的能力。对危地马拉和马其顿两个议案的否决，是涉及台湾问题的重大利益，中国的否决票是捍卫自身合法权益的体现。缅甸是中国的近邻，津巴布韦是中国与非洲关系的重要纽带，中国的否决票同样反映出对自身战略利益的考量。叙利亚问题牵一发而动全身，中国在中东地区分布着重要的经济、政治利益，支持叙利亚人民自主协商解决内部问题，有利于世界和平与地区稳定，是符合中国国家利益的战略选择。

否决权的存在和运用对于联合国的效力和权威十分重要。但是，否决权赋予大国的特权不可避免地引发了关于国家主权平等和国际关系民主化的争论，涌现了改革否决权、限制否决权甚至取消否决权的呼声。2003年联合国秘书长安南任命了16位世界知名领导人组成的"威胁、挑战和改革问题高级别小组"，负责研究联合国改革问题。2004年11月30日，高级别小组公布了题为"一个更安全的世界：我们的共同责任"的报告，提出了安理会改革的两个方案。报告在肯定否决权具有重大作用的同时，指出否决权与日益发展的民主化潮流不符，建议安理会的任何改革提案都不应扩大否决权，并敦促五大常任理事国约束对否决权的使用。[1] 中国是安理会享有否决权的既得利益者，支持循序渐进地完善否决权机制，对于改进安理会的工作方法，中国尤其强调："坚持协商一致。这是《宪章》的重要精神，目的是兼顾各方，特别是中小国家利益。中方反对人为设时限，反对强行表决尚有重大分歧的方案。"[2] 在当前国际组织的决策中，协商一致是一种常用的制度，是指国际组织的决议不经表决但没有任何正式的反对而获得通过。这种决策制度在安理会关于纳米比亚独立、柬埔寨问题和平解决等问题上曾得到运用，有利于加强安理会常任理事国和非常任理事国之间的合作，增强了安理会决策的民主性和权威性。长远而言，中国在把握否决权这一特殊权力的同时，推动否决权与平等、民主原则之间的平衡将成为趋势。

三　中国和平发展与国际军备控制制度

国际军备控制制度是国际安全制度的重要组成部分，是国际社会对各国军事装备的发展、使用、转让与合作进行限制和约束而形成的制度，以国际条约为主要表现形式，其目的在于减少战争危险，降低对抗水平。"武力的使用以及控制武力的可能性一直是国际政治研究着重研究对象。约翰·赫茨新创了'安全困境'一词以描述这种状态，在此状态中，各国都无法摸透彼此的意图，为了安全，各国便将自己武装起来，而在这样做时，

---

[1]　威胁、挑战、改革问题高级别小组的报告：《一个更安全的世界：我们的共同责任》，联合国文件 A/59/565，联合国网站：http://www.un.org/chinese/secureworld/。

[2]　《中国政府发布关于联合国改革问题的立场文件》，《人民日报》，2005-06-08，第15版。

恶性循环便形成了，各国出于安全考虑将自己武装起来后，更感不安全，需要购买更多的武器，因为保护任何一国安全的手段是对其他国家的威胁，而后者又转而武装起来作为对前者的反应。"① 从这个角度而言，军备控制针对的是解决"安全困境"中军备扩张以及可能导致军备扩张的活动，具体方法包括：削减或消除军事力量、限制武器的各个环节和过程、防止特定武器的发展和买卖、建立国家间军事互信关系，等等。广泛意义上，军备控制涵盖了裁军和防扩散的内容，既可以通过单方面的措施进行，也可依照双边的或多边的协议与条约实施。冷战结束后，国际军控制度取得了新的积极成果，面对国际安全威胁日益多元化，不稳定因素不断增加的形势，国际军控的内涵也不断扩展。中国始终积极、认真参与国际军控、裁军和防扩散领域的活动，为推动国际军控制度的进展做出了贡献。

1. 国际军备控制制度的实践

军备控制与军备扩张相伴而生，回溯国际关系史，寻求对武力的限制一直与历史上连绵的战争并行发展。古希腊和中国的春秋时期，都有着军控思想雏形的记载。近代意义上的军控实践始于 17 世纪的欧洲，此时欧洲国家签署的条约中已经包含有军控条款。19 世纪末 20 世纪初，帝国主义列强为争夺殖民地和势力范围展开激烈竞争，同时也进行了围绕限制军备、削减军费、限制海上力量等议题的军控谈判，但收效甚微，未能阻止两大对立军事集团之间的军备竞赛和第一次世界大战的爆发。一战结束后，在国联的主持下，1932 年在日内瓦召开了有 64 个国家代表参加的国际裁军会议，会议虽然没有成果，却是有史以来第一次全球性的国际裁军会议。

二战结束后，《联合国宪章》将"促进建立和维护国际和平与安全，尽量减少世界人力和经济资源消耗在军备方面"作为使命之一。1946 年 1 月 26 日，第一届联合国大会通过的第一个决议就是敦促有关国家消除核武器及其他杀伤性武器，确保原子能用于和平目的。1959 年，联合国大会通过了全面彻底裁军决议。1978 年，联合国召开第一届裁军特别联大，会议通过的《最后文件》被视为裁军领域的纲领性文件，全面阐述了裁军领域的目标、原则，提出裁军谈判的优先顺序是：核武器、其他大规模杀伤性武器、常规武器、军队，强调全球裁军的最终目标是：有效国际监督下全面彻底的裁军。1982 年的第二届裁军特别联大重申了《最后文件》的有效性，

---

① 〔美〕肯尼斯·沃尔兹：《国际政治理论》，胡少华、王红缨译，中国人民公安大学出版社，1992，第 5 页。

决定发起一场宣传运动，促进公众了解、支持联合国的军控、裁军目标。1988 年，第三届裁军特别联大举行，这是规模最大、代表性最广泛的一次裁军特别联大。此外，为了营造裁军的国际舆论，联合国将 20 世纪 70 年代、80 年代、90 年代分别宣布为三个"裁军十年"，对促进裁军和军控发展产生了积极影响。整个冷战期间，联合国主导下通过的一系列裁军与军控条约、公约、协定构筑起了多边军控制度的基础，包括：1959 年通过的《南极条约》，规定南极洲及周围海洋为无核武器区；1966 年通过的《外层空间条约》，规定各国从事航天活动应遵守的十项原则，禁止将天体用于军事目的；1967 年通过的《拉丁美洲禁止核武器条约》；1968 年通过的《不扩散核武器条约》，规定核国家承担义务不向无核国家转让核武器，无核国家承担义务不接受、不制造核武器；1975 年生效的《禁止生物武器公约》；1980 年通过的《禁止或限制使用特定常规武器公约》；1984 年生效的《月球协定》；1986 年生效的《南太平洋无核区条约》；等等。

　　冷战期间美苏两极之间的尖锐对抗引发了激烈的军备竞赛，核武器的发展深刻改变了军备竞赛的性质，美苏之间围绕核武器及其运载工具的竞争与控制成为冷战时期国际军控的重要内容。1945 年 8 月 6 日美国向日本广岛投放了一颗原子弹，向世界充分显示了核武器的巨大威力。1949 年 8 月苏联成功爆炸了第一颗原子弹，美苏双方的核军备竞赛从此愈演愈烈。为了争取核优势，双方不断升级核武器的数量和质量，国际关系逐步陷入了"恐怖均衡"的态势。1962 年 10 月古巴导弹危机是美苏核对峙的高潮，核战争的危险性促使两国认识到需要对核军备竞赛进行适当管理。此后双方先后达成了一系列限制或削减战略武器的条约，并试图通过建立信任措施等手段缓和紧张关系。1972 年，美苏达成了《关于限制进攻性战略武器协议》和《关于限制反弹道导弹系统条约》（即《反导条约》），确定将战略核导弹数量冻结在 1972 年 7 月 1 日的水平上，明确禁止双方建立全面的国土导弹防御系统，防止任何一方先于对方拥有进攻性战略武器。1987 年，美苏达成了《关于销毁中程和中短程导弹条约》，规定条约生效 3 年后双方销毁全部射程 500 公里—5500 公里的中短程和中程导弹，包括核弹头、发射装置及基地设施。1991 年 7 月，美苏签署了《削减战略武器条约》，规定双方各自可在不超过 1600 个战略运载工具上部署不超过 6000 枚战略核弹头，并且规定了严格的核查措施。上述军控成果，是在美苏维持核均势、确保相互摧毁前提下实现的有限合作，形成了冷战时期美苏的双边军控机制。

冷战结束后，国际安全形势总体趋于缓和，军控进程加快，全球性多边军控和美俄双边军控都取得了突破性的成果。联合国在国际军控领域的作用明显加强，1992 年建立了常规武器转让登记册制度，要求成员国每年向联合国秘书长报告其作战坦克、装甲战车、大口径火炮系统、作战飞机、攻击直升机、战舰及导弹和导弹系统等七类武器的转让情况。1993 年 1 月，《禁止化学武器公约》签署。1995 年，《不扩散核武器条约》获得无限期延长，同时决定加强对条约的审查制度，每五年召开一次审议大会。1996 年第 50 届联大以压倒多数通过了《全面禁止核试验条约》，这是实现全面禁止和彻底销毁核武器过程中的重要步骤。2001 年 7 月，联大通过了《从各个方面防止、打击和消除小武器和轻武器非法贸易的行动纲领》，体现出国际社会对小轻武器裁减的重视。2009 年 9 月 24 日，联合国安理会有史以来首次就核不扩散与核裁军举行了峰会，希望通过一项安理会实施的带有约束力的核秩序安排。全球性多边军控取得的成果极大推动了地区层面军控的进展。1995 年 12 月，东盟 10 国签署《东南亚无核区条约》，宣布禁止在东南亚地区生产、试验、使用和拥有核武器，并谋求美、英、法、俄、中五个核大国联合签署该条约。1996 年，《非洲无核区条约》签署，非洲国家承诺：禁止研究、发展、制造、储存、获取、拥有或控制任何核爆炸装置；禁止试验或部属核爆炸装置；禁止倾倒核废料；销毁或改变在条约生效前生产的核爆炸装置及其生产设施，并接受国际原子能机构的核查。2006 年，中亚五国签署了《中亚无核区条约》，并于 2009 年 3 月 21 日生效，这是世界上第一个在曾经拥有核武器的地区建立起的无核区，是世界上第五个无核区，强化了实现无核世界的可能性。

苏联解体后，美俄双边在削减战略武器方面也取得一定进展。1992 年10 月，美国国会和俄罗斯国会分别批准了《削减战略武器条约》。1993 年 1月，两国签署了《第二阶段削减战略武器条约》，双方承诺在第一阶段削减的基础上，在 2003 年之前，再将战略核弹头削减 50%，分别降至 3000 - 3500 枚。条约在美俄两国内部都引发了争论。尽管 1997 年双方决定将《第二阶段削减战略武器条约》的完成期限推迟五年到 2007 年年底，但是，当2001 年 12 月美国宣布退出《反导条约》后，俄罗斯也宣布退出了《第二阶段削减战略武器条约》，此后双方于 2002 年 5 月签署了无任何核查措施的《削减进攻性战略武器条约》，实际上放弃了传统的美俄双边核裁军框架，意味着美俄之间的战略武器谈判进入了新的一轮较量。直到 2009 年双方才重启谈判，在 2010 年 4 月 8 日签署了《第三阶段削减进攻性战略武器条约》，同意将各自的核弹头数量限制在 1550 枚以下，比 2002 年的条约上限减少了约 30%。

除了美俄之间的战略武器谈判，冷战结束后世界各国也在军控领域展开了富有成效的合作。1992 年 3 月，美国、加拿大和 22 个欧洲国家签署了《领空开放条约》，各方同意允许非武装飞机在其领土上空执行观察飞行，从而增进成员国之间的相互信任和透明度。1997 年 12 月，148 个国家代表出席了在加拿大举行的《禁止地雷公约》的签署仪式。条约禁止使用、储存、生产、研制和转让杀伤人员地雷，要求缔约国在条约生效四年后销毁储存的杀伤人员地雷，十年内销毁所有埋藏的地雷。条约已于 1999 年 3 月 1 日生效。为了加强世界各国在核安全领域的合作，2010 年 4 月，首届核安全峰会在华盛顿举行，40 多个国家的领导人以及联合国、国际原子能机构、欧盟等国际组织领导人应邀与会，会议讨论了恐怖主义威胁、国际社会的应对措施以及国际原子能机构在核安全领域的作用等问题。2012 年 3 月，第二届核安全峰会在韩国首尔举行，主要议题包括应对核威胁、安全保卫核原料和设施、防止非法核走私、管理强化放射性物质等。2014 年 3 月，第三届核安全峰会在荷兰海牙举行，以"加强核安全、防范核恐怖主义"为主题，内容涉及全球核安全体系建设、国际原子能机构作用、核材料、放射源、核安全与核能安全等问题。2016 年 3 月 31 日至 4 月 1 日，第四届核安全峰会在华盛顿举行，主题是"加强核安全国际体系"，讨论了如何确保核材料和核设施安全、如何有效防范和打击核恐怖主义威胁等议题。核安全峰会机制的形成，反映了通过多边合作应对核威胁的国际社会努力。

国际军控与国际安全休戚相关。受国际安全形势的影响，冷战结束后国际军控的制度成长同样呈现出喜忧参半的局面，既有取得显著成果的领域，也有陷于低迷停滞的时期，其已经建立起一套初步的法律框架，然而，"国际军控条约的普遍性仍有不足，抛弃重要军控条约的消极事态时有发生"。[①] 主权国家的军备发展、新型武器的出现、地区冲突的此起彼伏等制约军控的因素长期存在，国际社会的军控进程任重而道远。

2. 中国参与国际军控制度的历程和主张

对国家而言，军控既是一个国家对外政策和国防政策的重要组成部分，也是国家间外交和军事较量的重要领域。中国长期奉行独立自主的和平外

---

① 中华人民共和国国务院新闻办公室：《中国的军控、裁军与防扩散努力白皮书》，《人民日报》，2005 - 09 - 02，第 10 版。

交政策，积极维护国际和平与安全，反对军备竞赛。60 多年来，随着国际安全形势的变化，中国对于国际军控的看法和主张经历了明显的转变。

冷战时期的 20 世纪五六十年代，中国基本游离于美苏主导的军控体制之外。针对美苏垄断核武器的做法，中国在 1963 年提出"全面、干净、彻底、坚定地禁止和销毁核武器"的主张。1964 年 10 月，中国首次核试验成功后，即率先宣布绝对不首先使用核武器。在中国看来，这一时期"军备控制活动是歧视性质的，它限制那些没有军备者，而对有军备者却没有提出裁减的要求。因此，中国拒绝参与多边军备控制的谈判，并且谴责这些活动，谴责美苏双边军备控制协议，说这些裁减是假的，其目的是使它们的霸权地位制度化"。① 1963 年，中国反对《部分禁止核试验条约》，认为这是美、苏、英三个核国家为巩固核垄断而制定的条约；1968 年，中国批评美、苏推动通过的《不扩散核武器条约》对缔约国规定了不同的权利义务，虽制约无核国家发展核武器，美苏却不承担核裁军义务。

1971 年恢复联合国合法席位后，中国开始正式参与国际军控活动，参加了负责裁军问题的联大第一委员会以及裁军审议委员会的会议，出席了 1978 年裁军特别联大，利用联合国讲坛批评美苏两个超级大国扩军备战的实质。1973 年，中国签署了《拉丁美洲禁止核武器条约》第二附加议定书，这是中国签署的首个国际军控条约。

80 年代后，改革开放的新局面带来中国外交战略的调整，中国改变了对军控的看法，不仅进行了单边的自我减裁，而且对国际多边军控活动的参与逐步深入，主要行动包括：1980 年正式参加了日内瓦裁军谈判会议的工作；1982 年出席第二届裁军特别联大；1984 年加入国际原子能机构；1985 年决定把军队的员额减少 100 万；1986 年宣布不再进行大气层核试验；1987 年作为东道主与联合国合作召开世界裁军运动区域讨论会；1988 年出席第三届裁军特别联大；等等。整个 80 年代，中国签署了 8 项国际军控条约②，并充分利用联合国这个重要讲坛发表了对国际军控问题的看法，例如，1989 年 10 月中国向联大提出了关于停止外空军备竞赛的决议草案，得到了广大发展中国家的广泛支持。③

冷战结束后，国际安全形势总体趋向缓和，国际军控制度迎来了发展

---

① 〔美〕伊丽莎白·埃克诺米、米歇尔·奥克森伯格主编《中国参与世界》，第 105 页。

② 参见中华人民共和国国务院新闻办公室《中国的军控、裁军与防扩散努力白皮书》附录，《人民日报》，2005 - 09 - 02，第 10 版。

③ 参见刘华秋《军备控制与裁军手册》，国防工业出版社，2000，第 261 页。

的契机。中国在军控领域采取了一系列的重大行动，全面、积极地参与了国际军控进程，致力于推进国际军控制度的构建和完善。1995 年 11 月，中国发布了《中国的军备控制与裁军》白皮书，这是中国政府第一个关于军控和裁军的白皮书，全面阐述了中国在军控与裁军问题上的基本立场和主要实践活动。2003 年 12 月，中国发布了《中国的防扩散政策和措施》白皮书，阐述了中国对待防扩散的基本立场和具体措施。2005 年 9 月，中国再次发布《中国的军控、裁军与防扩散努力》白皮书，与前两个白皮书相比，更加全面、透明地阐述了中国在军控、裁军、防扩散各个领域中的实践。继 80 年代中期裁军百万后，1997 年中国决定裁军 50 万，2003 年又再裁减20 万，2015 年 9 月再次宣布裁军 30 万，军队总规模降至 200 万左右。如此单方面大幅度的裁军行动实属罕见，体现了中国奉行防御性国防政策，以实际行动推动国际军控与裁军的努力。中国始终以高度负责任的态度处理国际军控事务，坚持把是否有利于捍卫国家主权和安全，是否有利于维护全球战略安全与稳定，是否有利于增进各国的普遍安全和互信作为参与国际军控行动的依据。1999 年 3 月，江泽民在日内瓦裁军谈判会议上指出："只有建立新的安全观和公正合理的国际新秩序，才能从根本上促进裁军进程的健康发展，使世界和平与国际安全得到保障。裁军的目的在于增进安全，而安全必须是各国的普遍安全。"① 2005 年 9 月，胡锦涛在联合国成立60 周年首脑会议上强调："应该按照公正、合理、全面、均衡的原则，实现有效裁军和军备控制，防止核扩散，积极推进国际核裁军进程，维护全球战略稳定。"② 在上述明确的原则指导下，中国在冷战结束后参与了一系列重要的国际军控条约，并严格遵守和履行国际军控条约的义务，始终以建设性态度参与联大第一委员会、裁军审议委员会、日内瓦裁军谈判会议等相关机构的审议工作，提出了许多切实可行的政策主张。

作为核国家和安理会常任理事国，中国从不回避自己所承担的核裁军义务，一直积极推动全面禁止、彻底销毁核武器。中国承诺：在任何时候和任何情况下都不首先使用核武器；无条件地不对无核武器国家和无核武器区使用或威胁使用核武器。中国发展核武器完全是出于自卫目的，在核武器的规模和发展方面始终保持克制的态度，只拥有最低限度的核武器，并积极参加有关禁止核试验、禁止武器用裂变材料生产、防扩散等多边军

---

① 《江泽民主席在日内瓦裁军谈判会议上的讲话》，《人民日报》，1999 - 03 - 27，第 1 版。

② 《努力建设持久和平、共同繁荣的和谐世界》，《人民日报》，2005 - 09 - 16，第 1 版。

控谈判和讨论进程。中国不参加核军备竞赛，也从未在境外部署过核武器。中国呼吁核武器国家放弃以首先使用核武器为基础的核威慑政策，降低核武器在国家安全中的作用。同时，中国尊重和支持有关地区和国家根据实际情况，在自行协商、自愿协议的基础上建立无核武器区或无大规模杀伤性武器区的努力。1997 年，中国加入了桑戈委员会（即核出口国委员会），2004 年，中国加入了核供应国集团，严格按照两个组织的准则和清单实施出口管制。同时，中国还与"澳大利亚集团""瓦森纳安排"等防扩散机制开展了交流，参与防扩散执法的国际合作，同许多国家建立了防扩散出口管制的磋商机制。

作为发展中国家，中国一贯强调国际军控进程中的公正、合理，在军控和裁军问题上坚决站在发展中国家的立场上。冷战时期，中国就提出了两个超级大国应该率先大幅度裁减核武器，从而为其他核国家参加核裁军进程创造条件。冷战结束后，美国凭借经济、技术优势加速发展国家导弹防御系统，中国明确反对这一打破全球战略平衡的举措，与俄罗斯等国在第 53、54、55届联大连续三年提出了反对美国部署反导系统的决议草案并获得通过。中国反对一些西方国家在国际军控中搞双重标准，一方面以军控为名向别国施加压力，干涉其内政；另一方面向符合其战略利益的国家出售先进武器装备，损害地区和平与稳定。中国的上述主张得到了发展中国家的支持。

作为亚洲地区的大国，中国坚持"以邻为善、以邻为伴"的方针，重视并推动区域裁军和建立信任措施。1991 年，中国向联合国裁军审议委员会提交了关于区域裁军的工作文件，提出了一整套原则立场：双边、区域和多边裁军应相互促进；创造有利的外部条件和环境对促进区域裁军十分必要，区域外的国家，特别是最大武库国，应对区域裁军努力给予积极的合作和支持；在考虑区域裁军问题时，应承认并尊重各地区的安全环境、军备水平的差异，在措施和步骤方面，不存在对各地区普遍适用的模式。中国的上述立场基本被联合国裁军审议委员会的最后文件所采纳。① 1997 年4 月，中国与俄罗斯、哈萨克斯坦、吉尔吉斯斯坦、塔吉克斯坦签署了《关于在边境地区相互裁减军事力量的协定》，五国将边境地区的军事力量裁减到与睦邻友好相适应的最低水平，使其只具有防御性；互不使用武力或以武力相威胁，不谋求单方面军事优势；双边部署在边境地区的军事力量互

---

① 参见中华人民共和国国务院新闻办公室《中国的军备控制与裁军》，《人民日报》，1995 - 11 - 17，第 1 版。

不进攻；裁减和限制部署在边界两侧各 100 公里纵深的陆军、空军、边防部队的人数和武器装备的最高限额；交换边境地区军事力量的资料，对协定执行情况进行监督。这是亚太地区第一个关于裁减军事力量的国际条约。此外，中国与印度 1993 年签署了《在边境实际控制线保持和平与安宁的协定》，中国与美国 1998 年签署了《中美两国国防部关于建立加强海上军事安全磋商机制的协定》，中国与东盟 2002 年签署了《南海各方行为宣言》。这些措施为改善亚太地区安全环境做出了积极的贡献。

经过冷战结束后的实践探索，中国对国际军控制度的参与已经形成了自己的特点，在军控领域的诸多问题上都提出了自己的主张，充分展示出中国爱好和平的负责任大国形象。

3. 中国参与国际军控面临的挑战

国际军控是和平时期国际政治较量的表现形式，通过参与国际军控化解矛盾、争取有利的国际安全环境，是当前中国面临的重要课题。然而，近年中国经济崛起势头迅猛，引发了所谓的"中国威胁论"，宣扬中国的崛起必将像历史上的英国、美国、德国等一样奉行对外扩张政策，将运用军事力量填补亚太地区的真空。这种论调实质上是冷战思维的延续，企图通过在国际社会制造对中国的不信任舆论，达到遏制中国崛起的目的。事实上，中国坚持奉行防御性国防政策，多次主动单方面裁军，一贯注重控制国防开支规模，按照国防建设与经济建设协调发展的方针合理安排国防开支，始终处于世界的低水平。中国一再重申，"中国的发展需要一个持久稳定的和平国际环境，中国的发展必将促进世界的和平与进步。中国将高举和平、发展、合作的旗帜，继续致力于推动国际军控、裁军与防扩散进程，永远不称霸，永远做维护世界和平、促进共同发展的坚定力量"。[①] 一些西方国家毫无根据地臆测中国军事力量的发展、高估中国国防开支的数额、指责中国军事缺乏透明度，是试图利用国际军控机制向中国施加压力，将国际军控演化为阻止中国军备正常发展的"紧箍咒"。反观中国周边的国家，日本、韩国、菲律宾、印度等，在冷战结束后都大肆购置先进的战机、导弹、坦克和军舰，不同程度地加强了军备力量。以美国为首的西方国家还不断向台湾当局出售各种高技术武器，提升台湾的军事实力，企图以此维持两岸分裂局面，制约中国的发展。在核不扩散问题上，尽管中国在冷战结束后积极参与了防止核扩散的国际合

---

① 中华人民共和国国务院新闻办公室：《中国的军控、裁军与防扩散努力》，《人民日报》，2005 - 09 - 02，第 10 版。

作，但美国等西方国家仍然时常以防扩散为名，阻碍中国与其他国家之间在和平利用核能方面的正常贸易关系，甚至对中国实施制裁。当前国际军控进程的主导权掌握在西方国家手中，作为一个崛起中的大国，中国对国际军控的参与不可避免地会遭遇到猜疑和打压，在积极推动国际军控合作，树立负责任大国形象的同时，对于那些压制中国正常军备发展的行径，应该进行有理、有利、有节的斗争，从而确保中国的国家安全利益。

美国在冷战结束后成为唯一的超级大国，其谋求绝对军事优势的防务政策，严重损害了国际军控制度维持战略平衡和军事稳定的原则，致使全球军控基础面临瓦解危险。美国退出《反导条约》后加快发展弹道导弹防御体系，打破了美苏建立起来的核战略平衡，给其他核国家的安全战略也带来不确定影响，对国际军控实践产生深刻的负面影响。美国拥有世界上最庞大、最先进的核武库，却拒绝批准《全面禁止核试验条约》，不仅损害核不扩散机制的权威性，而且刺激了其他国家发展核力量。2009年4月，奥巴马总统在布拉格提出了"无核国家"倡议，宣称美国致力于寻求没有核武器的世界和平与安全。这一倡议主张推动无核化，约束世界其他有核国家和核门槛国家的核武器追求，共同防止核扩散，更重要的目的在于重新配置美国的国家安全资源，充分发挥无人匹敌的常规军备力量优势，确保美国的霸权。从这个角度而言，以霸权主义、利己主义为前提的无核世界在国际政治现实中很难行得通，况且，美国的军方和政界多数并不认可奥巴马的无核构想。美国在军控议题上的立场将长期左右国际军控进程的发展，中国对国际军控的参与必然遭遇美国的强权。

国际军控合作的基础在于增加相关国家之间军事关系的稳定性，减少战争的危险或破坏性后果。当国家安全得不到保证，国际军控就无从谈起。冷战结束后局部战争和地区冲突不断，领土纠纷、资源争端、民族矛盾、宗教冲突仍然存在，刺激了地区性军备竞赛的加剧，给国际军控合作带来不利影响。一些发展中国家不惜重金研制、购买先进武器，大幅提高军费，全面提升武器硬件，掀起了新一轮的军备竞赛。"军备竞赛是一种不稳定的、动态的权力均衡的典型表现形式。军备竞赛必然导致军事负担的不断增加。军备费用将越来越多地吞噬国家预算，并带来越来越深的恐惧、猜疑和不安全感。"① 尤其严峻的是，愈演愈烈的地区核扩散动摇了核不扩散

---

① 〔美〕汉斯·摩根索：《国家间政治：权力斗争与和平》（第7版），徐昕等译，北京大学出版社，2006，第218页。

机制的基础。1998 年，印度和巴基斯坦公开进行了多次核试验。虽然联合国安理会通过了 1172 号决议，要求印、巴双方放弃核武器发展计划，但印、巴并未受到决议的束缚。2003 年，朝鲜宣布退出《核不扩散条约》，并不顾国际社会反对，于 2006 年 10 月、2009 年 5 月、2013 年 2 月进行了 3 次地下核试验，并于 2016 年 1 月进行了氢弹试验。伊朗核问题在 2006 年后也开始升级，安理会多次通过决议要求伊朗暂停所有与铀浓缩相关的活动，但伊朗拒绝接受，继续扩大铀浓缩的生产规模。地区核扩散的态势与美国在防扩散政策上的双重标准有直接关系。对朝鲜、伊朗核问题，美国采取严厉的制裁措施，不断施加外交、经济和军事压力，而对于印度的核问题、以色列的核计划却采取纵容的立场。2008 年 10 月，美国不顾印度未加入《核不扩散条约》的事实，与印度签署了为期 40 年的民用核能合作协议。根据协议，美国将向印度提供先进的核反应堆与核技术。这相当于默认了印度获得核武器国家地位。美国的双重标准损害了核不扩散机制的效力，致使防止核扩散问题日趋复杂化。对于中国来说，地区军备竞赛与核扩散在周边地区都呈现出加剧之势，严重威胁着中国的安全利益，阻碍中国谋求建立周边安全机制的进程。

中国的和平发展道路，以维护世界和平、促进共同发展为宗旨，在参与国际军控进程中，中国实践以互信、互利、平等、协作为核心的新安全观。然而，国际军控制度本身远未完善，缺乏有效的监督和强制性，对某些大国公然践踏的行为无能为力，国际军控谈判久拖不决的局面长期难以改观。冷战结束后高新技术的发展为国际军控制度带来了新课题，科技的进步总是首先反映到军事技术的变革上，20 世纪 90 年代后，海湾战争、科索沃战争、阿富汗战争、伊拉克战争相继爆发，以美国为首的西方国家凭借全新的军事理论和先进的武器装备，在战场上获得压倒性胜利，引领了一场新军事革命，不可避免地催生了新的军备竞赛。面对制约国际军控制度的诸多因素和复杂局面，中国对国际军控的参与既要以高度负责的态度有所作为，又要坚决捍卫自己国家的主权和安全，与世界上一切爱好和平、主持正义的国家一道，为推动国际军控的发展做出不懈努力。

四　中国和平发展与周边的地区安全制度

中国所处的亚洲，在地理上被分为东亚、南亚、西亚和中亚，由于在历史文化、宗教传统、政治体制、经济发展水平等多方面存在着很大的差别，不同于欧洲、非洲、美洲各自都拥有洲际性的地区组织，亚洲一直没有建立起洲际性组织。冷战时期，美苏在亚洲建立了一些双边或多边的军事同盟，给亚洲安全打上了对峙的烙印。20世纪80年代后，随着国际局势的缓和，亚洲的地区主义逐步升温，各个次区域涌现出新的次区域组织，原有的一些次区域组织也进行了调整。这些次区域组织形式不尽相同，但目标都是探索适合本地区特色的地区主义道路。当前，亚洲地区，特别是东亚地区是公认的世界经济发动机，热点问题集中，美国、中国、日本、俄罗斯和东盟等在这一地区形成了相互交错的力量格局，以地区组织为依托相互作用，在安全合作上各取所需。中国周边毗邻国家众多，周边安全环境存在诸多挑战因素，有的甚至可能进一步激化，演变成为制约中国和平发展的严重危机。因此，积极参与周边地区的多边安全合作，推动地区安全制度的建设，有利于实现亚洲的稳定与安全，有利于中国长期坚持睦邻、安邻、友邻、富邻的周边外交政策。

1. 东亚地区安全制度的探索及特点

东亚（包括东北亚和东南亚）是国际安全问题非常集中，安全关系非常复杂的地区，不仅汇集了世界上的几个主要大国，而且活跃着在国际政治中扮演重要角色的中小国家和国家集团。冷战留给东亚安全的遗产是美国主导下的同盟体系，包括美日、美韩、美菲、美泰同盟，这个同盟体系涵盖东亚所有军事战略要地和热点地区，在冷战结束后不仅没有消失，反而得到了加强，与东亚国家隔海相望的美国因而在东亚安全中发挥着不可或缺的作用。与此同时，在席卷全球的经济全球化和区域集团化浪潮冲击下，面对欧洲、北美等地区一体化的竞争压力，东亚各国迫切需要建立制度性的多边合作来强化本地区的发展空间和活力。此外，东亚的多边合作对区域外国家产生了强大的向心力。随着北约东扩逼近欧亚大陆腹地，俄罗斯更加重视与亚洲的交往，印度经济快速崛起，澳大利亚、新西兰加速融入亚洲，东亚安全从范围上被注入了中亚、俄罗斯、南亚和太平洋的因素。

近年来，相关国家在东亚安全问题上开展了卓有成效的对话与合作，一些制度化的多边安全平台得到发展。

1994年，东盟发起创建了东盟地区论坛。这是东亚地区迄今为止最重要的、涵盖范围最广的地区安全制度，是东亚地区唯一的包含了所有东亚地区国家参与的地区安全合作框架。成立之初，东盟地区论坛有17个成员，目前增加到27个，囊括了美国、中国、日本、俄罗斯、欧盟等主要力量。东盟地区论坛缺乏独立的组织机构，只是依托东盟秘书处分支机构开展工作，它也不具备直接处理地区冲突的能力。但是，考虑到东亚地区复杂的现实，东盟地区论坛的价值在于它为在该地区开展对话、增进互信做出了贡献，推动成员国就共同关心的和感兴趣的安全问题开展建设性对话和磋商，有利于确保地区和平与稳定，同时对于协调东亚地区的大国关系也产生了一定的积极影响。

六方会谈机制是为了和平解决朝鲜核问题而举行的由中、美、朝、韩、日、俄六个国家参与的多边对话机制。首次六方会谈在中国的斡旋下于2003年8月召开，到2007年共举行了6轮谈判，2009年后因朝鲜试射卫星并进行核试验而陷于中断。虽然只是一个会议机制，也没有固定的会期，但因其具有明确的组织原则和程序，六方会谈往往被视为一种临时性的安全制度。"形成多边主义合作的本质力量并非单纯的'制度设计'，而是利益的推动。多边主义合作的制度形式是由需要推动的利益的复杂性和能够产生的多边方式协调利益的重要性所决定的。"[①] 东北亚地区的安全矛盾错综复杂，当朝鲜的核武器计划一再挑战国际核不扩散机制和东北亚的战略平衡，六方会谈框架的僵局与失败实质上反映出东北亚多边安全合作的脆弱性和不确定性。从这个角度而言，六方会谈机制是建设东亚地区安全制度的试验。

与政府间多边合作相并行，一些非政府组织发起的研讨和交流活动在促进东亚安全制度建设方面发挥着智囊作用，其中，亚太安全合作理事会与香格里拉对话最具有代表性。成立于1993年的亚太安全合作理事会是亚太地区规模最大的半官方组织，其宗旨是通过亚太地区安全对话的制度化，提升相互信任，以防止冲突发生。当前该组织由21个成员委员会组成，各成员委员会由政府官员、安全领域的专家、学者组成，同各成员政府保持密切联系，能够为各成员政府提供政策建议。而亚太安全合作理事会与东盟地区论坛保持密切联系，在日常运作中作为外围机构服务于东盟地区论坛。2002年开始的一年一度的香格里拉对话，是亚太地区又一个重要的多边安全合作对话机制，由英国国际战略研究所发起，并因首次正式会议在新加坡香格里拉饭店举行而得名。香格里拉对话是亚太地区目前唯一能将各国防务部门高官聚集在一起讨论防务问题和区域安全合作问题的机制，为关心亚太地区安全的各方提供表达观点与对话交流的平台，为进一步发

---

① 朱锋：《六方会谈与朝鲜弃核：多边主义为什么能发挥作用？》，《国际政治研究》2007年第4期，第160页。

展各方间的防务合作打下了基础。

总之，冷战结束后，东亚地区各国普遍认识到构建多边安全制度的必要性，为此在不同范围、不同层面都进行了尝试，建立起若干个安全合作框架。这些合作框架的组织形式和功能都处于初始阶段，但已经体现出东亚安全制度的一些独特之处。

首先，构建中的东亚安全制度是一种合作安全模式。合作安全的观念建立在广泛的包容性、开放性基础之上，主张不预设敌国或对手的安全合作，以协商对话的方式运作，而不使用经济或军事制裁手段。鉴于东亚地区安全关系的现状以及各国之间深刻的差异性，传统的集体防御观念或集体安全观念缺乏在东亚实现的可能，合作安全模式谋求从建立互信、扩大共识入手，主张安全的相互依赖，逐步推进安全合作的制度化，正好顺应了东亚地区安全问题的需求。无论是东盟地区论坛、六方会谈机制，还是各种半官方和非官方的安全对话，都体现出相同的灵活性与渐进性，充分照顾东亚各国的接受程度。当前东亚地区既存的安全矛盾和争端，如果采取对抗的解决方式，很有可能加剧甚至导致武装冲突，而合作安全模式主张与对手合作，通过合作把现实或潜在的对手转化为合作的伙伴，把现实或潜在的危险消除在萌芽中。

其次，构建中的东亚安全制度缺乏明确的主导力量。地区安全制度是国家之间主观创建的产物，需要能够对合作进程具备组织、推动、协调能力的核心国家，在合作进程中提出被广泛接受的意见和建议。而在东亚安全制度建设的过程中，中国、日本两个东亚地区的大国政治上始终未能实现真正的和解，无法形成共同主导东亚安全制度的动力，也无法接受任何一方的单独主导；美国在东亚地区安全中占据不可或缺的地位，但美国的东亚战略框架以双边主义为主，对多边主义偏好有强制性、约束力的安全模式，无法与东亚国家对主权平等、不干涉原则的强烈关切相协调。大国的选择为中小国家发挥主导作用提供了机会，东盟地区论坛正是在东盟倡导下创立的平台，形成了小国集团带动大国参与，共同推进东亚多边安全合作的模式，确立起东盟的特殊地位。不过，东盟影响大国的能力毕竟有限，制度建构能力不足。因此，有学者提出，东盟地区论坛要成为有效的安全制度，就必须减少东盟的主导作用，由大国之间的多边合作来主导。[1]

---

[1] 参见 Ron Huisken, "Civilizing the Anarchical Society Multilateral Security Processes in the Asia - Pacific", *Contemporary Southeast Asia*, Vol. 24, No. 2, 2002, pp. 187 - 202。

最后，东亚安全制度的建构过程在相当长的时期内将呈现出多边合作框架与传统的双边安全联盟并存的局面。东亚地区各国面临的安全问题各不相同，在维护地区安全中除了共同关心的问题，还有各自的国家利益关切。现有的多边安全合作框架水平低，效力有限，很大程度上只是磋商的平台，强调非正式的组织结构和非强制的运作方式，通过协商一致增进共识，在短期内难以形成解决整个地区安全的有效制度。特别是美国依然奉行强化与盟国之间军事同盟关系的战略，在很大程度上干扰了多边安全制度的形成及其有效性。对美国而言，双边同盟是东亚战略的支柱，多边主义只是补充。[①] 但对于双边同盟以外的东亚国家而言，美国的战略加深了不信任，也无法从根本上解决地区安全问题。中国被美国视为战略对手，受到美国同盟体系的预防性遏制，显然不利于东亚多边安全合作的发展。

推进多边安全合作是东亚各国的共识，但东亚地区的特点决定安全制度的建设将是一个缓慢的、循序渐进的过程。中国和平发展的实现首先需要立足于周边地区，积极参与东亚多边安全合作对于确保中国的地区安全环境具有重要的意义。

2. 中国与东盟地区论坛

中国一直重视东盟地区论坛的发展，东盟地区论坛作为东亚地区唯一的官方多边安全制度，其发展与中国的安全环境有着密切的影响。1991 年东盟酝酿成立东盟地区论坛之初，就考虑邀请中国加入。1994 年中国作为东盟磋商国参加了东盟地区论坛的首次会议，1996 年中国成为东盟对话伙伴国，此后积极参与了历次东盟地区论坛的第一轨道和第二轨道活动。

在第一轨道层面，中国积极参与了各种政府间性质的会间会、高官会议和外长会议，并主动承办了很多政府间外交活动，在增强成员之间，特别是中国与东盟成员国之间的彼此信任方面做了大量工作。1997 年 3 月，中国首次作为东道国主办了"东盟地区论坛建立信任措施会间会"，各方讨论了地区安全环境、安全观念和国防政策，交流了本地区开展信任措施合作的情况。正是在这次会议上，中国正式提出了以合作安全为核心的新安全观。1999 年 10 月，为增进对中国外交战略和安全政策的了解，中国举办了"东盟地区论坛关于中国安全政策培训班"，加深了各方对中国亚太政策立场的了解。2004 年 11 月，中国提议并主办了首届"东盟地区论坛安全政

---

① 参见 Michael Mastanduno, "Incomplete Hegemony: The United States and Security Order in Asia", in Muthiah Alagappa ed., *Asian Security Order: Instrumental and Normatibe Features*, Stanford University Press, p. 151。

策会议"，加强了东盟地区论坛在军事领域的信任措施的建立，为各成员方国防官员、外交官、军事专家展开对话提供了新的渠道。2009 年 4 月，中国主办了首届东盟地区论坛武装部队参与国际救灾在法律规程方面建设研讨会，推动了各方在非传统安全领域的合作。2009 年 7 月，中国主办了首届东盟地区论坛核不扩散和裁军会间会，探讨了东盟地区论坛在国际军控、裁军、防扩散等领域中的作用及合作方向。2014 年 3 月，东盟地区论坛首次海上溢油区域合作研讨会在青岛举行，倡导建立海上溢油应急响应专家网络。2015 年 5 月，中国主办了反恐与打击跨国犯罪会间会，讨论了反恐、禁毒、境外追逃、打击网络犯罪等问题。2015 年 12 月，中国与老挝、俄罗斯、美国共同举办的东盟地区论坛第三届外空安全研讨会在北京召开，这是中国在东盟地区论坛框架内首次主办的外空安全议题的国际会议。上述活动充分表明，"中国不但积极为论坛发展提出方案，还不断地在与东盟国家及其他成员国间的外交互动中推动某种地区规范的形成，并以此改变它们对中国的看法，增强彼此的认同和互信"。①

在第二轨道层面，中国同样给予了相当的重视，自 1996 年加入亚太安全合作理事会后，每年都派人参加东盟地区论坛第二轨道外交的会议和培训班，并积极主办第二轨道外交活动。例如：1998 年 11 月，中国作为东道主举办了关于东北亚武器的扩散和不扩散制度有效性的研讨会；2000 年 11 月，中国主办了亚太安全合作理事会关于太平洋亚洲核能网站透明度的研讨会；2002 年 5 月，中国主办了第 11 次亚太安全合作理事会工作组跨国犯罪会议，推动完善引渡、司法协助、资产追回等机制；2006 年 5 月，中国主办了第二次出口管制专家小组会议；2009 年 6 月，中国主办了第 9 次亚太地区应对大规模杀伤性武器扩散会议；等等。第二轨道外交活动的参与者包括专家、学者、新闻记者、退休官员以及以私人身份出席的政府官员，他们与政府有着或多或少的关联。第二轨道外交所具备的非官方和非正式特点，为成员方的参与者就敏感的地区安全问题进行对话提供了渠道，安全议题的内容比第一轨道外交更加深入，在一定程度上成为了东盟地区论坛的智库。"第二轨道活动的讨论会和机构承担纯粹的专题工作来补充外交部的工作，可以提供给官方论坛使用。"② 东盟地区论坛的一些重要文件是

---

① 肖欢容、朱虹：《参与、接受与建构——以 1997 - 2005 年中国参与东盟地区论坛的规范建构为例》，《东南亚研究》2009 年第 4 期，第 44 页。

② 〔德〕多米尼克·赫勒：《东盟地区论坛对亚太地区安全的适用性》，谧谷译，《南洋资料译丛》2006 年第 2 期，第 15 页。

由第二轨道外交活动参与者完成的，东盟地区论坛的一些议题也是由第二轨道外交活动率先讨论和传播的。中国在第二轨道活动中的重点是与国防安全、军控相关的议题，与中国在第一轨道活动中的关注是一致的，有助于提高中国对东盟地区论坛的参与能力。

中国对东盟地区论坛的参与一直坚持东盟主导的原则。东盟地区论坛自成立以来一直面临着主导权之争，在中国看来，只有支持东盟的主导权，才能维系东亚地区特有的多边主义。东盟作为中小国家联盟，利用大国之间相互牵制的态势，在大国之间发挥平衡作用，客观上有利于大国之间的协调与合作，有利于本地区的安全与稳定，符合东亚地区主义模式的现实。因此，尽管东盟主导也存在着诸多局限，尽管东盟国家对中国仍存有防范、制衡的意图，但东盟主导是现阶段更符合本地区复杂性和多样性的选择。况且，东盟地区论坛的运行原则与中国提倡的新安全观具有本质上的相通之处，为中国参与东盟地区论坛的活动奠定了坚实的基础。1994 年 7 月，第一届东盟地区论坛外长会议发表的主席声明中，提出："以《东南亚友好合作条约》的宗旨和原则作为处理国家间关系的行为准则，以及作为建立地区信任措施、开展预防性外交和进行政治与安全合作的独特的外交工具。"① 由此确立起了东盟地区论坛运行的"东盟方式"，即：尊重主权平等、领土完整、不干涉内政、不使用武力和武力威胁、和平解决争端等原则，倡导协商一致、循序渐进的合作方式。这与中国在国际事务中秉持的原则立场是一致的，与中国新安全观的内涵是一致的。可以说，支持东盟主导体现了中国对于东亚安全合作的基本立场。

从影响来看，中国对东盟地区论坛的参与，对于维护周边环境、稳定地区秩序、提升国际影响力都能起到一定的积极作用。营造稳定的周边环境是中国对外关系的首要任务，东盟地区论坛的成员除了东盟国家之外，还有美国、俄罗斯、日本、印度等大国，它们都能对中国的周边环境产生重大影响，东盟地区论坛框架内各种建立信任的措施对于维护中国的周边环境具有重要的意义。2003 年，中国成为了第一个正式加入《东南亚友好合作条约》的非东南亚大国，推进了中国与东盟国家之间在政治安全领域的互信。现阶段东亚地区国家之间的猜忌依然存在，安全问题错综复杂，但是，东盟地区论坛客观上为成员方提供了进行安全对话，加强地区合作

---

① "Chairman's Statement: The First Meeting of the ASEAN Regional Forum", 25 July , 1994，参见东盟官网：http://www. aseansec. org/2879. htm。

的渠道，有利于缓和地区紧张关系。尤其是在反恐怖主义、打击跨国犯罪、国际救灾等非传统安全方面，东盟地区论坛取得了具有建设意义的成果，带动了各方之间的防务对话。通过对东盟地区论坛的参与，中国一方面利用论坛阐述自己在安全领域的立场和政策，消除"中国威胁论"，另一方面在融入地区安全制度的构建过程中加强负责任大国的身份定位，扩大中国的国际影响力。

当前，在新安全观以及睦邻、安邻、富邻周边外交政策的指导下，中国与东盟地区论坛的关系取得了重要成果，为扩大地区共识、增进各方信任做出了贡献。然而，地区多边安全合作并不能解决所有的安全矛盾，中国与菲律宾、越南等国家之间的南海争端是中国在东盟地区论坛中面临的一大隐患。2002 年，中国与东盟签署了《南海各方行为宣言》，但争端问题一直未得到有效解决，甚至几度出现局势激化。中国认为南海问题需要由当事方通过双边协商、谈判解决，东盟地区论坛不是讨论南海争端的适合平台，反对将南海问题国际化，但东盟地区论坛的确提供了阐述各自立场的多边对话机制，如何在南海问题上加强增信释疑的工作，防范他国对中国集体施压，是中国在东盟地区论坛中面临的严峻考验。

3. 中国与上海合作组织

如果说中国难以在东亚地区安全制度构建中发挥主导作用，那么，在中亚地区则形成了鲜明的对照。上海合作组织是中国主导成立的首个地区性国际组织，是首个以中国城市名命名并在中国设立常设秘书处的国际组织，上海合作组织的理念是中国新安全观与和谐世界理念的体现。中国与上海合作组织的演变密切相关，上海合作组织的发展对中国的周边安全以及亚欧安全都会产生重大影响。

上海合作组织是在中国与中亚国家、俄罗斯消除对抗、建立边境相互信任的基础上发展而来的，其前身是 1996 年中国、俄罗斯、哈萨克斯坦、吉尔吉斯斯坦、塔吉克斯坦五国通过签署《关于在边境地区加强军事领域信任的协定》而形成的上海五国机制。2001 年 6 月 15 日，上述五国和乌兹别克斯坦一起签署了《上海合作组织成立宣言》和《打击恐怖主义、分裂主义和极端主义上海公约》，上海合作组织宣告成立。中亚地区是亚洲地区的心脏，拥有丰富的油气资源和重要的地缘战略地位。苏联解体后，恐怖主义势力、民族分裂势力和宗教极端势力在中亚地区日渐猖獗，严重破坏中亚地区安全和秩序，需要这一地区国家密切配合、联手打击。中国与俄罗斯、中亚国家之间拥有总共 7600 公里的边界线，占中国陆地边界的 1/3，由于地缘和宗教传统等因素，中亚地区的动荡直接威胁中国的周边安全和边疆稳定。从经济发展的角度看，中国与上述国家之间在经济、贸易方面具有互补性，地区性的多边安全合作有利于加速国内经济建设，进而在经济、社会、文化等各方面开展合作，反过来为地区性安全制度奠定更为稳固的基础。

如今，上海合作组织已经形成了元首理事会、总理会议、外长理事会、协调员会议和各部门领导会议等一系列完整机制，设立了常设的秘书处和地区反恐机构，合作内容从最初的安全、反恐扩大到经贸、能源、教育、科技、环保、文化等领域，有力地维护了中亚地区的安全，深化了成员国多边经贸合作和能源战略合作，促进了文化交流和成员国人民之间的沟通，开创了新型的地区合作模式。除了 6 个成员国，上海合作组织还接纳了蒙古、伊朗、巴基斯坦、印度、阿富汗为观察员，给予了斯里兰卡、白俄罗斯、土耳其 3 个国家对话伙伴国地位，在欧亚大陆的影响力日益增强。2015 年 7 月的元首理事会第 15 次会议上，通过了吸收印度和巴基斯坦为成员国的决议，开启了上海合作组织扩大的进程。

中国在上海合作组织的成长过程中发挥了突出的主导和推动作用。在维护地区安全方面，为打击"三股势力"，中国与哈、吉、塔、乌四国分别签署合作协定，与这些中亚国家的安全、边防、国防等部门保持经常性联系，向其提供军事援助，帮助其改进设施，提供培训，并且通过双边或多边的联合军事演习来加强成员国之间的协调。在政治合作方面，中国积极推动成员国之间的政治互信，参与上海合作组织的制度化建设，在实践中深化"上海精神"，即：互信、互利、平等、协商，尊重多种文明，谋求共同发展，使上海合作组织成为新型安全合作的典范，成为加强中亚地区睦邻友好关系的重要平台。在经贸合作方面，中国注重与其他成员国之间的互利合作，为推进区域经济一体化创造条件。2004 年塔什干首脑会议时，中国宣布向其他成员国提供 9 亿美元的优惠出口买方信贷。2009 年，为了协助成员国尽快摆脱全球金融危机，中国向上海合作组织框架内的多边和双边经济技术合作项目提供 100 亿美元的信贷支持，以"贷款换石油"的方式向俄罗斯、哈萨克斯坦两国贷款 230 亿美元和 100 亿美元，以"贷款换合作"的方式向塔吉克斯坦贷款 10 亿美元，向吉尔吉斯斯坦提供 2 亿美元优惠贷款和 8000 万人民币无偿援助。2012 年的北京首脑峰会上，中国宣布再向其他成员国提供 100 亿美元的贷款，用以支持组织框架内的经济合作项目，3 年内，中方将为其他成员国培训 1500 名专家。2014 年 9 月在塔吉克斯坦首都杜尚别的首脑峰会上，中国再次向上海合作组织成员国提供 50 亿美元贷款支持，以便落实合资项目。在文化交流方面，中国提倡新文明观，"上海合作组织要维护人类文明的多样性，促进不同文明、不同社会制度和发展道路的国家相互交流，取长补短、和谐共处"。① 为了推动各国对中国文化的了解，中国在上海合作组织其他成员国一共设立了 27 个孔子学院，还在哈萨克斯坦和乌兹别克斯坦设立了中国文化中心。同样是在 2012 年的北京峰会上，中国宣布，今后 10 年，中方将为其他成员国提供 3 万个政府奖学金名额，邀请 1 万名孔子学院师生来华研修。

上述举措在拓展中国影响力的同时，也提升了上海合作组织的国际地位。2004 年，上海合作组织获得了联合国大会的观察员地位，此后与东盟、独联体、欧亚经济共同体等地区性国际组织建立了合作关系。面对重大国际问题，上海合作组织各成员国保持经常性的磋商与协调，在阿富汗问题、叙利亚问题、伊朗核问题等热点问题上，上海合作组织成员国秉持共同立场，对维护中亚地区乃至世界范围的稳定局势产生了不可低估的影响。中国通过推动上海合作组织的发展，建立起与其他成员间的政治和军事互信，在反对台独、疆独、藏独等事关主权的问题上，中国的立场得到上海合作组织及其他成员国的支持。同时，中国已经成为中亚各国最大的贸易伙伴和主要投资者，成为中亚各国经济发展的重要动力。中国倡导的和平发展、命运共同体理念、"一带一路"构想得到了普遍的认可，睦邻、安邻、富邻政策得到了实践的证明，扩大了中国在中亚地区的影响力。

毋庸讳言，尽管中国在上海合作组织框架下发展多边外交取得了显著的成就，但上海合作组织毕竟只是一个成立不久的地区性国际组织，制度化建设刚刚起步，成员国之间不仅存在宗教、文化、政治制度、经济发展水平的差异，而且存在国家利益的差异和矛盾。中亚各国经济基础薄弱，政局不稳时有发生，一方面想通过与中、俄两个大国的合作来获得利益，另一方面又想利用美国在中亚的存在制约中、俄两国的影响。俄罗斯视中亚地区为其传统势力范围，担心中国同中亚各国的合作削弱俄罗斯在该地区的地位，担心上海合作组织的发展冲击独联体的地位。从外部因素看，美国在"9·11"事件后借反恐之名进入中亚，向中亚国家提供军事援助和经济援助，推行"颜色革命"，参与能源投资与开发，加剧了中亚地区的安全矛盾和经济竞争，制约了上海合作组织的凝聚力。对此，中国应以更加

---

① 《加强务实合作　共谋和平发展》，《人民日报》，2004 - 06 - 18，第 1 版。

积极的态度强化与其他成员国的战略互信和地缘政治共识，尤其是处理好与俄罗斯的关系，在组织框架内形成两个主导性大国之间的良性竞争态势。在经济领域，进一步加大合作的力度，充分发挥中国与其他成员国在经济结构、能源资源等方面的优势互补，从而增强组织内部的凝聚力，通过经济合作巩固上海合作组织长期发展的基础。

目前中国的周边外交局势不容乐观，南海争端、钓鱼岛问题、朝鲜核试验等危机不断，着眼于中国周边安全的全局，"上合组织是稳定中国西部和北部安全的前沿，是解决中国东部和南海问题而防止两线作战的后防基地"。① 从这个角度而言，中国参与上海合作组织多边合作机制的建设对于维护中国的周边安全具有超越中亚地区范畴的战略意义，上海合作组织是中国实现和平发展、构建和谐地区的重要平台。

---

① 张宁：《上海合作组织面临的几个发展方向问题》，《亚非纵横》2009 年第 2 期，第 15 页。

第三章　中国和平发展与国际经济制度

国际经济制度，是对世界经济的各个领域和各个层面进行协调、管理的有关原则、机构、程序和运作方式的总和。在国际关系史上，新兴国家的崛起必将对世界经济产生深刻影响。中国自改革开放后逐步全面融入国际经济制度，并且在 30 多年的时间里一直保持着持续、稳定、高速的经济增长，以自身的和平发展改变了世界经济的力量对比格局。进入 21 世纪后，中国的经济实力进一步增强，中国对国际经济制度的参与也进入了全方位深化的新阶段，不再只是被动的参与者和接受者，而是成为国际经济制度变革、调整的主要推动者。

一　国际经济制度的演变

经济因素是推动国际关系发展、变化的基础。在资本主义生产方式产生之前，生产力水平低下，只存在局部的、个别的国家间经济联系。随着资本主义生产方式的确立，以国际分工为基础的国家间商品交换和世界市场出现了。19 世纪末 20 世纪初，在第二次科技革命的促进下，资本主义国家的经济活动进一步国际化，殖民主义将越来越多的国家和地区卷入国际经济生活。以英镑为核心的国际金本位制度，开启了国际货币金融协调的初步尝试，贸易领域的关税协调、贸易自由等规则伴随着列强国家的炮舰政策向亚非拉国家扩展。然而，这一时期经济领域的秩序是建立在帝国主义国家剥削、压迫殖民地半殖民地国家基础上的，只能通过使用武力或威胁使用武力来维持。随着列强国家力量对比的消长，随着被压迫民族的觉醒，这种脆弱的、不平等的经济秩序必然走向崩溃。一战摧毁了金本位制，二战则给欧洲中心主义画上了句号，美国经济实力独占鳌头，发起建立了一系列制度安排以促进战后经济的恢复、加强各国经济行为的协调，为国际经济制度的重塑奠定了基础。

1. "布雷顿森林体系" 的形成与崩溃

"布雷顿森林体系" 是二战后美国主导的，以外汇自由化、资本自由化和贸易自由化为主要内容的国际经济制度，其核心支柱是国际货币经济组织（IMF）、国际复兴开发银行（IBRD）、关税及贸易总协定（GATT）。

早在二战期间，为了避免战后国际金融混乱与经济危机重演，美国已经着手筹建国际经济制度。在西方国家看来，国际货币体系的破坏和贸易保护主义政策必然助长以邻为壑的经济民族主义的泛滥，从而诱发战争，因此必须以法律手段建立稳定的货币体系和开放的贸易自由化环境。1944年7月，44国政府的代表在美国新罕布什尔州的布雷顿森林召开了国际货币金融会议。会议通过了《布雷顿森林协定》，决定成立国际货币基金组织和国际复兴开发银行两个机构，作为稳定战后国际经济的工具。随后为推动国际贸易的发展，23个国家于1947年4—10月在日内瓦达成了《关税及贸易总协定》，成为布雷顿森林会议的补充，连同《布雷顿森林协定》一起被统称为"布雷顿森林体系"。

"布雷顿森林体系"确立起以美元为中心的固定汇率制，在汇率上采取双挂钩的兑换安排，包含两个基本要素。其一，美元与黄金挂钩。美国承诺各国中央银行随时可以按35美元1盎司的官价向美国兑换黄金。其二，其他国家货币与美元挂钩。其他国家规定各自货币的含金量，通过含金量的比例确定同美元的汇率，并将汇率波动的幅度限定在法定汇率上下各1%的范围内。这样，美元在汇率制度安排、储备货币形式、收支调节方式等方面都获得了中心地位，为美国进行对外经济扩张、与苏联对抗提供了有利条件，"美国霸权的基础正是美元在国际货币体系中的作用，使美国能够控制欧洲为战争融资"[①]。

国际货币基金组织和国际复兴开发银行［一般简称为"世界银行"（WB）］是《布雷顿森林协定》的直接产物，这两个机构于1945年12月27日正式宣告成立。国际货币基金组织的职能是：稳定国际汇兑，消除妨碍国际贸易的外汇管制，在货币问题上促进国际合作，并且通过提供短期贷款，解决成员国国际收支暂不平衡时产生的外汇资金需要。世界银行的职能是：通过组织和提供中长期贷款与投资，为成员国提供生产性资金，促进成员国资源的开发和经济的发展。实践证明，战后初期两大货币金融机构在职能上互相配合，不仅缓和了成员国的收支危机，解决了成员国的资金需要，而且在提供技术援助、加强经济问题的研究与信息交流方面发挥

---

① 〔美〕罗伯特·吉尔平：《国际关系政治经济学》，杨宇光等译，经济科学出版社，1989，第156页。

了作用。尤其重要的是，两大常设机构的存在和运作能够有效监督《布雷顿森林协定》各项原则、措施的执行，在此基础上建立起具有约束力的现代国际货币金融制度。

关税及贸易总协定是"布雷顿森林体系"的又一支柱，虽然法律上它只是一项多边协定而非正式的机构，但却在近半个世纪的时间里主持了8轮全球性的多边贸易谈判，通过一系列的措施大大降低了缔约方的关税和非关税壁垒，创造了稳定的国际贸易环境，为各国的贸易合作奠定了坚实基础。它"主持下所进行的多边关税谈判成就如此显著，以至于世界正以一种前所未有的速度变得相互依存。这种相互依存本身已经对国际贸易体系提出了许多新的挑战。随着运输成本和关税壁垒的下降以及通信变得越来越便捷，服务贸易方兴未艾；当外国投资急剧增加时，知识产权在他国的保护问题变得比以往任何时候都严峻。人们也越来越关心所有竞争者能有一个'平等的游戏场所'这个问题"。① 关贸总协定倡导的非歧视原则、互惠和减让关税原则、取消数量限制原则、反倾销与限制出口补贴原则、透明度原则等，成为被各国普遍接受的关于国际贸易的最具权威的准则，构成了多边贸易制度的基础。

客观上，"布雷顿森林体系"的形成结束了二战前国际货币金融领域的混乱，为战后世界经济提供了相对稳定的汇率制度，改善了国际贸易环境，推进了贸易自由化，战后世界经济出现了长达20年的空前繁荣。然而，"布雷顿森林体系"也存在着重大的缺陷，在这种制度下，美元作为国际储备手段和国际支付手段，发挥着世界货币的职能。这就要求美元币值稳定，要求美国拥有足够的黄金储备且在国际收支中保持顺差。50年代后期，美国的国际收支状况开始恶化，黄金储备流失，美元的国际信用发生动摇。1960年美国对外短期债务已经超过了它的黄金储备额。与此同时，非殖民化运动风起云涌，大批民族独立国家登上国际舞台，在政治上和经济上都汇聚成为一股强大的力量，要求从根本上改变长期遭受的受剥削和掠夺的不平等地位。日本和西欧国家经过战后初期的恢复，逐步增强了在经济上与美国竞争的能力，美国独霸的国际经济格局发生了深刻的变化。而科技的进步与交通运输技术的突飞猛进，为世界经济的加速运行准备了物质条件。单一的货币制度越来越难以满足国际经济关系的多元化发展，美国无

---

① 〔美〕安妮·克鲁格：《作为国际组织的WTO》，黄理平等译，上海人民出版社，2002，第3页。

力对整个世界经济负责。1970 年 5 月，加拿大首先宣布加元汇率浮动。1972 年 6 月，英国宣布实行英镑汇率浮动。到 1973 年，其他发达资本主义国家相继效仿，宣布实行浮动汇率。美国则先后在 1971 年和 1973 年宣布美元贬值 7.89% 和 10%。至此，"布雷顿森林体系"崩溃了。

此后，国际金融秩序出现了一定的混乱，国际储备出现了多元化趋势，西德马克和日元的国际化步伐加快。1976 年 1 月，国际货币基金组织理事会在牙买加召开会议，达成了关于国际货币制度改革的《牙买加协定》，正式确认了浮动汇率制的合法性，允许成员国自由地选择汇率制度；推行黄金非货币化，取消黄金官价，成员国央行可按市场价自由进行黄金交易。同时国际货币基金组织、世界银行等"布雷顿森林体系"的载体继续运转，仍然在"牙买加体系"中占据重要地位，继续对货币政策进行监督，协调成员国的金融政策，并从事全球性的发展援助。《牙买加协定》于 1978 年正式生效，就此建立起以美元为中心的多元化的国际储备和浮动汇率制度，被称作"牙买加体系"。与"布雷顿森林体系"相比，"牙买加体系"多元化的国际储备结构和汇率安排，适应了不同发展水平的世界各国经济，保证了国际经济发展的灵活性。但多元化的国际储备结构缺乏统一的货币标准，美元、日元、马克等主要国际货币的地位缺乏制度性的安排和稳定性，相互之间汇率波动频繁，加大了国际经济活动的交易成本，加剧了金融领域的动荡和危机，进而抑制国际贸易和国际投资的正常发展。

2. 国际经济制度的调整与改革

20 世纪 70 年代之后，面对世界经济的动荡和低迷，国际社会开始探索建立更加稳定的、有秩序的国际经济制度。世界主要国家一方面调整国内经济政策，如紧缩金融、调整产业结构、刺激国内出口等，另一方面尝试通过强化彼此间的经济协调与合作来应对挑战。在发达国家内部，起步于70 年代中期的西方七国首脑会议开了大国协调的先河，在协调宏观经济政策、稳定世界经济方面发挥着核心作用，逐步构建起具有高度制度化特征的合作模式。80 年代后世界经济逐渐复苏，在一定程度上归因于西方大国之间各种定期、不定期的协调与磋商，通过制定政策方案、交换信息数据、合作分析预测等方式，保证了世界经济的正常运行。在发展中国家内部，77 国集团成为加强发展中国家在金融、贸易、援助、开放自然资源等领域内合作、协调立场、采取共同措施，反对发达国家控制、剥削和掠夺的主要力量。大量发展中国家的原料生产国和输出国专业性组织建立起来，包括石油输出国组织、天然橡胶生产国协会、香蕉出口国联盟、国际茶叶促进协会等，在保护本国资源、协调成员国间经济政策、平衡国际市场方面发挥了重要作用。1974 年，联合国大会相继通过了《建立新的国际经济秩序宣言》《建立新的国际秩序的行动纲领》《各国经济权利和义务宪章》三个国际法律文件，集中反映了发展中国家关于建立国际新秩序、争取国际经济权益的要求，为国际社会协商解决国际经济关系中存在的问题确立了法律基础。

这一时期，地区层面的经济合作和制度建设同样引人瞩目，地理位置相邻或相近的国家为了增加自身经济实力、提高资源的有效配置，利用优惠贸易协定、自由贸易区、关税同盟等不同一体化水平的组织形式，实现商品、资本、技术、劳动力等在地区范围内自由流动，对地区以外的国际经济关系则采取一致立场。欧共体对地区经济整合继续发挥着示范作用，1979 年 1 月，欧共体启动欧洲单一货币计划，建立了以欧洲单一货币单位"埃居"为成员国中心汇率的标准，欧共体内部实行可调整的固定汇率制，对外实现联合浮动，起到了在成员国之间协调货币政策并实施管理的作用。战后才走上现代化建设道路的发展中国家，出于改善经济、改变不平等国际经济秩序、减少外部力量干预等考虑，纷纷仿效西欧国家走上地区经济合作的道路，如：东南亚国家联盟（1967 年）、安第斯集团（1969 年）、加勒比共同体（1973 年）、西非国家经济共同体（1975 年）、海湾合作委员会（1981 年）、中非国家经济共同体（1983 年），等等。尽管这些发展中国家的地区性组织大多数在制度化经济合作方面没有取得预期的效果，但地区经济合作通常是更大范围，乃至全球范围多边合作的基础，这些带有本地区特色的地区组织整体上加强了发展中国家的实力，缩小了与发达国家相互依存关系中的不对称性，有利于发展中国家在参与国际经济制度重塑中发挥更大的作用。

20 世纪 80 年代末 90 年代初，随着美苏冷战的终结，冷战时期被人为割裂开的两大对立的经济集团不复存在，真正意义上的世界经济得以形成。市场经济体制在全球范围内运行，科学技术的日新月异带来经济方式和内容的革新，"人类历史上第一次出现了任何东西都可以在世界上任何地方生产并销售到世界各地的现象"。[①] 世界上所有的不同类型的国家都被卷入了经济全球化的大潮，相互之间的经济交往大大加强，各种规范国际经济关

① 〔美〕莱斯特·瑟罗：《资本主义的未来》，周晓钟译，中国社会科学出版社，1998，第 112 页。

系的原则、规则被绝大多数国家认可，重塑国际经济制度的需求空前迫切。以此为背景，全球性、地区性、双边的国际经济制度建设均有重大突破，其中尤其以关贸总协定、国际货币基金组织和世界银行三大机构的调整、改革最为重要。

世界贸易组织取代关贸总协定是国际贸易制度的一次飞跃。关贸总定在二战后40多年的时间里极大推动了国际贸易的增长和贸易自由化的进程，贸易自由化程度的加深反过来对关贸总协定提出了更高的要求。但关贸总协定在组织上和职能上存在先天不足：组织上缺乏非正式组织的法律地位，对缔约方效力比较低下；职能主要是通过关税减让的方式促进货物贸易的发展，无法应对经济全球化带来的诸如服务贸易、技术贸易、知识产权等新的贸易问题，解决贸易争端的功能不健全，不利于国际贸易秩序的维护。上述缺陷在乌拉圭回合的谈判中表露无遗，关贸总协定已经无法适应国际贸易发展的要求。1994年4月15日，在摩洛哥马拉喀什召开的关贸总协定部长会议上，《建立世界贸易组织协定》获得通过。1995年1月1日，世界贸易组织正式成立。它不仅是关贸总协定的继续，而且是更加完整、更加健全、更加有效的国际贸易制度。截至2015年年底，世界贸易组织已经拥有162个成员。世界贸易组织的运转大大强化了国际贸易制度的权威性，推动国际贸易在更高水平、更大范围上实现自由化，推动全球经济进一步走向制度化的轨道。然而，世界贸易组织于2001年11月启动的多哈回合谈判，作为有史以来涵盖议题最广泛、参与方最多的多边贸易谈判，自2003年墨西哥坎昆部长级会议上未达成一致之后就一直处于失败的边缘，在10多年期间虽多次重启，但僵局未能被彻底打破，多边贸易谈判进程事实上处于停滞状态，其根源在于发达国家和发展中国家在贸易利益上难以做出妥协。直至2013年12月，世贸组织第九次部长级会议在印度尼西亚巴厘岛召开，通过了《巴厘一揽子协定》。这是世贸组织成立后的首份全球性多边贸易协定，包括贸易便利化、农业、棉花、发展等四项议题共10份协定。与多哈回合谈判雄心勃勃的目标相比，《巴厘一揽子协定》没有涉及非农产品市场准入、服务贸易、知识产权等敏感议题，距离全面完成多哈回合谈判仍然非常遥远。但是，协定将世贸组织带回多边贸易谈判舞台，重建了国际社会对全球性多边贸易制度的信心。目前来看，多哈回合谈判启动10多年来，南北经济力量对比和国际贸易关系已经发生了很多新的变化，难以按照10多年前预计的方式通过协议。因此，重新审视贸易格局，革新世界贸易组织的机构和决策方式，才能继续推进多哈回合谈判，为国际贸易发展注入新的动力，稳定全球贸易体系。

国际货币基金组织自 20 世纪 80 年代后遭受的批评逐渐增加，围绕投票权分配、特别提款权、贷款的附加条件等内部机制酝酿了数次改革，但收效甚微。90 年代金融危机频发，特别是 1997 年亚洲金融危机充分暴露了国际货币金融制度存在的问题，国际货币基金组织因应对不力而备受指责。进入 21 世纪，新兴国家经济的迅速崛起，加大了发展中国家对国际货币基金组织内部不平等的不满，推进国际货币金融制度的改革进一步成为各方共识。2006 年 9 月的国际货币基金组织新加坡年会上启动了名为"份额与声音"的改革，旨在提高新兴国家的份额，以及增强最不发达国家在国际货币基金组织中的发言权。2008 年全球金融危机及 2009 年欧元区债务危机的发生，表明国际货币基金组织对发达国家金融市场潜在的风险缺乏准确评估，针对其治理结构、贷款机制与融资规模的改革进程得以加速。2009 年 4 月的二十国集团伦敦峰会上，与会领导人同意向国际货币基金组织、世界银行等增资 1 万多亿美元，以帮助各国摆脱金融危机带来的困境。其中，国际货币基金组织的救援储备基金将达到 7500 亿美元。峰会决定成立"金融稳定委员会"，与国际货币基金组织密切合作，对未来出现的金融风险提出早期预警。同时，峰会确认将向包括新兴国家在内的代表性不足的国家转移 6% 以上的份额，在执行董事会拥有 8 个席位的欧盟国家将让出 2 个席位给发展中国家。该方案落实后，包括新兴国家在内的发展中国家将持有国际货币基金组织 42.29% 的份额，无疑是国际货币基金组织权力结构和国际货币金融制度的重大改变。

世界银行作为国际多边发展援助机制，同样由于援助效果欠佳而面临治理结构改革的压力。战后初期，世界银行是一家服务于战后复苏的"重建银行"，而后转向向发展中国家提供中长期贷款和投资，经历了从"贷款银行"发展为"知识银行"的历程，为世界范围内削减绝对贫困做出了积极的贡献。针对发展中国家在世界银行中代表性不足的缺陷，2010 年 4 月，世界银行发展委员会春季会议兑现了对发展中国家转移投票权的承诺，通过了投票权改革的方案，决定由发达国家向发展中国家转移 3.13% 的投票权，使发展中国家和转型国家的投票权从 44.06% 增加到 47.19%。2012 年 7 月，新上任的世界银行行长金墉提出世界银行将实现向"解决方案银行"的转型，为世界经济发展及全球性问题提供综合性的解决方案，这一转型为世界银行下一步的调整与改革确立了框架。

在"布雷顿森林体系"三驾马车的调整和改革的方案中，都有与地区性国际经济组织之间加强协调的内容。罗伯特·基欧汉强调制度在解决经济等问题中的作用，认为地区性的国际制度增强了各国解决争端和相互合作的动机。[①] 相对于全球性国际经济组织在冷战后遭遇的挑战，地区性的国际经济组织发展迅速，虽然不同地区在制度化水平上存在不平衡，但都对国际经济制度的运行和发展趋势产生着深远影响。欧盟1999年1月1日正式启动了单一货币"欧元"，2002年7月1日，欧元进入流通领域，有利于国际货币体系的均衡化和国际储备资产的多元化。在欧盟的带动下，北美自由贸易区、亚太经合组织、南方共同市场等地区性组织在深化合作过程中表现出各自不同的区域特色。北美自由贸易区开创了发达国家与发展中国家以垂直分工为基础的模式，亚太经合组织创立了非强制性的开放地区主义模式，而南方共同市场的迅速崛起则为拉美国家之间实现自由贸易树立了榜样。

与上述全球性、地区性国际经济组织的加速发展相并行，国际经济制度的调整与改革还表现为国际经济协调中心的转移。传统上，由西方七国首脑会议升级而来的八国集团，囊括了世界上最发达的国家，在全球范围内的经济关系和经济活动中发挥着核心的协调作用。但八国集团本质上是一个大国首脑论坛，某种程度上是对西方世界进行治理，而对非西方世界实行统治。这种大国主宰世界的观念，在全球化趋势深化、新兴国家崛起的今天很难继续推行。发端于1999年的二十国集团（G20），成员既包括八国集团的8个大国，又包括中国、巴西、印度、南非等10个新兴市场国家，其成立初衷是促进发达国家与新兴国家在国际金融领域开展建设性对话。2008年金融危机爆发后，发达国家作为危机的发源地和重灾区，需要借重新兴国家的力量摆脱危机。2008年11月，二十国集团领导人首次峰会在华盛顿举行，开始从全球经济治理的边缘走向中心。之后，经过2009年的伦敦峰会、匹兹堡峰会、2010年的多伦多峰会和首尔峰会，二十国集团确立起了作为应对金融危机主要平台的地位，各国通过紧密的政策协调与合作，在改革既有国际金融机构和规则方面达成诸多共识，联手采取了一系列经济刺激计划。在匹兹堡峰会后发表的联合声明中，与会各方一致同意二十国集团取代八国集团作为世界经济合作的主要论坛。从那以后，八国集团峰会的重点更多转向安全、发展和社会问题领域，与二十国集团在宏观经

---

① 参见 Robert Axelrod and Robert Keohane, "Achieving Cooperation under Anarchy: Strategies and Institutions", *World Politics*, Vol. 38, No. 1, 1985, pp. 226 – 254。

济、自由贸易、发展援助等重叠议题上互相支持、互相补充。随着经济形势好转，二十国集团的角色也发生了转变，2011 年开始形成了一年一次首脑峰会的制度，从单纯应对金融危机转变为促进全球经济合作的主要平台，并且正式形成了"首脑峰会－部长级会议－工作组会议"的制度架构，标志着以新兴国家为代表的发展中国家开始平等参与国际经济制度的构建。此外，新兴国家为增强其参与能力，同样选择了制度化的集团协商方式。2009 年 6 月，俄罗斯、中国、巴西、印度金砖四国领导人举行了首次峰会。2011 年 4 月，在中国举行的第三次峰会上，南非正式成为金砖国家的一员，形成了作为新兴国家合作平台的金砖国家机制。尽管金砖国家机制如今只是一个松散的国家集团，但这五个国家拥有世界近 30% 的领土，超过 40% 的人口，在国际事务中有着广泛的共同利益，就长远发展而言无疑将是提高发展中国家发言权和代表权的重要力量。

总之，20 世纪 90 年代后，经济全球化日益成为一股强有力的、无处不在的趋势，体现出国家间相互依存程度的不断提高。国际经济制度在实践中不断发展、完善，逐步确立起覆盖世界经济所有重要领域的运行规则，成为世界各国从事国际经济活动的行为规范，也带动了国际关系其他领域的有序化。内容上，国际经济制度涵盖金融、贸易、投资等各个经济领域；范围上，国际经济制度既包括主权国家间的双边经济制度，也包括地区性的多边经济制度，还包括全球性的经济制度；形式上，国际经济制度既包括经济领域的各种常设的组织机构、具有制度化特征的国际经济协调会议，还包括经济领域签订的各种条约、协定，以及指导世界经济运行的规则、程序和习惯。上述制度化安排交织成为多层次、多渠道的网状结构，相互作用，相互补充，共同推动国际经济朝着规范化的、良性互动的方向发展。

3. 国际经济制度的局限

国际经济制度是国际经济正常运作的基本保障，其根本目的是规范国际经济关系，提高各国经济交往的效率，促进全球经济福利的增长。本质上，国际经济制度是世界各国在自愿的基础上，对经济活动所进行的一种国际管理，是得到普遍认可的特定领域的约束机制，拥有各种调节市场、解决争端、调节成员国行为的干预手段，甚至能够在一定范围和程度内干预成员国的经济主权。成员国的主动认可和接受，使国际经济制度具备了法律上的合法性和现实中的可行性。但是，现行国际经济制度在体系上并不完整，国际贸易、国际金融领域的制度相对比较成熟，投资、竞争政策等重要领域尚未建立起全球性的制度，缺乏完整性和统一性。而且，尽管国际经济制度具备一定的强制性，但其运行和实施效果主要依靠主权国家的具体政策才能执行，只能依靠主权国家之间的协商合作，通过召开会议、制定规则、设定程序等手段来发挥作用。离开了主权国家的支持，国际经济制度无法创建，其有效性也会大打折扣。

实践中，国际经济制度在规范国际经济运行的同时，也时常因其自身局限而表现得力不从心。国际货币基金组织作为国际金融制度的主要载体，其职能在愈演愈烈的金融危机面前却不尽如人意。20 世纪 80 年代中期处理拉美国家债务危机的安排当中，以及 90 年代初处理赞比亚的民主改革问题上，国际货币基金组织的作用都因为其措施不力、行动失误而受到普遍质疑。1997 年亚洲金融风暴中，国际货币基金组织针对不同国家的援助方案也引来各方批评，千篇一律的措施收效甚微，附加苛刻条件的短期贷款饱受诟病。2008 年的全球金融海啸以及其后的欧债危机，国际货币基金组织的救援同样作用有限，对全球经济的失衡缺乏有效应对。世界银行是最重要的多边援助机构，致力于通过多边援助消除贫困，但事实上几十年来那些最不发达国家的贫困状况非但没有减轻，反而有所加深。在贸易领域，近年多边贸易谈判裹足不前，多哈回合长期搁置，世界贸易组织的现有机制缺乏足够的打破僵局的能力，其影响力也因此而严重受损。

与此同时，当前国际经济关系的严重不平衡和不平等进一步制约了国际经济制度的有效性和权威性。西方发达国家长期把持国际经济制度的主导权，国际货币基金组织、世界银行、世界贸易组织等机构所倡导的市场经济、金融自由化、贸易自由化等原则无疑是源自发达资本主义国家的经济理念。国际货币基金组织和世界银行一直实行按资金份额多少决定各国投票权力大小的加权表决制度，美国在相当长的时期内拥有超过 20% 的投票权，即使按照国际货币基金组织最新的份额改革方案，美国依然拥有超过 15% 的份额，由于国际货币基金组织的重大决策需要 85% 的投票才能通过，这就意味着美国是唯一拥有事实上否决权的国家，在一定程度上依然能够主导国际货币金融规则的制定。而且，两大金融机构在提供贷款时经常附加带有明显意识形态色彩的条件，涉及受援国的环境、人权、经济体制等内部事务，借机向全球推行西方价值观，扩展资本主义制度的影响，更加强化了发展中国家的不信任感和抵触情绪。同样，世界贸易组织作为国际贸易制度的核心，所采取的协商一致决策方式，在发达国家与发展中国家之间越来越难以弥合的分歧面前无法有效运作，削弱了国际经济制度的权威性。可见，由于发展中国家在国际金融、贸易等领域的力量明显增强，更多地参与规则制定，西方国家单独主导下国际经济制度的运作面临困难。"西方发达国家已逐步改变过去追求结构性制度的做法，而将重心转向国际经济操作过程中的解释权和实施权的制定上。"① 事实上，国际经济制度亟须改革，其关键是要体现出以新兴经济体为代表的发展中国家崛起的现实。

尽管如此，在可预见的时期内，国际经济制度的改革仍将是一个缓慢的过程，其根源在于全球经济实力对比尚未因新兴经济体的崛起而发生根本性变化。"第三世界国家要求进行国际政治经济改革，很大程度上是为了寻求全球资源财富的公平再分配。"② 然而，对于具体的国际经济制度而言，"它们的目标是稳定与效率，而公平则是第二位的问题"。③

中国自改革开放后已经全面融入了国际经济制度，经历了从被动接受规则到主动参与规则制定的过程。当前，中国在国际经济中的地位，不仅表现为中国在世界市场上的竞争力，表现为在经济总量、国际贸易、国际资本流动和重点产品产出等方面的世界性水平，而且表现为中国对国际经济制度的参与程度和影响力度。一方面，为了支持发展中国家改变国际经济旧秩序的愿望，以及要求建立国际经济新秩序的合理要求，中国在参与国际经济制度进程中一直积极倡导建立国际政治经济新秩序，推动现行国际经济制度的变革。另一方面，中国选择走和平发展道路，意味着中国并不谋求从根本上改变现行国际经济制度的游戏规则，不主张彻底打破现行的国际经济制度。在相当长时期内，中国仍然只是在现有国际经济制度内发挥作用，凭借自身经济实力的增长，逐步增强在各领域的发言权。"在没有全新经济思想指导的情况下，我们只能在西方的经济思想体系下，尊重现有国际经济制度基本框架，凭借实实在在的商品与服务输出入、资本流出入发挥影响力，引导外部环境向着有利于我国需要的方向发展。"④ 着眼于长期发展，现行国际经济制度本身有进一步完善的空间。中国在实现崛起的过程中，战略上理当与发展中国家的经济利益保持一致，妥善运用增长中的实力，在国际经济制度的改革中有所作为。"维持秩序和推动世界政

---

① 柳剑平、郑东：《当代国际经济关系制度化特征分析》，《当代亚太》2000 年第 2 期，第 22 页。

② 〔英〕马克·威廉姆斯：《国际经济组织与第三世界》，张汉林等译，经济科学出版社，2001，第 217 页。

③ 〔英〕马克·威廉姆斯：《国际经济组织与第三世界》，第 221 页。

④ 张岸元：《国际经济环境及我国的对外经济战略》，《经济研究参考》2012 年第 43 期，第 14 页。

治公正变革这两种主张并非相互排斥，它们是可以相互调和的。所有维持世界政治秩序的规制要想长久地存在下去，都需要在某种程度上满足公正变革的要求；因此开明的、追求秩序目标的行为也必须考虑正义的主张。同样地，有关公正的变革主张也需要考虑到维持秩序的目标：因为已经发生了的变革只有被纳入某个维持秩序的规制之中，才能具有可靠性。"① 从这个角度而言，国际经济制度的改革任重而道远。

二　中国和平发展与国际金融制度

国际金融制度由全球性和地区性的金融组织、规则和协调机制构成。全球性金融组织以国际货币基金组织和世界银行为代表，地区性金融组织有亚洲开发银行、非洲开发银行、美洲开发银行等。"布雷顿森林体系"瓦解后，国际金融制度的弊端逐渐显现，尤其是近年来，频繁的国际金融动荡和危机严重冲击了全球经济的健康发展，围绕国际金融制度的改革问题日益迫切。中国经济实力的快速提升，带动了金融开放程度的不断提高和金融环境的逐步改善，在积极融入国际金融制度的同时，中国也必将更加主动地参与到国际金融制度的改革中去，推动国际金融制度更多地体现发展中国家的诉求，为全球经济的稳定增长做出贡献。

1. 中国参与国际金融制度的历程

"全球市场体系是 1978 年以来中国经济获得令人眼花缭乱的增长的最重要因素。"② 改革开放之初，中国的经济水平低下，缺乏支持经济发展的资金、人才和技术，迫切需要通过加入国际金融机构、融入国际金融制度来获得经济发展的动力。1980 年 4 月和 5 月，国际货币基金组织和世界银行相继恢复了中国的合法席位。1980 年 11 月，中国在国际货币基金组织的份额增加到 18 亿特别提款权，在成员国中排名第 8 位，就此获得了单独选区的地位，有权选举自己的执行董事。中国在世界银行的股本份额和执行董事席位问题同样也得到了解决。1984 年，中国人民银行与国际清算银行建立了业务关系，成为该行的客户。1996 年 9 月，中国正式成为国际清算银行的成员。国际清算银行的宗旨是促进各国中央银行之间的合作并提供

---

① 〔英〕赫德利·布尔：《无政府社会：世界政治秩序研究》，张小明译，世界知识出版社，2003，第74—75 页。
② 〔美〕迈克尔·斯温、阿什利·特利斯：《中国大战略》，洪允息、蔡焰译，新华出版社，2001，第125 页。

便利，其业务和经验能够为中国的经济建设拓宽融资渠道和金融服务参考，扩大中国与各国的金融合作。在地区层面，1986年3月，中国成为亚洲开发银行的成员。亚洲开发银行成立于1966年，其宗旨是为亚太地区的开发工程项目筹集资金，并提供技术援助，帮助成员协调相互之间的开发、贸易和其他经济合作。作为亚太地区重要的地区性金融组织，亚洲开发银行所提供的长期低息贷款和技术援助能够对中国的经济发展产生积极作用。对国际金融组织的参与在很大程度上强化了中国与国际金融制度的联系，"中国已经从和国际货币基金组织、国际复兴开发银行和其他金融机构发展关系中得益，这些机构应允中国以优惠的条件获得资金、技术知识和资源"。[①] 1994年1月1日，中国开始实行以市场供求为基础的、单一的、有管理的浮动汇率制，并实行外汇指定银行和结售汇制度。1996年12月1日，中国实现了人民币经常项目的自由兑换，中国的金融市场通过股票、债券等多种渠道与国际金融市场联系起来，国际金融制度对中国的影响也日益加强。2001年中国加入世界贸易组织，进一步加快了金融市场开放的步伐，初步形成了与国际金融制度全方位、多层次的关系。

国际货币基金组织掌管国际金融制度的核心，自从中国恢复合法席位以来，基金组织为中国的经济建设提供了富有成效的支持。根据基金组织协定第4条的规定，基金组织每年定期与中国举行磋商，以了解中国的宏观经济运行情况，议题涉及财政、金融、对外贸易等宏观经济部门。通过磋商，基金组织对中国的宏观经济调控、外汇政策、结构改革等提出政策建议和分析预测，为中国经济建设提供了有益的参考，也为国际金融界了解中国提供了有益的指南。为弥补中国的国际收支逆差，1981年和1986年，中国先后从基金组织借入了7.59亿特别提款权和5.98亿特别提款权的贷款，用以支持经济结构调整和经济体制改革。到了90年代，中国提前归还了上述两笔贷款。此后，随着中国经济实力的增强，中国没有再向基金组织提出借款要求，成为基金组织的净债权国。1991年，中国与基金组织签署备忘录设立基金组织驻华代表处，便于推进双方的合作，频繁的高层互访有利于中国全面、客观把握国际经济与金融形势的走向。基金组织的年会，成为中国与世界对话的重要窗口，有助于国际社会了解中国的经济、金融政策与立场。在技术援助方面，基金组织发挥了更加具有建设性的作用。中国20世纪80年代的中央银行改革、1994年的汇率并轨、

---

① 〔美〕迈克尔·斯温、阿什利·特利斯：《中国大战略》，第125页。

1996 年的经常项目可兑换，以及 90 年代以来相继实施的财税体制改革等重大改革措施，都与基金组织的咨询意见和技术支持密不可分。在基金组织的援助下，在统计领域，中国"建立了符合国际标准的货币银行统计体系和国际收支统计体系，改进了国民账户统计，建立了外债监测体系；在货币与金融领域，改善了货币政策的制定与操作，修改和完善了银行法规及会计与审计制度，强化了金融监管，推动了金融市场及相应的金融工具的发展；在财税领域，启动了财政预算分类和编制改革，即国库单一账户改革和税制改革，加快了财政和税收征管电子化信息系统的建设"。① 此外，基金组织为中国培训了大量财政、金融的高级官员，满足了中国在融入国际金融制度进程中的人才需要。通过在基金组织的实践，中国逐渐掌握、熟悉了国际金融运行的基本规律，认识到国际金融服务于国家经济建设的重要性。同时，中国积极履行对基金组织的义务，以具有自身特色的经济发展模式丰富了基金组织的理论和经验。1994 年，中国向基金组织提供了 1 亿特别提款权的贷款，用于支持重债穷国的债务调整，同时还向该贷款的贴息账户捐款 1200 万特别提款权。1997 年亚洲金融危机爆发后，中国承诺保持人民币汇率的稳定，并共向基金组织出资 25 亿美元，支持其援助有关危机国家，为维护亚太地区的经济稳定做出了重要贡献。1999 年，中国又向基金组织捐助了 1313 万特别提款权，继续支持重债穷国减债计划。2001 年，中国再次承诺向基金组织减贫与增长贷款提供 1 亿特别提款权的贷款本金，继续为国际社会消除贫困做出贡献，为维护发展中国家的利益发挥了积极的影响。

世界银行是负责长期投资贷款的发展援助机构，自 1981 年向中国提供第一笔 2 亿美元用于大学发展项目的贷款以来，截至 2016 年 3 月底，世界银行对中国项目的承诺额已经达到 628 亿美元，包括国际复兴开发银行和国际开发协会的贷款，已经完成 384 个项目，117 个项目正在进行中，19 个项目正在准备中，项目主要集中在环境、交通、城市发展、农村发展、能源、水资源管理和人类发展等领域，项目遍及除西藏之外的省、自治区、直辖市。② 中国不仅是世界银行最大的贷款国之一，而且也是执行世界银行项目最好的国家之一，为发展中国家树立了国际经济制度与主权国家合作的典范。在合作初期，体制改革和宏观调控是世界银行向中国贷款的优先领域，

---

① 李红梅主编《国际经济组织》，机械工业出版社，2007，第 84 页。
② 数据引自世界银行中文官网：http://www.worldbank.org.cn。

这一时期，世界银行逐步了解中国的国情，中国则开始逐步熟悉世界银行的工作方式。到 20 世纪 90 年代中期，世界银行开始加大对农业、社会、扶贫、环境等项目的支持，从 1993 年到 1995 年，中国年度利用世界银行贷款的规模达到历史最高点，每年的贷款都在 30 亿美元左右，利用项目贷款填补了经济建设和社会发展资金的缺口，"不仅引进了资金技术，同时还以贷款项目为载体，引进了先进的管理理念和规范化的运作机制"。① 1996 年以后，随着中国经济的迅速增长，世界银行对华贷款大幅减少。1999 年 7 月，中国从国际开发协会"毕业"，意味着中国不再有资格接受世界银行集团提供优惠或是无息的援助贷款。此时，中国经济改革与社会发展中的一些深层次矛盾显现，世界银行的贷款尽管数额不大，但项目中所包含的专业性和经验仍然能服务于中国的经济建设。2006 年以来，世界银行对华援助的内容有了新的扩展，加大了向中小企业提供可持续性的商业化正规银行贷款的力度，加强融资以促进中国经济持续增长。2007 年 12 月，中国首次成为国际开发协会的捐资国，承诺捐款 3000 万美元，表明中国从借款国转变为捐款国，标志中国与世界银行的合作进入了新的阶段。2009 年，为支持世界银行应对金融危机，中国购买了世界银行集团国际金融公司发行的 15 亿美元债券，彰显出中国与世界银行合作推动全球经济复苏的决心。总体而言，30 多年来，世界银行推动了中国的经济体制改革和完善，促进了中国的国际发展合作，宣传了中国改革开放的成功经验，称得上是中国和平发展道路的参与者和见证者。

国际清算银行（BIS）成立于 1930 年，是历史最悠久的国际金融机构，20 世纪 90 年代以后在促进全球央行合作和金融标准的制定方面发挥核心作用。自中国人民银行加入后，双方频繁往来，国际清算银行成为中国探讨宏观经济金融政策的重要平台。2006 年 6 月，中国人民银行行长周小川当选为国际清算银行的董事，这是国际清算银行首次从发展中国家选举新董事，凸显了当前中国在国际金融制度中的重要性。

同样值得一提的还有中国与亚洲开发银行的密切合作关系。亚洲开发银行的主要业务，是向亚洲太平洋地区的发展中国家提供贷款，但由于亚洲开发银行的 67 个成员中有 19 个来自亚洲以外的地区，这个区域性的金融组织带有明显的国际性。中国是亚洲开发银行的第三大股东国，截至 2014

---

① 谢旭人：《加强务实合作实现互利共赢——纪念中国与世界银行合作 30 周年》，《中国财政》2010 年第 18 期，第 14 页。

年，中国总计获得亚洲开发银行 315.8 亿美元，是亚洲开发银行的第二大借款国。① 亚洲开发银行（ADB）的贷款和技术援助有效推动了中国经济、社会、环境等领域的进步，同时，中国也以高质量的项目执行能力和效益丰富了亚洲开发银行的发展理念，并为亚洲开发银行的活动提供了资金支持。中国是亚洲开发基金的主要捐资国，2005—2016 年的累计捐资达到了 8750 万美元。为了支持亚洲开发银行的减贫工作和区域合作议程，中国于 2005 年出资 2000 万美元成立了中国减贫与区域合作基金，并于 2012 年再次捐资 2000 万美元。②

2. 中国参与国际金融制度的风险

金融是现代市场经济运行的核心。所谓国际金融，就是国际资本流动，即：金融机构通过债券、股票和外汇等金融工具经营货币资金，实现资金的转移运动，满足世界各国发展中的资金需求，提高全球资金的利用效率。二战后，以国际货币基金组织、世界银行等为主体的国际金融制度在稳定国际金融秩序、监督成员国货币金融政策、推动国际金融合作、协调金融矛盾等方面发挥着不可替代的作用。然而，20 世纪 90 年代以来，国际金融市场动荡频繁。1994 年 12 月，墨西哥金融危机爆发，国家濒临破产，并冲击了其他拉美国家。1995 年上半年，欧洲货币体系因意大利里拉、西班牙比索、瑞典克朗的急剧贬值几近崩溃。1997 年 7 月泰国爆发金融危机，并席卷东亚、波及全球。2002 年 12 月，阿根廷持续 3 年的经济衰退酿成金融危机，引发全国骚乱，短短十几天换了五位总统。2007 年美国次贷危机爆发殃及全球，其影响程度之深超过此前任何一次经济危机，使世界经济陷入严重的衰退。正是在这次金融海啸的打击下，希腊、意大利、葡萄牙等欧盟国家在 2009 年后相继发生主权债务危机，威胁到整个欧元区的经济和金融稳定。面对破坏性日渐加大的金融危机，现行国际金融制度难以适应国际金融发展的要求，国际金融制度的建设与完善远远落后于金融全球化的进程。中国经济的开放度与自由度正在逐步加大，金融市场发展迅速却又缺乏严密的金融监管，抗风险能力相对薄弱，在复杂多变的国际金融环境下，中国积极融入国际金融制度过程中的风险不可低估。

现行国际金融制度中占据主导地位的是新自由主义经济学，信奉市场

---

① 数据引自《亚洲开发银行与中华人民共和国：事实与数据》，参见亚洲开发银行官网：ht-tp://www.adb.org/sites/default/files/publication/29018/prc－factsheet－zh.pdf。

② 数据引自《亚洲开发银行与中华人民共和国：事实与数据》，参见亚洲开发银行官网：ht-tp://www.adb.org/sites/default/files/publication/29018/prc－factsheet－zh.pdf。

自由主义和对外开放原则。美国经济学家麦金农和 E. S. 肖在 1973 年先后出版专著《经济发展中的货币与资本》和《经济发展中的金融深化》，系统提出了著名的"金融深化理论"①，认为金融深化程度是推动经济发展的重要因素，所谓"金融深化"，就是要政府放弃对金融的过分干预，充分发挥市场机制的作用，使利率和汇率充分反映供求状况，这样经济才能实现增长，反过来又能促进金融业的发展，形成良性循环。此后，发达国家纷纷放弃金融抑制政策，开始放松金融管制，进而实施金融自由化，逐渐打破银行业和证券业的从业界限，取消金融业务的地域限制等。在新自由主义经济理论的影响和西方发达国家的干预下，以国际货币基金组织为代表的国际金融组织"受制于市场经济和一种信念，这种信念是，市场力量自由的、不受干涉的运作所形成的市场经济原则能为经济复苏和增长提供最好的方法"。② 因此，国际货币基金组织、世界银行等金融机构大力提倡应用金融深化理论，全力主张世界各国实现金融开放和金融自由化，从而使各国银行和其他金融机构实现健康运行，尤其是针对发展中国家提出了金融自由化的建议，甚至在救助发展中国家金融危机发放援助贷款时，加入要求受援国开放市场以加速金融自由化进程的条件。到了 20 世纪 90 年代，一些发展中国家也步入了放松金融管制的行列，金融自由化成为包括发展中国家在内的各国政府努力的目标。然而，"我们必须看到市场机制严重的局限性。……人们的市场偏好最大化本身并不一定会导致良好的社会结果。一句话，自由市场机制不足以确保可持续的人类进步"。③ 对于发展中国家来说，金融深化可以促进经济发展，但如果金融体系出现了问题，金融危机的爆发也会对经济产生严重的负面影响。过去 20 多年中，一些发展中国家正是在推行金融自由化的过程中发生了严重的金融危机。当前，中国经济已经完全融入了全球经济，面对金融全球化的发展大势，中国在金融市场的不断开放中获得了经济高速增长的机会和动力，同时也不可避免地遭遇日趋严峻的金融风险。金融全球化的发展导致国家之间的金融业务相互联系，形成全球性的金融网络，一国爆发的金融危机往往通过国际贸易、债务、投资等渠道在国际迅速传播。1997 年东南亚金融危机爆发时，中国由

---

① 参见 Ronald Mckinnon, *Money and Capital in Economic Development*, Brookings Institute, 1973; E. S. Shaw, *Financial Deepening in Economic Development*, Oxford University Press, 1973。

② 〔英〕马克·威廉姆斯：《国际经济组织与第三世界》，第 70 页。

③ 〔美〕理查德·布隆克：《质疑自由市场经济》，林季红译，江苏人民出版社，2000，第 185 页。

于市场开放度比较低而未受波及。到 2008 年金融海啸发生时，中国的实体经济和金融市场都遭到了巨大冲击，尤其是外向型企业损失惨重。鉴于未来中国金融开放的程度将越来越高，危机从外部传入的风险也就相应增大，提高金融风险预警能力和抗击能力尤为关键。

美元是当今无可争议的国际货币，美元霸权是现行国际金融制度的基本特征。塞缪尔·亨廷顿在《文明的冲突与世界秩序的重建》一书中，曾经引用杰弗里·巴奈特所归纳的西方文明控制世界的 14 个战略要点，其中三点都与金融霸权有关，即：拥有和操纵着国际金融系统；控制着所有的硬通货；主宰着国际资本市场。[①] 二战后美国凭借优势的经济实力和综合国力，主导了国际金融制度的建立和运作，反过来，国际金融制度在全球范围内的运行又强化了美国的制度霸权。凭借美元的特殊地位，美国几乎不受限制地向全世界举债，其他国家通过与美国的贸易顺差形成美元资金的外汇储备，再通过购买美国国债、股票及金融衍生品进入了美国的金融市场，成为美国虚拟经济的支撑。中国的进出口以美元为基本结算方式。到 2015 年年底，中国的外汇储备为 3.33 万亿美元，规模稳居世界第一位。充足的外汇储备，固然有利于增强国际清偿能力，防范金融风险。但在以美元为主导的国际货币体系下，巨额的美元储备蕴含着巨大的金融风险。美国可以直接印刷美钞来购买中国的资源、产品和企业股份，以此转嫁通货膨胀并引发美元贬值，导致中国的巨额外汇储备缩水。与此同时，随着中国经济实力的增强、汇率制度的改革以及人民币离岸市场的建立，人民币国际化的进程加快了步伐，但随之而来的风险亦不可小视，人民币汇率波动的风险提高，资本账户开放风险加大，外部金融危机波及风险增强，内部金融体系不完善风险加剧。为了有效防范上述金融风险的威胁，中国迫切需要建立、健全一套人民币国际化进程中的金融监管和金融风险预警体系。

美国经济学家戈德史密斯 20 世纪 60 年代末在其《金融结构与金融发展》一书中提出了"金融相关率"的分析工具，用以衡量一国金融的发展程度，戈德史密斯研究了百余年数十个国家的金融发展道路，得出结论：各国金融结构不同，但金融发展的趋势是相似的；金融相关率与经济发展水平有着正相关的关系，金融活动对经济的渗透力越强，经济发展水平越

---

① 参见〔美〕塞缪尔·亨廷顿《文明的冲突与世界秩序的重建》，周琪等译，新华出版社，2002，第75 – 76 页。

高。① 正因如此，国际金融是迄今为止经济全球化进程中一体化程度最高的领域，尽管存在着不可避免的风险，发展中国家融入金融全球化仍是大势所趋。以国际货币基金组织、世界银行为主体的国际金融制度，早已为发展中国家的金融自由化道路确立了基本的框架。然而，受本国国情和金融体制改革进程的制约，中国国内金融体系的脆弱性突出，存在着国有商业银行不良资产比例较高、政府债务负担沉重、风险意识和监督机制不健全等问题。中国的金融开放和金融自由化道路只能是一个渐进的过程，在健全金融法律体系、加强金融监管的基础上，逐步加大金融市场的开放程度，处理好金融自由化带来的矛盾和问题，以实现在金融开放中免受或少受金融风险的冲击。

3. 国际金融制度改革中的中国机遇

国际金融危机频繁的根源在于国际金融制度的内在缺陷，2008 年的金融危机，为中国提供了在国际金融制度中扩大影响力的契机。危机发生以来，改革国际金融制度以确保国际金融市场有序运行成为全球共识，中国提出"加快建立公平、公正、包容、有序的国际金融新秩序"② 的金融改革目标，在呼吁重构国际金融秩序、制约美国金融霸权地位方面，中国与欧盟、日本、新兴国家等拥有共同利益。中国是全球持有外汇储备最多的国家，有能力为援助国际社会走出金融危机发挥积极的作用。对发达国家，中国通过增加投资合作、购买部分国家债券、增加进出口业务等方式，帮助发达国家抵御危机冲击；对发展中国家，中国"向国际货币基金组织增资 500 亿美元，明确要求将资金优先用于最不发达国家。我们同有关国家签署了总额达 6500 亿元人民币的双边互换协议，共同应对国际金融危机冲击。我们设立了 100 亿美元的中国－东盟投资合作基金，向东盟国家提供了 150 亿美元信贷支持，积极参与推动以清迈倡议多边化和亚洲债券市场发展倡议为主要内容的东亚财金合作，维护地区经济金融形势稳定。我们向上海合作组织其他成员国提供 100 亿美元的信贷支持。我们向非洲国家提供 100 亿美元优惠贷款，免除非洲重债穷国和最不发达国家债务，逐步给予非洲同中国建交的最不发达国家 95% 的产品免关税待遇"。③ 基于此，世界各国

---

① 参见〔美〕雷蒙德·戈德史密斯《金融结构与金融发展》，周朔等译，上海三联书店，1990。
② 《同心协力　共创未来——在二十国集团领导人第四次峰会上的讲话》，《人民日报》，2010－06－28，第 2 版。
③ 《同心协力　共创未来——在二十国集团领导人第四次峰会上的讲话》，《人民日报》，2010－06－28，第 2 版。

尤其是发展中国家，期待着中国在国际金融制度改革中发挥更加积极的作用。

作为回应，中国参与创建了金砖国家新开发银行〔以下简称"金砖银行"（NDB BRICS）〕，发起成立了亚洲基础设施投资银行〔以下简称"亚投行"（AIIB）〕，对于重建国际金融制度具有重要的意义。金砖国家新开发银行于2014年7月在金砖国家领导人第六次峰会上宣布成立，总部设在上海，2016年开始运营，与之一同诞生的还有金砖国家应急储备安排。成立金砖银行的主要目的，是为金砖国家和其他发展中国家的基础设施建设和可持续发展提供资源支持，同时简化金砖国家之间的相互结算与贷款业务，减少对美元和欧元的依赖。金砖银行的启动资金为500亿美元，由5个成员国均摊，将来会逐渐增加到1000亿美元。应急储备安排的功能与国际货币基金组织类似，当成员国出现国际收支困难时，由其他成员国向其提供流动性支持，初始承诺互换规模为1000亿美元，其中中国承诺410亿美元，巴西、印度和俄罗斯各180亿美元，南非50亿美元。由于应急储备安排各成员国投票权与出资额挂钩，综合计算中国的投票权为39.95%，巴西、印度和俄罗斯的投票权为18.10%，南非的投票权为5.75%。亚投行是中国发起成立的第一个多边国际金融机构。2013年10月，习近平主席访问印度尼西亚期间正式提出倡议。之后，亚投行的设想得到了迅速的推进。2015年4月15日，亚投行的意向创始成员国确定为57个，其中，亚洲37个，域外20个，具有广泛的代表性。同年12月25日，亚投行正式成立。作为亚洲地区的多边开发投资机构，亚投行的主要业务是援助亚太地区国家的基础设施建设，以振兴包括交通、能源、电信、农业和城市发展在内的各个行业投资。长期以来，发展中国家在国际金融制度中处于边缘地位，缺乏话语权，是金融全球化和金融自由化进程中的脆弱环节，容易受到金融危机的侵蚀。中国要在国际金融制度改革中扮演更加重要的角色，就应该依托发展中国家的团结一致，打造新的国际金融机构，增进发展中国家在国际金融制度改革上的共识，促进国际金融制度更加彻底的改革。

国际货币基金组织和世界银行的改革是国际金融制度改革的焦点。从目前这两大机构的改革进展来看，中国在其中的地位有明显的提升。根据在2010年11月所确认的国际货币基金组织份额改革方案，中国持有的国际货币基金组织份额将提高到6.39%，跃居基金组织成员第3位，仅次于美国和日本，反映出中国金融地位不断上升的事实。由于美国国会2015年12月才批准这一方案，2016年1月26日份额改革正式生效，导致国际货币基金组织的改革被拖延数年。与国际货币基金组织缓慢的改革进展相比,世界银行的投票权改革率先兑现。2010 年 4 月,世界银行通过了发达国家向发展中国家转移投票权的改革方案,中国的投票权从 2.27% 提高到 4.42%,是投票权增加最多的国家,从第 7 位上升至第 3 位,仅次于美国的 15.58%和日本的 6.84% 投票权。国际货币基金组织和世界银行投票权的调整,是依据成员国国内生产总值的规模、经常项目的规模和外汇储备的规模等调整的。中国投票权的增加是对中国迅速提高的国际经济地位的认可。虽然美国等西方国家对两大金融机构的控制权没有实质性的改变,美国仍然在两大机构中拥有单独否决权,但是,投票权从发达国家逐步向中国、巴西、印度等发展中国家转移是不争的事实,有利于提高发展中国家整体在国际金融机构中的话语权,加快国际金融制度的改革,扩大国际金融机构的代表性和合法性,推动国际金融制度的公平性和合理性,进而对国际制度在其他领域的发展产生示范效应。

中国将国际金融机构的改革视为重要的机遇,提出:"当务之急是落实好国际货币基金组织 2010 年份额和治理改革方案,为国际货币基金组织提供长期稳定的资金来源。"① 围绕国际货币基金组织的改革问题,中国进而提出了更加鲜明的主张,包括:"赞同增加国际货币基金组织资源,提高其应对危机和紧急救助能力,以更好履行维护全球经济金融稳定职责。我们应该提高国际金融机构负责人遴选程序的透明度和合理性,增加发展中国家代表性和发言权。我们应该加强国际金融监管,使金融体系更好地服务和促进实体经济发展。我们应该完善国际货币体系,扩大国际货币基金组织特别提款权使用并改善其货币篮子组成,建立币值稳定、供应有序、总量可调的国际储备货币体系。"② 权力和义务是对等的,当前世界各国对中国增加对国际金融机构的资金支持抱有很大期望,中国在国际事务中承担更多义务的同时,意味着中国在国际事务中拥有更多的话语权,更加积极地参与国际金融制度的改革。

加速人民币国际化是中国参与国际金融制度改革的又一核心议题。2008年金融危机的冲击,使中国强烈认识到依赖美元所带来的巨大风险,人民币国际化的议题获得普遍的关注。货币的国际化,是指一国货币超出国界,

---

① 《稳中求进 共促发展——在二十国集团领导人第七次峰会上的讲话》,《人民日报》,2012 - 06 - 20,第 2 版。
② 《稳中求进 共促发展——在二十国集团领导人第七次峰会上的讲话》,《人民日报》,2012 - 06 - 20,第 2 版。

在发行国境外被使用和持有。一个经济大国的崛起，必然伴随着其货币成长为国际货币的过程。人民币的国际使用最早始于周边邻国的双边贸易，当前在亚太地区，凭借稳定的币值以及与周边国家贸易关系中的主导地位，人民币的影响力正在向东南亚、东北亚、中亚渗透。除了传统的国际货币美元、欧元和日元，人民币也加入了贸易结算货币的行列。2013 年 2 月，新加坡成为继中国香港之后的第二个人民币离岸结算市场，也是除中国以外唯一拥有人民币清算行的区域金融中心，境外人民币交易的规模必将获得更快的增长，在东亚区域金融稳定中发挥重要的作用。2015 年 12 月 1 日，国际货币基金组织宣布批准人民币加入特别提款权货币篮子，与美元、欧元、日元、英镑并列。该决议将于 2016 年 10 月 1 日生效，意味着人民币作为国际储备货币得到了国际认可。如前所述，人民币加速国际化进程将增加中国宏观调控的难度和金融监管的成本，给中国的金融稳定带来不确定因素的风险。但同时，人民币加速国际化进程将会降低中国外汇储备的规模，减少外汇储备风险，促进中国对外贸易和投资的发展，有利于提高中国的国际地位和国际影响力，无疑是中国实现和平崛起的必备条件。当然，中国的经济实力有待进一步提高，现阶段金融体系尚不完善，在货币发行和管理问题上都面临着巨大挑战，人民币走向国际化注定是一个充满曲折的过程。

每个国家都期待在国际金融制度改革中占据有利地位。2008 年金融危机带给中国顺势而为的时机，中国将通过承担更多责任的方式参与国际金融制度的重塑，提升包括中国在内的发展中国家的话语权，加强国际金融机构的监督职能，推进国际货币的多元化。然而，归根结底，中国国际金融地位的提升更大程度上依托国内金融改革的深化，只有当中国建立起既适应中国国情，又适应金融自由化潮流的国内金融体制，中国才能真正成长为在全球范围内有影响力的金融大国。

三　中国和平发展与国际贸易制度

国际贸易是世界经济增长的"发动机"。商品、劳务、技术、知识产权在全球范围内的流通，从其相对丰富或收益较低的国家流入相对短缺或收益较高的国家，改变了世界各国之间原有的要素禀赋、技术状况和经济结构的静态格局，使各国经济增长得以实现。在世界经济的发展历史上，国际贸易历来是衡量一个国家经济发展水平和经济实力的重要标准，对一个国家参与国际经济竞争具有举足轻重的作用。国际贸易制度的确立始于1947年成立的关贸总协定，它所倡导的贸易自由化原则，带来了国际贸易前所未有的繁荣。1995年1月1日世界贸易组织（WTO）取代关贸总协定后，标志着国际贸易制度进入了新的成熟阶段。

1. 中国与世界贸易组织关系的演变

中国与国际贸易制度的关系经历了曲折的过程。由于冷战时期意识形态和社会制度的因素，中国虽然是关贸总协定的创始缔约方，但在1949年后的很长时间内没有恢复缔约方地位。直到1986年7月，出于对内改革、对外开放的需要，中国才提出了恢复关贸总协定缔约方地位的要求，开始了"复关"谈判。然而，谈判进展缓慢，一直到1995年世界贸易组织正式成立，中国的"复关"谈判仍未完成。"复关"问题转化为"入世"问题。在"入世"谈判中，中国坚持市场开放的速度和力度必须与中国的经济发展水平相一致，坚持中国以发展中国家身份加入，先后与世贸组织37个成员进行了双边谈判。2001年9月17日，世贸组织中国工作组第18次会议通过了中国加入世贸组织的法律文件；11月10日，世贸组织第四次部长级会议做出决定，接纳中国加入世贸组织；12月11日，中国正式成为世贸组织第143个成员。

中国加入世贸组织的核心法律文件是《中国加入世界贸易组织议定书》和《中国加入世界贸易组织工作组报告书》。前者确定了中国加入世贸组织的基本权利与义务关系，后者是对整个加入谈判情况的记录和说明。在这一法律框架下，中国以发展中国家的身份加入世界贸易组织，享受各项协议规定的特殊和差别待遇，获得市场开放和法规修改的过渡期，以及对国内产业提供必要的支持。同时，中国对入世做出了两方面承诺，即：遵守国际规则和逐步开放市场。

"加入世界贸易组织以来，中国坚持享受权利和履行义务相结合、实现自身发展和促进世界共同发展相结合，积极化挑战为机遇，在更大范围、更高水平上参与国际经济合作和竞争，大力发展开放型经济，推动中国和世界的关系发生了举世瞩目的变化。"[1] 2003年世界贸易组织坎昆会议上，中国加入了世贸组织"绿屋会议"机制。所谓"绿屋会议"，是在关贸总协定时代就已经存在，并在世贸组织实践中形成的一种非正式的决策机制，由20 -

---

① 胡锦涛：《在中国加入世界贸易组织10周年高层论坛上的讲话》，《人民日报》，2011 - 12 - 12，第2版。

30 名世贸组织成员部长或代表团团长参与，一般在正式决策程序的部长会议或总理事会会议之前召开。① 本质上，"绿屋会议"机制是国际贸易中的主要力量通过小范围内达成共识，提升世贸组织决策效率的一种安排，一直处于发达国家的主导之下，其合法性、代表性和透明度饱受争议。中国参与"绿屋会议"机制，意味着中国逐步进入了世贸组织的核心决策圈，提高了自身参与世贸组织多边贸易谈判的能力，同时以发展中大国的身份，中国能够在发达国家和发展中国家之间发挥沟通和协调的桥梁作用，客观上有利于维护发展中国家的共同利益。从这个角度而言，中国参与世贸组织后的实践在很大程度上改变了国际贸易传统的权力结构。在中国加入世贸组织 10 年后，"中国关税总水平由 15.3% 降至 9.8%，达到并超过了世界贸易组织对发展中国家的要求。中国服务贸易开放部门达到 100 个，接近发达国家水平"。② 加入世贸组织给中国的改革开放注入了新的动力。中国经济的市场化程度不断深化，建立起与世贸组织规则相一致的涉外经贸管理制度，以及一套较为完善的适应中国市场经济的法律体系。中国在国际贸易中的地位获得了大幅度提升。从 2001 年到 2010 年，中国进口年均增长 21%，规模扩大 4.7 倍，占世界比重从 3.8% 提高到 9.1%，从第 6 位上升到第 2 位。同期货物出口年均增长 22%，规模扩大 4.9 倍，占世界出口中的比重由 4.3% 提高到 10.4%，从世界第 6 位上升到第 1 位。实际利用外资稳居发展中国家之首，2010 年突破 1000 亿美元。③ 到 2014 年，中国的商品出口总值达到 23423.06 亿美元，占世界总值的 12.33%，居世界第 1 位，进口总值 19593.56 亿美元，占世界总值的 10.26%，居世界第 2 位。④

世贸组织体系的核心是贸易自由化及其相关制度，为了促使成员提高贸易政策和措施的透明度，更好地遵守世贸规则，世贸组织在国别基础上设立了贸易政策审议机制（Trade Policy Review Mechanism，TPRM），定期对成员的贸易政策进行全面审议的专门监督，保障多边贸易体制的平稳运行。有学者形象地将这一机制比喻为"体检中心"，定期对成员方的贸易

---

① 参见傅星国《WTO 非正式决策机制"绿屋会议"研究》，《世界贸易组织动态与研究》2010 年 3 月第 17 卷第 2 期，第 30—32 页。

② 胡锦涛：《在中国加入世界贸易组织 10 周年高层论坛上的讲话》，《人民日报》，2011 - 12 - 12，第 2 版。

③ 数据引自石广生《中国加入世界贸易组织十年回顾与展望》，《百年潮》2012 年第 1 期，第 55 页。

④ 数据引自世界贸易组织官方网站：http://stat.wto.org/CountryProfile/WSDBCountryPFView. aspx？Language = E&Country = CN。

政策措施和经济体制进行"集体会诊"①。不同成员在国际贸易中所占份额不同，接受贸易审议的频率也就不同。贸易额排名前4位的成员每两年接受一次审议，紧随其后的16个成员每4年审议一次，其余成员每6年审议一次，最不发达成员的间隔时间更长。贸易政策审议机制与中国的关系具有一定的特殊性。根据《中国加入世界贸易组织议定书》的规定，中国加入世贸组织后的8年内，每年接受世贸组织各贸易委员的审议，直到2011年完成了最后一次过渡期贸易政策审议。但是，在中国成为贸易额前4位的成员之后，从2006年开始中国又接受了每2年一次的贸易政策审议。2006年的首次审议报告长达303页，从宏观经济环境、贸易政策体系、具体贸易措施、特定部门的贸易政策等四方面梳理了中国改革开放的经济发展和贸易政策演变进程。2008年5月的第2次贸易政策审议重点关注此前两年中国经贸政策的发展及对多边贸易体制的影响，世贸组织成员各方对中国提出了近1000个问题。2010年6月的第3次贸易政策审议中，中国在抵制贸易保护主义、提高政策透明度、修改贸易法规等方面的努力得到了世贸组织的肯定，成员各方对中国提出了涉及出口退税、出口限制、知识产权执法等方面的1500多个问题。2012年6月，世贸组织对中国进行了第4次贸易政策审议，成员方提出了1700多个问题，主要涉及中国出口政策、知识产权保护、农业、服务业、政府采购、反倾销等，中国的贸易政策及其对世界经济、多边贸易制度的贡献，得到了世贸组织许多成员的充分肯定。2014年7月，世贸组织对中国进行了第5次贸易政策审议，成员方提出了1700多个问题，积极评价了中国在世界经贸体系中取得的成就和重要地位，赞赏中国在反对贸易保护主义、维护多边贸易制度中发挥的建设性作用。

从其职能和影响方面衡量，对中国的贸易政策审议一方面有助于加强世贸组织成员方对中国贸易政策的理解，减少贸易争端和摩擦；另一方面由于过渡期的安排，针对中国过于频繁的审议带来不必要的工作负担，一些世贸组织成员方通过审议对中国提出过高的要求，也对中国内部贸易政策及其环境带来了压力和挑战。

与贸易政策审议机制相比，世贸组织的争端解决机制（Dispute Settlement Mechanism，DSM）更加引人瞩目，中国与之的关系也更加复杂。争端

① 参见蒋安丽、林波、杜娟《"应考"第四次贸易政策审议——成熟与影响力的共增》，《WTO经济导刊》2012年第8期，第22页。

解决机制在世贸组织体系中以法律方式解决成员方彼此之间的纠纷，以成员方共同接受的世贸组织适用协议为解决纠纷的法律依据，是一种"既具有司法性又具有外交性的独特的国际争端解决机制"①，被公认为世贸组织的支柱之一。中国加入世贸组织后，对争端解决机制的参与有一个逐步密切的过程。2002 年 3 月，中国第一次以申诉方身份参与了争端解决机制，同欧盟、日本、韩国等其他 7 个成员一起对美国钢铁产品的保障措施提出了诉讼，并获得了胜诉。这是中国了解、运用争端解决机制的开始。2004 年 3 月 18 日，美国提起中国集成电路增值税政策案，这是中国首次作为被诉方参与争端解决机制。此后，欧盟、日本、墨西哥等成员相继加入。该案最终以和解结案。截至 2015 年年底，中国作为申诉方启动争端解决机制的案件共有 13 起，作为被诉方则达到了 34 起，② 是在世贸组织中被诉最多的发展中成员，反映出中国国际贸易环境的严峻性。从内容看，中国被诉争端从机电、钢铁产品开始更多转向原材料、新能源产业和服务贸易领域。除了美国、欧盟等发达成员，一些发展中成员也因与中国的贸易摩擦而诉诸争端解决机制。对中国来说，贸易摩擦频繁是国际贸易地位迅速上升的副产品，在世贸组织框架内，争端解决机制的合理运用，在一定程度上有助于减少贸易争端，抗衡针对中国的贸易保护措施。着眼于长期发展，如何灵活应对争端解决机制带来的挑战，以法律手段维护自身的权益，将是中国与世贸组织关系中的重大课题。

2. 中国与多哈回合谈判

多哈回合谈判是世贸组织发起的首轮多边贸易谈判，自 2001 年 11 月开启，历经了 15 年跌宕起伏，至今尚未完成。2001 年 11 月，在多哈举行的世贸组织第四次部长级会议通过了《多哈宣言》，正式启动新一轮多边贸易谈判，各国对多哈回合充满希望且雄心勃勃，谈判议程涉及 8 个领域 20 多个方面的问题，包括农业、非农业产品市场准入、服务、知识产权、争端解决、贸易与环境以及贸易与发展问题等，所有谈判预计于 2005 年 1 月 1 日结束。然而，2003 年在墨西哥坎昆举行的世贸组织第五次部长级会议上，各方在农业问题、非农市场准入等问题上难以协商一致，会议无果而终，多哈回合首次陷入僵局。2005 年 12 月，在香港举行了世贸组织第六次部长级会议，尽管最终经过艰难协商完成了旨在消除全球贸易壁垒、推动国际

---

① 毛燕琼：《WTO 争端解决机制问题与改革》，法律出版社，2010，第 24 页。

② 数据引自世界贸易组织官方网站：http://www.wto.org/english/thewto_e/countries_e/china_e.htm。

贸易发展的《香港宣言》，关键问题却没有协商形成统一决策。2006 年 7 月，美国、欧盟、日本、澳大利亚、巴西、印度 6 个关键成员为打破僵局举行部长级会谈，但还是因分歧严重而毫无进展。在这一背景下，世贸组织总干事拉米无奈宣布无限期中止多哈回合谈判，这是自关贸总协定发起多边贸易谈判以来的首次被迫中止。2007 年年初，多哈回合谈判在多种不确定因素的笼罩下重启，各方在农业、非农市场准入两大议题谈判中取得了一定进展，然而，2008 年 7 月在日内瓦举行的小型部长会议再度严重受挫。此后，虽然全球金融危机的发生为重启多边贸易谈判提供了契机，世贸组织及各成员方努力为重启谈判创造条件，但多哈回合的僵局一直到 2013 年《巴厘一揽子协定》签署才被打破。《巴厘一揽子协定》的达成是建立在发达国家和发展中国家彼此协商和妥协基础上的，多哈回合中的争议并未消失，仍将在谈判进程中面临挑战。

中国是在 2001 年多哈回合启动时正式成为世贸组织成员的，从这个角度来说，中国对新一轮多边贸易谈判的参与本身就意味着中国全面融入经济全球化进程。在多哈回合谈判的最初阶段，作为新成员的中国"处事谨慎，从防守起步，在参与中逐步积累经验，提高能力"。[①] 2002 年 6 月，中国向规则谈判工作组递交了一份"渔业补贴"的提案，这是中国作为世贸组织成员提交的第一份提案。2003 年坎昆会议之前，中国参加了世贸组织内由巴西牵头的"农业问题发展中成员 20 国协调小组"谈判集团，共同倡议推动多哈回合农业谈判，要求发达成员削减国内的农业支持，取消出口补贴。中国在会议中强调新成员在新一轮谈判中的特殊关切必须得到有效解决，从而体现世贸组织公平公正的原则。这一主张后被写入坎昆会议部长宣言，表明中国开始主动参与世贸组织新规则的制定。

经过最初阶段的适应，中国逐步掌握参与多边贸易谈判的方式，更加积极地参与多哈回合谈判。2005 年 7 月，中国作为世贸组织成员第一次主办了非正式部长会议，为当年年底的第六次部长级会议做准备。同年 12 月，世贸组织第六次部长级会议在中国香港举行，中国凭借主场之利，成功地在发展中国家和发达国家之间充当"桥梁"，为缩小发展中国家与发达国家之间的分歧发挥了积极作用，推动会议通过《香港宣言》，在农业和发展问题上取得一定进展。此后，随着中国经济实力的快速提升，中国在多哈回

---

① 张磊：《中国参与世界贸易组织决策机制的实践与策略——以多哈回合谈判为例》，《世界经济研究》2011 年第 12 期，第 16 页。

合谈判中的地位迅速提高。2008 年 7 月的世贸组织小型部长会议上，中国首次受邀参加 G7 小范围磋商，与美国、欧盟、日本、澳大利亚、巴西、印度 6 国一起努力寻求多边贸易谈判的突破口。尽管这次会议以失败而告终，但却标志着中国进入了多哈回合谈判的核心决策圈。2009 年的世贸组织第七次部长级会议是在金融危机肆虐后的背景下举行的，中国在会议中积极呼吁改善和加强多边贸易体制，提出了"尊重授权，锁定成果，将 2008 年 12 月农业和非农主席案文作为谈判基础"① 的三项原则，并且强调"中国始终是多边贸易体制的坚定支持者，始终是自由贸易原则的忠实维护者，始终是多哈回合谈判的积极推动者。中国愿与其他成员一道，共同努力，不断推进多边贸易体制向更加民主、更加高效和更加公正、平衡的方向发展"。② 到 2010 年，中国已经全面参与了多哈回合各个领域的谈判，先后提交了 100 多份提案，在技术层面为推动谈判做出了实质性贡献。2011 年 12 月世贸组织第八次部长级会议上，中国不仅多次重申推进、维护多哈回合谈判，强调解决最不发达国家的发展问题在世贸组织中应处于优先地位，而且主动采取行动，与非洲"棉花四国"合作，向非洲开放棉花市场，帮助非洲国家提高贸易能力，努力在全球多边贸易体制中承担大国责任。2013 年 12 月世贸组织巴厘岛部长级会议期间，中国积极促成了《巴厘一揽子协定》的达成，并于 2015 年 9 月正式接受其中的《贸易便利化协定》，成为世贸组织中第 16 个接受该协定的成员，体现出中国为维护世贸组织多边贸易制度核心地位的努力。

多哈回合谈判迄今已经延续 15 年之久，成为多边贸易谈判历史上跨越时间最长的回合，这期间正值中国的经济大国和贸易大国地位迅速上升，使中国在多哈回合谈判中短期内完成了从新手到核心力量的转变。尽管与美国、欧盟相比，中国的影响力仍然有限，缺乏主导谈判进程的能力。然而，中国与巴西、印度等其他新兴大国开始进入多哈回合谈判的核心层，极大地改变了本轮多边贸易谈判的力量对比状况。当前多哈回合谈判中的集团化趋势明显，既有代表不同区域的集团，也有同一议题下代表

---

① 《中国商务部陈德铭部长在 WTO 第七届部长级会议上的发言》，2009 年 12 月 2 日，参见商务部官方网站：http://sms.mofcom.gov.cn/article/zt_dhtp/subjectii/201102/20110207419166.shtml。

② 《中国商务部陈德铭部长在 WTO 第七届部长级会议上的发言》，2009 年 12 月 2 日，参见商务部官方网站：http://sms.mofcom.gov.cn/article/zt_dhtp/subjectii/201102/20110207419166.shtml。

不同利益诉求的集团。多边谈判的参与方众多，协调难度很大，相比之下，集团博弈的方式有助于降低谈判成本，提高谈判效率，因此，"谈判集团的内部协调、谈判集团对外参与谈判的效果、谈判集团之间的协调三者构成了多哈回合各项谈判得以开展的基础"。[①] 面对集团化谈判模式的趋势，中国本着务实的态度先后加入了"农业问题发展中成员 20 国协调组""发展中成员特殊产品和特殊差别待遇 33 国协调组"和"新成员集团"，前两者是农业议题上的发展中成员的谈判集团，后者是新成员要求享受更多灵活待遇的产物。总体上，集团化谈判推动发展中成员凝聚力量，在一定程度上削弱了美国、欧盟操控谈判的能力。中国与发展中成员在农业、服务业议题上面临同样的压力，都要求发达国家大幅削减关税、国内支持和出口补贴，集团谈判形成的合力有利于维护发展中国家的共同利益。与此同时，中国已经成为全球第一大贸易体和第二大经济体，在非农产品议题上，中国认同自由贸易原则，与一些发展中国家存在分歧，而与发达国家立场接近。简言之，中国在多哈谈判中"既倡导发展中国家应获得特殊和差别待遇，也希望贸易自由化得到进一步推进"[②]，中国因而处于"中间"地位，有可能在发达国家和发展中国家之间发挥沟通的桥梁作用。多哈回合进程的一再受挫与谈判各成员方之间矛盾交织直接相关，发达国家与发展中国家两大阵营之间存在着巨大的利益冲突，两大阵营各自内部的利益分歧同样明显，谈判集团的活跃进一步加大了利益协调的难度。但从全球经济增长的角度看，多哈回合谈判的内容有利于降低国际经济交往的成本，当前的僵局无法改变其作为国际贸易领域中多边外交平台的重要地位。面对复杂而多元的局面，中国在谈判中应在坚持发展主旨和自由贸易理念的前提下，建设性地运用"中间"地位来推动各成员方通过妥协扩大共识，在为多哈回合增添切实可行动力的同时，增强中国对国际贸易制度的贡献及话语权。

3. 中国与地区性贸易安排

国际贸易制度的发展进程中，一直交织着全球性贸易制度和地区性贸易安排两条线索。从关贸总协定到世贸组织，都以推进全球贸易自由化为己任，而地区性贸易安排则是在某个特定的区域内，通过优惠贸易协定、

---

① 肖艳、张汉林：《多哈回合谈判集团化的启示》，《吉首大学学报》（社会科学版）2012 年第 2 期，第 104 页。

② 刘宏松：《中国在 WTO 多哈回合谈判中的倡议行为探析》，《国际观察》2012 年第 3 期，第 40 页。

自由贸易区、关税同盟、共同市场等不同的制度形式来实现成员之间的贸易自由化，具有一定的排他性。20 世纪 50 年代，地区性贸易安排在欧洲率先起步。之后，战后走上民族独立道路的亚非拉国家基于发展民族国家经济、加强政治联合的目的，也效仿欧洲国家开始走上经济合作的道路，在各自区域内进行了不同程度贸易制度化的尝试。到了 20 世纪 90 年代，以经济全球化为背景，地区性的贸易安排和贸易集团获得蓬勃发展，跨地区的经济合作日趋紧密，地区性贸易安排传统上具备的封闭性、狭隘性色彩逐步淡化，代之以开放的地区主义，不同经济发展水平、不同经济体制结构、不同社会文化传统的国家之间也开始着手构建地区性贸易安排。1996 年 2 月，世贸组织总理事会成立了地区性贸易协定委员会，负责审查评估地区性贸易安排是否符合世贸组织规则，及其对全球性多边贸易制度的影响。进入 21 世纪，多哈回合谈判的停滞，给予各种地区性贸易安排进一步发展的契机，数量和规模都获得空前的发展。据世贸组织的统计，在整个关贸总协定时代，地区性贸易安排共有 124 个，自世贸组织1995 年成立后以建立自由贸易区为内容的地区性贸易协定大幅增加，截至 2015 年 12 月 1 日，向世贸组织通报的地区性贸易安排达到 619 个，其中生效的 413 个。①

中国参与地区性贸易安排起步较晚。自 20 世纪 80 年代谋求恢复关贸总协定地位开始，中国一直致力于推进全球性多边贸易自由化进程，寄望利用全球性多边贸易制度的权威性为中国营造相对稳定的国际经济环境。然而，面对冷战后区域一体化的热潮，中国无法置身事外。进入 21 世纪后，多哈回合谈判受阻的现实以及地区性贸易安排激增的现实，也迫使中国在实践中加强推进区域合作。1991 年，中国加入了亚太经合组织，该组织在1994 年确立了实现贸易自由化和投资自由化的目标，其活动以协商一致为基础，贸易和投资自由化的目标对成员不具有约束力，长期处于制度化水平很低的状态，从而推动中国参与更多周边次地区和跨地区范围的贸易安排与合作。2001 年 5 月中国加入《曼谷协定》，并于 2002 年 1 月开始实行《曼谷协定》税率。这是中国加入的首个地区性关税互惠组织，其宗旨通过成员国对进口商品相互给予关税和非关税优惠，不断扩大成员国之间的经济贸易合作与共同发展。2005 年 11 月，《曼谷协定》第一届部长级理事会

---

① 数据引自世界贸易组织官方网站：http://www.wto.org/english/tratop_e/region_e/region_e.htm。

在北京举行，正式更名为《亚太贸易协定》，成员包括中国、韩国、印度、斯里兰卡、孟加拉国和老挝6国。2002年11月1日，中国与东盟签署了《中国–东盟全面经济合作框架协议》，正式启动建立中国–东盟自由贸易区进程。2004年1月1日起双方开始实施"早期收获"计划，同年11月，双方签署了《货物贸易协议》。2005年7月开始实施正常产品的全面降税。2007年7月，双方又签署了《服务贸易协议》。2010年1月1日，中国–东盟自由贸易区全面建成，形成了一个涵盖11个国家19亿人口、GDP达6万亿美元的集团，是目前世界人口最多的自由贸易区，也是发展中国家建成的最大的自由贸易区。

2012年中共十八大报告进一步明确了积极参与地区性贸易安排的发展战略，提出："统筹双边、多边、区域次区域开放合作，加快实施自由贸易区战略，推动同周边国家互联互通。"[①]截至2015年年底，中国已签署自由贸易协定14个，涉及22个国家和地区，包括中国与东盟、新加坡、巴基斯坦、新西兰、智利、秘鲁、哥斯达黎加、冰岛、瑞士、澳大利亚、韩国等的自贸协定，中国内地与港澳的更紧密经贸关系安排，以及中国大陆与台湾的海峡两岸经济合作框架协议。目前正在谈判的自由贸易协定有8个，分别是中国与海湾合作委员会、挪威、斯里兰卡、马尔代夫、格鲁吉亚的自贸谈判，中国与巴基斯坦自贸协定第二阶段，以及中日韩自贸区和《区域全面经济合作伙伴关系》协定谈判。此外，中国还在进行与印度、哥伦比亚、摩尔多瓦和斐济的地区性贸易安排可行性研究。[②]

东亚地区是世界上经济发展最具活力的地区，也是中国参与地区性贸易安排的重点。近年来，东亚地区以建立自由贸易区为主要内容的地区性经济合作蓬勃发展，形成了以东盟为核心的"10+1""10+3"以及东亚峰会等合作机制。中国是第一个以非东盟成员国身份加入《东南亚友好合作条约》的国家，也是第一个倡导建立东亚自由贸易区的国家，还率先与东盟建成了自由贸易区，由此带动日本、美国、韩国、俄罗斯、印度等大国加大参与东亚经济合作与自由贸易区建设的力度，提升了东亚地区经济合作的整体水平。2003年6月和10月，中国内地先后与香港、澳门签署了《更紧密经贸关系的安排》（CEPA），2010年6月，中国大陆与台湾签署

---

① 《坚定不移沿着中国特色社会主义道路前进 为全面建成小康社会而奋斗——在中国共产党第十八次全国代表大会上的报告》（2012年11月8日），《人民日报》，2012–11–18，第1版。

② 数据资料引自商务部中国自由贸易区服务网：http://fta.mofcom.gov.cn/。

《海峡两岸经济合作框架协议》（ECFA），由此在中国内地、港、澳、台之间构建起特殊的紧密的贸易关系，这使中国在东亚经济整合中的地位更加突出。中、日、韩是东亚地区的大国，经济合作长期受阻于"历史问题和现实问题所造成的民族隔阂与不谅解、不理解、不合作"①。2008 年 12 月，中、日、韩三国领导人举行首次会晤，确立起领导人每年会晤两次的三国机制，初步形成了三国多领域合作的稳定框架。2012 年 11 月，三国宣布启动中、日、韩自由贸易区谈判，为加速东亚地区内的多边的贸易自由化进程迈出了重要的一步。2015 年 6 月，中国与韩国签署了自由贸易协定，这是中国迄今签署的覆盖议题范围最广、涉及国别贸易额最大的自贸协定，必将推动中韩经贸关系实现新的飞跃。

然而，东亚地区大国间围绕主导权的竞争正在激化，构建东亚地区贸易自由化进程更加复杂。美国在奥巴马上台后高调重返亚洲，试图主导地区性的贸易自由化进程，防止亚洲出现排他性的集团；日本为防范中国企图在地区内拼凑针对中国的联盟；澳大利亚提出在 2020 年之前建成"亚太共同体"的主张；东盟则力图通过推行"大国平衡"在地区合作中发挥主导作用。其中，2009 年 11 月由美国正式发起的跨太平洋伙伴关系协定（Trans – Pacific Partnership Agreement，TPP），围绕自由贸易协定的谈判进展迅速，发展成为囊括美国、澳大利亚、日本、加拿大等 12 个亚太国家的重要经济合作平台。2015 年 10 月，跨太平洋伙伴关系协定签署，12 个成员的经济规模占世界经济总量的 40%。而且，比起传统的自由贸易协定模式，跨太平洋伙伴关系协定的覆盖范围更广，标准更严，涵盖关税、投资、竞争政策、技术贸易壁垒、知识产权、政府采购、劳工保护等领域，是包括所有商品和服务在内的综合性自由贸易协定。一旦正式启动，跨太平洋伙伴关系协定无疑将冲击东亚地区原有的贸易自由化进程，对中国在该地区的影响形成了严峻挑战。东亚地区人口众多，市场潜力巨大，如何应对跨太平洋伙伴关系协定带来的压力，在东亚地区的贸易自由化进程中保持竞争力优势，是中国面临的一大现实难题。

罗伯特·基欧汉说过："当前贸易机制不会产生利益和谐，但通过降低交易成本，限制行为者使其选择合法的战略，以及以相对对称的方式提供信息，确实促进了合作的实现。"② 中国对地区性贸易安排的参与，不仅促

① 张锡镇：《东亚地区一体化中的中－日－东盟三角关系之互动》，《东南亚研究》2003 年第 5 期，第 32 页。
② 〔美〕罗伯特·基欧汉：《霸权之后——政治经济中的合作与纷争》，第 253 页。

进了自身经济的发展，而且更重要的是拓展了与同一地区国家间的相互依赖程度，深化了彼此间的合作关系。除了东亚地区之外，中国与中亚、南亚和西亚地区在能源、交通、基础设施等领域同样具备广阔的合作空间。相对而言，地区性贸易安排成员少，能够根据成员的实际情况灵活地推动制度的创立，有利于中国与主要资源国家和主要出口市场建立起更为紧密的贸易关系，并且兼顾安全利益和政治利益的考量，从经济领域的合作逐步向全方位整合发展。地区性贸易安排作为全球性贸易制度的补充，是从关贸总协定到世贸组织都明文允许存在的，尤其是当多哈回合谈判陷入困境时，有学者提出，世贸组织成员在全球性制度外寻求建立低成本的优惠贸易安排无疑成为有效实践。世界范围内地区性及双边自由贸易区建设正在影响全球性多边贸易制度的发展与改革进程。[①] 与发达国家相比，中国现阶段参与的地区性贸易安排数量比较少，效果不显著，更加需要重视和利用地区性贸易安排推进中国经济的发展。当然，地区性贸易安排并非全球性贸易制度的替代，中国参与地区性贸易安排与全球性多边贸易制度应该是相互协调的，为此必须反对形形色色的贸易保护主义，将地区性贸易安排的发展置于世贸组织的总体框架中，推动多哈回合谈判早日完成。

综上，进入 21 世纪以来，特别经过 2008 年金融风暴的冲击后，国际贸易格局正在发生重大变化，发达国家着手内部调整，发展中国家的整体力量显著上升，传统的由西方国家主导的国际贸易制度开始动摇，多层次的地区性贸易安排发展势头强劲，为多种力量共同完善、重构国际贸易制度提供了契机，中国无疑将在这一进程中发挥更大的作用。

---

① 参见陈晓文《WTO 体制与中国参与 FTA 的路径——基于多边贸易体制困境的分析》，《世界经济研究》2006 年第 4 期，第 17 页。

第四章　中国和平发展与国际人权制度

　　中国和平发展的道路，不仅仅意味着民族和国家的日益强盛，也昭示着普通民众物质文明水平和精神文明水平的显著提高。"我们的时代是权利的时代。人权是我们时代的观念，是已经得到普遍接受的唯一的政治与道德观念。"① 进入 21 世纪，"人权"先后被载入中国宪法、国民经济和社会发展规划及中国共产党党章。2012 年 11 月召开的中共十八大将"人权得到切实尊重和保障"② 确立为全面建成小康社会的奋斗目标之一。为了全面推进人权事业，作为世界上人口最多的发展中国家，中国一直积极参与国际人权制度领域的交流与合作，在联合国的人权机构中发挥建设性作用，通过自身的进步切实丰富了国际人权制度的观念和实践。但是，受历史、文化和现实因素的制约，中国的人权理念仍需不断完善，中国的人权保障制度与一些先进国家相比仍然存在差距。如何构建一条适合中国国情的人权发展道路，在推动国际人权制度发展的同时捍卫国家主权原则，应对国际关系中形形色色的人权斗争，是中国实现和平发展道路上的重大问题。

一　国际人权制度的演变

　　"人权是一种特殊的权利，一个人之所以拥有这种权利，仅仅因为他是人，因此，它们是最高等级的道德要求。"③ 享有充分的人权，是长期以来人类追求的理想。"社会的经济进步一旦把摆脱封建桎梏和通过消除封建不平等来确立权利平等的要求提上日程，……这种要求就很自然地获得了普

---

① 〔美〕路易斯·亨金：《权利的时代》，信春鹰等译，世界知识出版社，1997，"前言"，第 1 页。

② 《坚定不移沿着中国特色社会主义道路前进　为全面建成小康社会而奋斗——在中国共产党第十八次全国代表大会上的报告》（2012 年 11 月 8 日），《人民日报》，2012 - 11 - 18，第 1 版。

③ 〔美〕杰克·唐纳利：《普遍人权的理论与实践》，王浦劬等译，中国社会科学出版社，2001，第 7 页。

遍的、超出个别国家范围的性质，而自由和平等也很自然地被宣布为人权。"① 经过资产阶级文艺复兴运动和启蒙运动的洗礼，人权以法律的形式固定下来。直到第二次世界大战之前，人权制度主要是在国内宪法的框架内发展。第二次世界大战后，人权问题进入国际关系领域，一系列错综复杂的国际人权问题随之产生。国际人权制度，"通常是指由政府间组织为了保护人权发展出来的国际法上的标准、机构和程序"。② 主权国家通过承担、履行人权领域的国际义务而参与国际人权制度，在对外交往中通过参与国际人权事务树立其道义形象，甚至将向他国施加尊重人权义务的压力作为一种外交手段，拓展了国际人权制度的内涵，同时也加剧了国际人权领域的矛盾和冲突。

1. 国际人权制度的基本框架

国际人权问题产生的直接原因是第二次世界大战。作为针对德、意、日法西斯主义践踏人权暴行的一种反应，世界各国的政治家和民众都意识到必须建立起对各国具有约束力的世界性的人权保护制度。《联合国宪章》在序言中即开宗明义："重申对于基本人权、人格尊严与价值，以及男女与大小各国家平等权利之信念"③，在联合国的宗旨中，有两条直接属于人权保障的范畴，其一是"发展国际间以尊重人民平等权利及自决原则为根据之友好关系并采取其他适当办法，以增强普遍和平"④；其二是"促成国际合作，以解决国际间属于经济、社会、文化以及人类福利性质之国际问题，且不分种族、性别、语言、或宗教，增进并激励对于全体人类之人权及基本自由之尊重"。⑤《联合国宪章》并非专门的国际人权文件，但它作为现代国际法的基础，贯穿了保障人权的精神，为国际人权制度的构建指明了方向。此后，联合国及其专门机构、欧盟、美洲国家组织、非盟等区域性国际组织通过或制定了大量有关人权问题的公约、条约、宣言、决议等国际文件，非政府人权组织也积极投身人权保护制度的完善，迄今为止，"已形成了一套具备涵盖多种人权主体与类型的法律规范系统，全球维护与区域维护并存的机构体系和成员国自觉保护与机构审查、公民国际申诉相结合的运行机制"。⑥

---

① 《马克思恩格斯选集》（第3卷），人民出版社，2012，第483页。
② 〔奥〕曼弗雷德·诺瓦克：《国际人权制度导论》，第64页。
③ 许光建主编《联合国宪章诠释》，第680页。
④ 许光建主编《联合国宪章诠释》，第681页。
⑤ 许光建主编《联合国宪章诠释》，第681页。
⑥ 何志鹏、崔悦：《国际人权法治：成就、问题与改进》，《法治研究》2012年第3期，第5页。

　　国际人权法是国际人权制度的基础。作为国际法的分支，国际人权法是第二次世界大战后人权在国际关系领域取得的重大成就，确立了人权在国际关系领域的地位，也为世界各国的人权保障实践提供了基本规范。在由联合国以及区域性国际组织通过的大量国际人权文件当中，1948 年第 3届联大通过的《世界人权宣言》和 1966 年第 21 届联大通过的《国际人权公约》最为重要，它们奠定了国际人权法的基石，被合称为"国际人权宪章"。《世界人权宣言》是第一个系统提出尊重和保护基本人权具体内容的国际文件，"作为所有人民和所有国家努力实现的共同标准，以期每一个人和社会机构经常铭念本宣言，努力通过教诲和教育促进对权利和自由的尊重，并通过国家的和国际的渐进措施，使这些权利和自由在各会员国本身人民及在其管辖下领土的人民中得到普遍而有效的承认和遵行"。① 虽然《世界人权宣言》只是联大的决议，只享有道义上的权威，不具有强制性，但它涵盖了国际人权制度的基本规范，确立起超越各国差异追求普遍共识的基础。1966 年通过的《国际人权公约》由《经济社会和文化权利国际公约》（CESCR）、《公民权利和政治权利国际公约》（CCPR）及其《任择议定书》构成。两公约的第 1 条都是关于自决权和天然资源主权的规定，反映出在战后非殖民化进程中广大新独立国家的愿望。两个公约的内容属于两种不同的权利范畴，CESCR 需要来自国家方面积极的介入，CCPR 重点在于个人免于来自国家的干涉和压制，因此在有关缔约国履行公约义务的方式和实施措施方面，两公约有很大的不同。《任择议定书》是实施 CCPR 的具有约束力的补充规定，批准该议定书意味着承认人权事务委员会有权干预国家内部的人权事务。《国际人权公约》于 1976 年正式生效，标志着全球人权制度框架的初步形成。以此为核心，1968 年第一次国际人权会议通过的《德黑兰宣言》以及 1986 年第 41 届联大通过的《发展权利宣言》使国际人权的内涵随着时代的进步得到进一步明确和拓展，形成了政治权利与经济社会文化权利相结合、个人权利与集体权利相结合的国际人权概念。在普遍性的人权公约、宣言的基础上，为预防具体领域的人权侵犯，联合国先后通过了《防止及惩治灭绝种族罪国际公约》《消除一切形式种族歧视国际公约》《禁止并惩治种族隔离罪行国际公约》《消除对妇女一切形式歧视公约》《儿童权利公约》等重要的专门性公约，通过针对那些特别容易受

---

　　① 《世界人权宣言》，参见刘颖、吕国民编《国际法资料选编》，中信出版社，2004，第 143页。

到伤害群体的专门性保护，构筑起全面的国际人权法体系。

为了推进国际人权法的有效实施，联合国系统内逐步建立了一整套由40多个机构相互联系、相互补充的人权保护体制，其中既有一般性的人权机构，也有专职的人权机构，还有根据国际人权条约而设立的人权机构。联大作为最高权力机构，在人权方面的主要职责是发动研究并提出建议，将有关人权的大部分议题交给负责处理社会、人道和文化事务的第三委员会，与非殖民化有关的事务交给第四委员会，法律性质的议题交给第六委员会。经社理事会是联合国对人权事务的主要管理机构，负责草拟提交联大的有关人权的公约、主持召开人权方面的国际会议，具体事务则通过区域委员会和专门委员会来行使职权。成立于2006年的人权理事会是直接负责处理人权事务的机构，取代了之前的人权委员会，它由联大选举产生的47个成员国组成，其活动目标是充当联合国关于人权问题对话与合作的主要论坛，通过对话、能力建设和技术援助，帮助会员国遵循人权义务，同时负责向联大提出关于进一步发展人权领域国际法的建议。设立于1994年的人权事务高级专员办事处，是联合国体系内开展的各种人权活动的协调中心，事实上发挥着联合国人权机制秘书处的功能，致力于强化、精简人权机构，推动联合国体系内的人权活动更加富有成效。此外，人权事务委员会、消除种族歧视委员会、禁止酷刑委员会、儿童权利委员会等根据人权条约设立的机构，是相关人权条约执行的监督机构。上述的人权机构"从各自不同的专业、职能和功能出发，共同构成了今天联合国系统内庞大的、多层次、全方位的人权活动的机构体系"。[①] 其运作制度，主要有三种：一是定期报告及审议制度，二是处理国家来文的制度，三是根据任择议定书所设立的个人申诉制度。定期报告及审议制度，是成员国有义务定期向相关机构报告本国的人权事务状况，并接受相关机构的审查和建议，这项制度是人权机构与国家间对话联系的渠道。处理国家来文的制度，是指人权机构可以接受并审议一个成员国指控另一个成员国未履行人权义务的来文。个人申诉制度，是指人权受害者个人向相关人权机构提出申诉，被申诉对象只能是批准任择议定书的国家，申诉人被侵害的权利必须是相关条约所明确规定的。总体来看，联合国主导下构建的全球性人权机构和实施制度在实践中逐步得到完善，其运作主要依靠成员国的自愿履行与配合。

相比之下，地区性的国际人权保护制度在运作机制建设上取得了更为

---

① 朱锋：《人权与国际关系》，北京大学出版社，2000，第332页。

显著的成就，欧洲、美洲和非洲都已形成了较为完善的地区性人权制度，亚洲则由于政治、经济、文化、历史的巨大差异，尚未形成地区性的人权制度。在欧洲，1950年签署的《欧洲人权公约》和1965年生效的《欧洲社会宪章》奠定了欧洲人权保护的内容和执行制度，欧洲人权委员会和欧洲人权法院是负责人权事务的执行机构。在美洲，1948年美洲国家组织成立时通过的《美洲国家组织宪章》以及1969年美洲国家特别人权会议通过的《美洲人权公约》是美洲地区人权保护制度的基石，美洲国家人权委员会和美洲国家间人权法院是负责人权事务的执行机构。在非洲，1986年生效的《非洲人权和民族权宪章》（又称《班珠尔宪章》）带有鲜明的非洲色彩，反映出殖民统治的长期历史和经济落后的现状给人权保护进程带来的客观困难，非洲联盟内部的非洲人权和民族权委员会、非洲人权和民族权法院是负责人权事务的两大执行机构。地区性人权制度的发展，为丰富国际人权制度的内涵做出了贡献。尤其是地区性人权机构所建立的个人申诉制度，突破了联合国对个人申诉制度的限制，《美洲人权公约》和《班珠尔宪章》明确承认个人可以直接向人权委员会申诉，《欧洲人权公约》进一步赋予个人起诉权，这就大大提升了地区性人权机构的执行能力，增强了国际人权制度的有效性。

数量众多、种类多样的非政府组织，同样积极投身全球性或区域性的人权保护工作，尽管它们缺乏国际法上的主体地位，但由于它们的参与、宣传和监督，国际人权制度才会呈现出今天的面貌。"正是因为全球性的公民社会中非政府组织、传媒以及其他关键角色产生道德和政治压力，各国政府才被迫起草、签署并批准保护人权的国际条约，自愿接受国际人权监督机构和程序的约束。"① 从这个角度而言，非政府组织是推动国际人权制度发展的重要力量。

2. 冷战结束后国际人权的新发展

冷战时期，东西方的意识形态对峙阻碍了全球范围内的人权合作，联合国及其他人权机构中东西方围绕人权议题的冲突本质上是政治问题，国际人权制度的效率相对低下。冷战的终结在很大程度上结束了以意识形态为基础的政治军事对抗，"人权中为了人的尊严和价值而赋予世界活力的意义，从来没有像冷战结束后那样在全球范围内变得如此清晰和强烈"。② 人

---

① 〔奥〕曼弗雷德·诺瓦克：《国际人权制度导论》，第264页。
② Jack Donnelly, "Human Rights and the New World Order", *World Politics Journal*, Vol. 9, No. 2, 1992, p. 251.

权问题以及为了实现人权的社会发展问题迅速上升成为国际关系中的焦点问题。1990 年联合国将 90 年代宣布为"人权十年",世界各国的人权状况日益成为联合国关注、监督下的国际人权问题的组成部分。

1993 年 6 月,第二次世界人权大会在维也纳召开,最终通过了《维也纳宣言和行动纲领》,并且在同年 12 月的第 48 届联大上获得批准,在东西方走向和解、妥协的背景之下,这一文件为冷战结束后实现人权保护的国际合作制定了蓝图。作为其后续成果,第 48 届联大决定设立联合国人权事务高级专员一职,旨在促使联合国快速有效地防止侵犯人权行为的发生,这是人权大会最直接的机构成果。而另一个被付诸实施的设想是常设的国际刑事法院。1998 年,《国际刑事法院规约》在罗马获得通过,并于 2002 年 7 月 1 日生效,国际刑事法院正式运行。它的成立,针对那些犯有种族灭绝罪、反人类罪、战争罪和侵略罪的个人,表明国际社会惩治严重危害人类安全的国际犯罪的决心,是国际人权保护的重大突破。

冷战结束后,西方国家掌控了国际人权制度发展的主导权。两极格局的结束在一定程度上被西方国家视为资本主义制度和观念的胜利,西方国家因而在人权理念的传播上占据了上风。前苏联、东欧国家经过 80 年代末 90 年代初的剧变和转型,大部分都全面走上西方式的发展道路,在意识形态领域倒向西方,支持西方国家的立场。拉美、非洲国家经历了 20 世纪 90 年代的"民主化"浪潮,同样在观念层面受到西方国家理念的影响和塑造。相比之下,只有部分东亚国家强调人权与一国经济发展水平和特定文化历史背景相联系的特殊性。在这样的力量对比之下,面对冷战结束后不断抬头的民族、宗教、领土冲突,西方国家大肆鼓吹"人权无国界""人权高于主权",主张以捍卫人权、人道主义为理由,武力干涉他国内政。人道主义干涉、保护的责任等理念的推行,在很大程度上都体现了这种西方的价值观优势。1991 年海湾战争结束之际,伊拉克发生了大规模的库尔德难民外逃情况,联合国安理会通过了 688 号决议,呼吁所有成员国和所有人道主义组织为人道主义救援工作做出贡献。随后,美英等国以人道主义的名义对伊拉克的库尔德问题采取了军事干涉行动,为 90 年代"人道主义干涉"开了先河,联合国和一些地区性组织的人道主义干涉行动不断增多。到 1999 年,以科索沃危机为契机,北约在没有联合国安理会授权的情况下对南联盟进行了军事干预,明显违背了现行国际法中有关合法使用武力的原则。但是,西方国家却普遍认同这场为防止严重人道主义灾难的战争,就连当时的联合国秘书长安南也公开表示:"新兴的国际法日益清楚地表明,各国

政府决不能躲在主权后面践踏人民的人权而期待世界其他地方视而不管"，
"如果一个政府在对其人民进行迫害，而同时又辩解说那是自己的内部事
务，那么世界将不会袖手旁观"。① 可以说，在世纪交替之际，人权在国际
关系中的重要性达到前所未有的程度，人权问题被视为与安全、发展、经
济、社会都相关联的核心问题。

　　为弥合人道主义干涉引发的争议，2001 年 12 月，加拿大"干预与国家
主权国际委员会"发布了一份名为《保护的责任》的报告，首次提出并系
统地阐述了"保护的责任"（Responsibility to Protect，R2P）概念，随即在
国际社会引起了强烈的反响和讨论。2004 年 12 月，由秘书长安南任命的
"威胁、挑战和改革问题高级别小组"向第 59 届联合国大会提交了名为
《一个更安全的世界：我们共同的责任》的报告，接受并确认了 R2P 这一概
念，明确每个国家都有责任保护那些身陷本来可以避免灾难的人，如果主
权国家无力或者不愿承担这一责任，国际社会应该为此开展一系列工作。
该报告推动了 R2P 理念向国际共识方向发展。2005 年 3 月，安南秘书长在
第 59 届联大上所做的报告《大自由：实现人人共享的发展、安全与人权》
中，重申了主权国家所具有的保护公民免受暴力和侵略危害的责任，呼吁
国际社会接受 R2P 原则作为对灭绝种族罪、族裔清洗和危害人类罪采取集
体行动的基础。他指出："没有发展，我们就无法享有安全；没有安全，我
们就无法享有发展；不尊重人权，我们既不能享有安全，也不能享有发
展。"② 2005 年 9 月，联合国《世界首脑会议成果文件》进一步明确宣布：
"每一个国家均有责任保护其人民免遭灭绝种族、战争罪、族裔清洗和危害
人类罪之害"，③ 国际社会应协助各国履行责任，增强主权国家在人权保护
方面的能力建设；当一个国家无力或不愿承担责任时，国际社会应该遵守
《联合国宪章》基本原则，通过外交、人道主义救援等多种手段及时、果断
地采取集体行动。R2P 被写入《世界首脑会议成果文件》，标志着该理念已
经获得了国际社会大多数国家的认可与支持。

　　随着人道主义干涉、R2P 理念的确立，联合国内的人权机构也进行了强

---

① 1999 年 5 月 25 日安南在斯德哥尔摩举行的记者招待会上的讲话，转引自金鑫《西方政要
　　及有关人士关于"新干涉主义"的若干言论》，《太平洋学报》2000 年第 1 期，第 95 页。

② 《大自由：实现人人共享的发展、安全和人权》，联合国文件 A/59/2005，联合国官方网站：
　　http://www.un.org/chinese/largerfreedom/report.html。

③ 参见《2005 年世界首脑会议成果》，联合国大会决议 A/RES/60/1，联合国官方网站：ht-
　　tp://www.un.org/chinese/ga/60/res/plenary.htm。

化职能的调整。根据 2006 年第 60 届联大通过的第 251 号决议，人权理事会在 2006 年 6 月正式运行，取代了人权委员会，这是联合国机构改革的一大突破。人权理事会是大会的附属机构，而人权委员会是经社理事会的职司机构，相比之下，人权理事会的代表性、权威性和行动能力都得到了加强。在制度建设方面，人权理事会创新地采用了"普遍定期审议制度"，即"根据客观和可靠的信息，以确保普遍、平等地对待并尊重所有国家的方式，普遍定期审议每个国家履行人权义务和承诺的情况；审查应是一个基于互动对话的合作机制，由相关国家充分参与，并考虑到其能力建设需要"。① 普遍定期审议制度对所有国家一视同仁，国家在接受普遍定期审议时将提交报告书，内容包括：本国的一般背景、促进和落实人权义务的状况、面临的挑战和限制、改善本国人权状况的行动计划和承诺，以及是否希望得到能力建设和技术方面的援助等。人权理事会的运转和职能拓展，表明联合国将人权提高到与安全、发展同等重要的地位，国际人权事务进入更加务实、更加具有约束力的发展进程中。

时至 2009 年 1 月，潘基文秘书长向联大提交了《履行保护责任》的报告，强调了国际社会落实 R2P 的三大支柱，一是主权国家的 R2P，即每一个国家都有责任运用适当和必须手段保护其人民免遭种族屠杀、战争罪、族裔清洗和反人类罪的危害；二是国际援助与能力建设，即国际社会有义务帮助主权国家免遭上述几种罪行的危害，增强其人权保护的能力；三是及时、果断的反应，即当一国政府不愿或无力保护其人民免遭四种罪行危害的时候，国际社会应该在联合国框架内及时、果断地采取集体行动，包括获得安理会的授权采取必要的强制性行动。② 这一报告使 R2P 的落实有了更为具体的内涵与实施标准。2011 年利比亚内战爆发，安理会以 R2P 为由通过了第 1970 号决议和第 1973 号决议，授权会员国采取一切必要措施，强制执行禁飞决议，以便保护利比亚境内的平民。决议通过后不久，以北约为首的多国部队就对利比亚卡扎菲政权实施了军事打击。这被认为是 R2P 从理念到实践的里程碑。然而，利比亚战争的实际结果却是协助反政府武装颠覆了原有的政权，甚至一度恶化了人道主义灾难，利比亚重建之路漫长而艰难。由此引起国际社会对 R2P 的深刻反思和质疑，一定程度上制约

---

① 参见联合国大会决议 A/RES/60/251，联合国官方网站：http://www.un.org/zh/ga/documents/symbol.shtml。

② 参见潘基文《履行保护责任》，联合国报告 A/63/677，联合国官方网站：http://www.un.org/zh/ga/documents/symbol.shtml。

了叙利亚危机后联合国同样依据 R2P 原则采取有效行动。

综上，在联合国的推动下，冷战结束后国际人权保护的内涵得到了充分扩展，人道主义干预、R2P 等理念在全球范围内广泛传播。人权在联合国体系中的地位越来越重要，与安全、发展并列成为联合国工作的三大支柱。美国学者杰克·唐纳利将人权制度的规范强度分为四种类型：声明型、发展型、实施型、强制型。[①] 如果说冷战时期国际人权制度中的内容停留在声明型和发展型的程度，缺乏约束力，那么，冷战结束后的国际人权制度不仅提高了实施能力，而且开始具备越来越显著的强制能力。这种变化一方面有利于推进全球范围内的国际人权保护，另一方面在理论和实践层面都引发了围绕人权和主权关系的争论，加剧了国际关系中的分歧和不确定性。

3. 人权的国际保护与国家主权原则的关系

"人权到目前的发展非常生动地表明了国家主权和国际人权保护之间的紧张关系。"[②] 在法律层面，国家主权原则是现行国际法的基本原则；在现实的国际社会中，国家主权原则是国际关系的基石。这一原则得到了《联合国宪章》、其他国际法文件以及国际人权文书的反复确认，得到了国际社会和世界各国的普遍承认。主权国家拥有独立处理其内外事务的最高权力，除了受到其自愿承担的国际义务约束外，不受任何其他国家、国家集团或国际组织的非法限制。人权的国际保护，传统上"是指国家按照国际法，通过条约，承担国际义务，对实现基本人权的某些方面进行合作与保证，并对侵犯这种权利的行为加以防止与惩治"。[③] 其法律基础是国家通过参加相关国际条约而承担国际义务，在国际人权领域进行国际合作。当前的国际人权制度是以政府间国际组织为依托的，无论是联合国的人权机构、国际人权公约的执行机构还是区域性组织的人权机构，绝大多数仍然是政府间的合作方式，充分体现了对国家主权原则的尊重。

然而，冷战结束后，尤其是进入 21 世纪以来，国际人权制度的地位日益提高，加之 R2P 理念的确立和传播，逐步突破传统的国际人权保护的范畴，对国家主权原则构成了很大的冲击。今天，当一个国家出现大规模人道主义灾难时，国际社会有理由不再袖手旁观，但是，R2P 只是提供了联合国进行国际干涉的依据，在具体的行动中，如何确定国际干涉的程度和规

---

① 参见 Jack Donnelly，"International Human Rights：A Regime Analysis"，*International Organization*，Vol. 40，No. 3，Autumn 1986，pp. 599 – 642。

② 〔奥〕曼弗雷德·诺瓦克：《国际人权制度导论》，第 32 页。

③ 王铁崖主编《国际法》，法律出版社，1995，第 261 页。

模？如何确保国际干涉的公正性？如何保障国际干涉的有效性？2011年的利比亚战争中，安理会1973号决议要求采取一切必要行动设立禁飞区以停止利比亚国内的暴力活动，从而达到保护平民的目的，并未要求卡扎菲政府下台。但是，在利比亚政府宣布停火并接受禁飞决议后，北约仍然继续对利比亚实施空袭，其军事行动的目标是打击卡扎菲政府控制的地盘和军事力量，为反对派创造条件从弱变强，导致利比亚内战规模迅速扩大，平民死伤人数大幅上升，最终协助反对派代表利比亚全国过渡委员会取代了卡扎菲政府。这样的行动在事实上已经超越了安理会决议的授权，背离了保护人民的初衷，帮助反对派推翻政府则在国际关系中开了一个危险的先例。由此可见，R2P理念下人权的国际保护虽然已经达成了一定的共识，但在实践中尚需完善，亟须与国家主权原则、不干涉内政原则等国际法基本原则之间达成某种平衡。西方国家在这一问题上极力宣扬"人权无国界""人权高于主权"，片面坚持人权是一种普世价值，无视世界上不同历史文化背景、不同政治经济制度的国家之间的多样性和差异性。发展中国家在国际关系中处于弱势地位，没有国家主权原则的屏障，强权政治和干涉主义就会盛行。而且，在那些尚不发达的国家，人们对政治、经济、文化、社会等普世人权理想的追求与国家的实际发展水平严重不符，容易诱发主权国家的内部矛盾，甚至导致国家内乱。因此，发展中国家强调人权的国际保护应该以尊重国家主权原则为前提。否则，人权的国际保护就会被滥用，沦为干涉他国的借口，不仅无法真正地保护人权，反而将人权与主权对立起来，加剧了国家间的矛盾和冲突。

人权和主权不是对立关系，而是"相辅相成，互为表里，若无主权支撑，人权也将失去依托，主权之中若无人权，主权也就失去存在的意义"。①一方面，主权国家是主导国际社会运作的基本力量，国家主权原则是国际关系和国际法的基础。个人的具体权利能否得到保护首先取决于自己所在的国家，是通过一个国家的国内法体系来实现的。"各国在政治、经济、社会和文化的发展方面，在国家的价值体系中给予个人和人权的地位方面，都有极大的差别；各国对关于在本国或其他地方如何促进人权的认识有所不同，对这一切如何影响他们的国家利益和与其他国家关系的认识亦有所不同。"② 国际人权制度与国内人权制度是平行的，相互之间是相互补充和

① 黎尔平：《从国家主权到人民主权：三十年来中国主权与人权互动关系研究》，《学术界》2012年第9期，第225页。

② 〔美〕路易斯·亨金：《权利的时代》，第33页。

促进的关系。国际人权制度的作用主要表现在：监督、推动主权国家更好地履行国际人权义务；促进采取对大规模侵犯人权行为的解决办法；推广国际人权观念的教育和普及，培养、提高尊重人权的意识；等等。国际人权制度的运作，必须通过主权国家来完成。国家如果丧失了主权，人权的保护也就无从谈起。帝国主义殖民时期，主权独立与平等原则仅限于西方发达国家之间，殖民地半殖民地国家的主权得不到承认，个人的人权也就无法得到保障，这正是发展中国家在国际关系中坚持主权原则立场的内在原因。犹太民族曾经遭受苦难、迫害长达18个世纪，直至1948年以色列国建立，犹太人的人权才真正得到了保障，充分表明个人权利获得承认只能是在该民族所建立的国家获得主权之后。[①] 另一方面，人权已经成为全人类普遍认可的理念，国际关系的现实以及人类文明发展的水平决定了不允许存在无视人权的国家主权，当今世界上任何国家都不能否定人权，践踏人权。"应该怎样对待那些遭受政府残酷压迫的陌生人"[②] 已经成为国际社会关注的焦点问题。一个充分尊重人权，努力保障人权的国家，才能促进人民积极参与国家建设，提高主权国家的国际地位，才能更加顺利地行使自己的主权。一个采取积极态度参与国际人权制度的国家，才能在国际社会中赢得尊重，为改善整体的国际人权状况创造条件，为提高全人类的基本人权水平贡献力量。一个肆意践踏人权、公然违背国际人权制度的国家，必然遭到其他国家的谴责甚至制裁，必定削弱其主权国家的地位和影响。面对一个不愿或无力采取措施保护人民免遭人道主义灾难的国家，国际社会有责任在联合国的框架内采取保护行动，从而帮助目标国重建或加强其保护人民的主权职能。总之，主权是人权的基础，不存在超越国家主权之上的人权，同时，也不存在没有人权的主权，主权和人权是相互依存、相互促进的。

如何在推进人权的国际保护进程中尊重国家主权原则，是当今国际人权制度尚未妥善解决的难题。如前所述，抛开主权国家的、片面的国际人权保护是不现实的。人权和主权隶属于不同的价值范畴，人权是个体和集体的权利，主权是整体的最高权力。个体权利和集体权利的实现，在很大程度上是主权国家立法和司法实践的结果，国家参与国际人权制度所承担的义务，要

---

① 参见管华《无主权者无人权——犹太人获得权利的历史》，《人权》2011年第2期，第44—46页。

② 〔英〕尼古拉斯·惠勒：《拯救陌生人——国际社会中的人道主义干涉》，张德生译，中央编译出版社，2011，第1页。

通过国内立法的方式转化为国内法规范来实现。无论是在法理上还是在现实中，国家主权并非绝对不受限制，之所以强调对国家主权原则的尊重，原因在于国家主权原则是国际关系的基石，是国家不论大小、强弱、贫富一律平等的保障。国际人权制度并非凌驾于主权国家之上的超国家权威，在国家间实力和利益存在着巨大差异的国际社会中，只有坚持国家主权原则不容侵犯，才能避免弱肉强食的发生，防止大国、强国、富国以人权为借口干涉他国内政。事实上，国际关系中人权和主权的争论焦点不是理论层次，更多的是政治分歧的反映。用人权否定主权，从根本上违背了国际人权保护应遵循的基本原则，直接削弱国际人权制度的运作和影响力。因此，推进国际人权制度的完善，就应尽力减少政治因素对人权问题的干扰，在人权保护的国际合作中秉持互相尊重、互相促进、取长补短的原则，通过平等对话，增进了解和共识，尊重每个国家根据本国国情制定保护人权政策的权利，切实改善人权状况。面对有争议的国际人权问题，各国应以国际人权制度的基本原则、规范为依据，优先通过对话、协商的方式，在联合国以及区域性国际人权制度框架内寻求解决。人权是时代发展的产物，时代的演变决定人权的内涵总是不断地深化、扩大，经济发展和社会进步推动了人权状况的日益改善，同时也强化了主权国家履行其职责的能力。正如英国学者文森特指出的那样，人权不应该被视为对主权国家体系的挑战，而是应该被认为增强了这一体系的合法性，人权巩固了国家而非超越了国家。① 尽管人权的国际保护与国家主权原则之间不可避免地存在冲突，但两者之间无疑存在着在冲突中找到平衡并实现和谐共存的必要性与可能性。

二　中国对国际人权制度的参与

对中国来说，"人权"这一概念是舶来品。古代中国传统文化体系中的"民贵君轻""天下大同"等思想，包含人本主义因素的萌芽，但由于时代的局限性，不可能提出"人权"的概念或命题。到了近代，1840年后中国一步一步沦为半殖民地半封建社会，一个丧失主权的国家，就没有个人的人权。中国人民为争取国家的独立、人民的生存和发展进行了不屈不挠的斗争，这既是政治、经济上的救亡图存，也是文化、思想上的觉醒与启蒙。"自由""民主""人权"等概念，在反对封建专制制度、反对帝国主义压

① 参见 R. J. 文森特《人权与国际关系》，凌迪等译，知识出版社，1998，第216页。

迫的背景下进入中国，对人权理念在中国本土化的发展打下了深刻的烙印。1949 年新中国的成立，从根本上改变了旧中国的人权状况，逐步发展出一条具有中国特色的人权建设道路。特别是在改革开放以来，中国的人权建设取得了巨大的成就。2004 年，"国家尊重和保障人权"被写入《宪法第 4 修正案》，"人权"正式上升为一项宪法原则，一个具有中国特色的人权体制已经初具规模。

1. 中国国内人权建设的轨迹

新中国的成立开辟了中国人权建设的新纪元。《中国人民政治协商会议共同纲领》确定了国家政权机关的组织形式及其保障人权的原则，具有临时宪法的性质。纲领宣布："中国人民由被压迫的地位变成为新社会新国家的主人"；"中华人民共和国人民依法有选举权和被选举权"；"有思想、言论、集会、结社、通讯、人身、居住、迁徙、宗教信仰及示威游行的自由权"；"妇女在政治的、经济的、文化教育的、社会的生活各方面，均有与男子平等的权利。实行男女婚姻自由"；"境内各民族均有平等的权利和义务"[①]；等等。纲领没有列举人民的经济、社会、文化权利，但通过有关的政策规定体现了这些权利的保障。

1954 年 9 月召开的第一届全国人民代表大会上诞生了新中国第一部宪法，宪法第三章专门规定了公民的基本权利和义务，以正式的法律形式确定了中国人民拥有的各项权利。在《共同纲领》的基础上，1954 年宪法增加列举了经济、社会、文化权利的具体内容以及保障实现权利的具体措施，反映出中国人权建设的国情和特点。但是，受到 20 世纪 50 年代冷战对峙背景的影响，加之新政府缺乏相关立法经验，1954 年宪法在一些具体实施条款中借鉴了苏联的做法，包含着潜在的容易被曲解的错误内容，到 50 年代后期"左"倾思潮逐渐泛滥，1954 年宪法人权体制的保障效力被大大削弱，其在"文化大革命"中更是沦为一纸空文。1975 年 1 月，第四届全国人大一次会议制定了新的宪法，关于人权保障的内容和措施比 1954 年宪法有了明显的倒退，甚至包含违背人权保护精神的条款。因此，有学者认为，"从1957 年党内出现'左倾'错误以后直到 1978 年，在我国基本不存在人权保障制度，有关人权的内容虽散见在一些法律、政策文件中，但已规定的人权也没有条件去实现，这一时期可以说是新中国成立以后我国人权保障制

---

① 参见陈扬勇《建设新中国的蓝图》，社会科学文献出版社，2013，第 357—358 页。

度发展史上的空白"。①

1978 年 3 月，第五届全国人大一次会议制定了新中国成立以来的第三部宪法，正值"文革"结束后清除"左"倾思潮、恢复民主与法制的过渡时期，这部宪法在内容上基本恢复了 1954 年宪法，但由于拨乱反正工作正在进行，"左"倾路线的痕迹并未完全清除。随着十一届三中全会召开后改革开放新时代的到来，1978 年宪法严重滞后于中国人权事业和国家建设的需要。1982 年 12 月，第五届全国人大五次会议通过了全新的宪法，明确宣布一切权力属于人民，在第二章中对公民的基本权利和义务进行了列举，全面涵盖人权的基本内容和实现权利的措施，尤其强调了法制的原则，强调了对个人财产权的保护，新增了公民人格尊严不受侵犯等条款。② 1982 年宪法确立起中国人权体制的基本框架，标志着中国的人权建设在经历了 20 多年的曲折后走上了制度化的道路。

20 世纪 80 年代末 90 年代初，冷战走向终结，摆脱两极格局禁锢的人权问题逐步成为国际关系中的热点，国家间围绕人权议题的争论上升。1991 年 11 月，为了驳斥一些西方国家对中国的无理指责，"理直气壮地宣传中国关于人权、民主、自由的观点和维护人权、实行民主的真实情况"③，中国首次以人权为主题发布了《中国人权状况》白皮书。白皮书全面概括了中国在政治、经济、社会和文化诸领域的保障制度及其实践，阐述了中国的人权主张和观点，指出："中国人民从自己的历史和国情出发，根据长时期实践的经验，对人权问题形成了自己的观点，并制定了相应的法律和政策。"④ 白皮书没有回避中国人权制度和实践中的薄弱环节，承认"中国在维护和发展人权的实践中，也发生过种种挫折。现在，虽然在维护和促进人权上已取得了巨大的成就，但是还存在许多有待完善的地方。继续促进人权的发展，努力达到中国社会主义所要求的实现充分人权的崇高目标，仍然是中国人民和政府的一项长期的历史任务"。⑤ 白皮书的发表是中国人权事业发展的里程碑，为中国参与国际人权活动打开了局面。

此后，人权建设和人权保障在中国取得了显著进展。1997 年 9 月，中

---

① 胡锦光、韩大元：《当代人权保障制度》，中国政法大学出版社，1993，第 300 页。
② 参见张震《1982 年宪法与人权保障》，法律出版社，2012，第 12—15 页。
③ 李君如：《中国人权事业发展报告》，社会科学文献出版社，2011，第 19 页。
④ 国务院新闻办公室编《中国的人权状况》，《人民日报》，1991 - 11 - 02，第 5 版。
⑤ 国务院新闻办公室编《中国的人权状况》，《人民日报》，1991 - 11 - 02，第 5 版。

共十五大召开，"人权"这一概念首次被写入党的主题报告。进入 21 世纪，中国的经济社会生活发生了一系列重要变化，人权的内涵也被寄予了更高的期望。2003 年，中共十六届三中全会正式提出"以人为本"的科学发展观，强调把人放在执政理念的中心地位，2004 年 3 月，全国人大通过宪法修正案，将"国家尊重和保障人权"正式写入宪法第二章公民基本权利和义务第一条的显著位置，打破了之前宪法中一直没有使用"人权"这一概念的局限，使尊重和保障人权上升为国家意志，从而推动中国人权建设的全面发展，具有里程碑式的意义。宋代王安石有云："立善法于天下，则天下治；立善法于一国，则一国治。"人权入宪从制度上切实保证公民的政治权利、经济权利、社会权利和文化权利，有利于加强对公民权利的全面保护。随后，"尊重与保护人权"先后被明确写入《民事诉讼法》《刑法》《刑事诉讼法》等，一些与人权密切相关的法律法规得以制定，如《食品安全法》《循环经济促进法》等。2011 年，有中国特色的社会主义法律体系宣告建成①，意味着中国的人权法律建设也已基本建成。

　与法律建设相适应，中国以制订、实施人权行动计划的方式将法律原则落实到具体的政策措施中，将尊重和保障人权纳入国家规划。2009 年 4 月，国务院新闻办公室发布了《国家人权行动计划（2009—2010 年）》，从加强民主法治、完善政府职能、提高公民权利与政治权利保障水平、改善民生、开展多种形式的人权教育等方面规划了中国人权事业发展的具体目标和措施。在为期两年的目标任务全面完成的基础上，2012 年 6 月，国务院新闻办公室再度发布了《国家人权行动计划（2012—2015 年）》。与 2009 年版相比，2012 年版在实施目标上更加清晰，将实施保障人权与开展人权教育并重、普遍权利保障与特定权利保障并重、人权保障的国内实践与国际合作并重②，在内容上将"实施和监督"单列成章，增添了国家人权行动计划联席会议负责的一套监督和评估机制，以及公众参与和新闻媒体的宣传监督机制，显示出在监督机制设计上的进步，中国的人权建设进入持续、全面、有计划的新阶段。2012 年 11 月召开的中共十八大报告贯穿着以人为本的科学发展观，总结了近年来中国人权建设的新发展，将"尊重和保障

---

① 《吴邦国在十一届全国人大四次会议上作的常委会工作报告》，《人民日报》，2011 - 03 - 10，第 2 版。

② 参见赵树坤《从两项〈中国人权行动计划〉看人权实践在中国》，《现代法学》2013 年第 3 期，第 19—20 页。

人权"作为全面建成小康社会和全面深化改革开放的重要目标①，进一步丰富了中国的人权理论。

梳理中国人权政策不断发展的脉络，可以看到，中国的人权建设是与改革开放后中国的经济社会转型基本同步的。正是在经济体制改革的带动下，人权的理念、价值、内涵在中国发生了重大的变化，人权意识在公民中得到普及，个体的权利意识日趋强化。中国经济实力的大幅提高和社会的显著进步是人权发展的助推器，使中国具备了更强的保障人权的资源和能力，推动人权保护的制度化和法治化水平的提升。但中国仍是一个发展中的大国，尽管经济总量已经是世界第二，人均水平却很落后，贫困人口的数量巨大，社会福利水平与世界先进国家相比仍然很低，因此，保障最基本的生存权和发展权在很长时间内仍将是中国首要的基本人权。人权的进步并非朝夕之间，中国人权保护制度中的局限和问题同样不容忽视，"一些与原来政治体制中的不民主环节相伴生的老的人权问题仍然存在，伴随经济社会改革的推进又有很多新的人权问题不断出现，人权问题呈现出新旧交叠、层出不穷的复杂状态"②。继续促进人权的发展，渐进推动人权建设，仍是中国政府面临的一项长期任务。

2. 中国参与国际人权制度的进程

如前所述，近代以来中国的人权意识是将西方的人权理念与中国的实际结合起来的产物。新中国成立后的人权建设成就既是国内政治经济社会进步造就的，也是在对国际人权制度的参与和互动中逐步发展起来的。

经历了第二次世界大战战胜德意日法西斯的艰难历程，中国为联合国成立初期国际人权制度的初创发挥了积极的推动作用，倍加珍惜得之不易的民族独立权与平等权。面对战后风起云涌的民族解放运动浪潮和建构中以联合国为中心的国际人权制度，中国采取了积极支持和参与的立场。早在1955年4月，中国出席了亚非万隆会议，以实际行动倡导发展中国家共同的人权主张，对会议的成功召开做出了突出贡献。万隆会议通过的《最后公报》中承诺支持《联合国宪章》所提出的人权的基本原则，尊重基本人权。但是，直到20世纪70年代初，由于新中国未能恢复在联合国的合法席位，对外交往空间相对狭小，参与国际人权活动少。中国对国际人权问

---

① 《坚定不移沿着中国特色社会主义道路前进 为全面建成小康社会而奋斗——在中国共产党第十八次全国代表大会上的报告》（2012年11月8日），《人民日报》，2012-11-18，第1版。

② 董和平：《关于中国人权保障问题的若干思考》，《法学》2012年第9期，第93页。

题的关注，集中在于支持第三世界国家反帝、反殖和争取民族独立，对西方国家主导的片面强调公民权利和政治权利的人权理念形成了冲击。

1971 年中国恢复在联合国的席位之后，开始了解并适应联合国内国际人权制度的运作，在联合国这个舞台上继续支持民族独立国家反对霸权主义，支持发展中国家建立新的国际经济秩序的主张。同时，中国派团出席了联大和经社理事会有关人权的各种会议，以发展中国家的立场阐述对国际人权问题的看法，积累参与国际人权活动的经验。

实行改革开放后，中国更加积极地参与国际人权活动，在联合国的人权机构中日益活跃。1980 年，中国正式当选为联合国人权委员会的成员国，并在此后一直保持连任。1986 年，中国外长吴学谦在第 41 届联大的一般性辩论发言中，谈到《公民权利和政治权利国际公约》和《经济社会和文化权利国际公约》通过 20 周年时，指出：“这两个公约体现了《联合国宪章》关于尊重人权的宗旨和原则，有着积极的意义。我国政府一贯支持宪章的这一原则。”① 1988 年 9 月，中国外长钱其琛在第 43 届联大上发言指出：“《世界人权宣言》虽然存在着历史的局限性，但对战后的国际人权活动的发展产生了深远的影响，起了积极的作用。”② 中国的立场表明，这一时期中国对国际人权制度的认可程度大幅提高。除了积极参与起草有关国际人权制度的国际条约之外，中国在 20 世纪 80 年代还签署、加入了许多国际人权公约，并且接受相关国际人权制度的规范和约束。80 年代末 90 年代初发生的政治风波以及苏东的剧变，对中国的国际环境产生了重大冲击，中国在人权事务中遭遇到的国际压力猛增。为了应对某些对中国人权状况进行恶意指责和攻击的国际舆论，中国主动加强了与国际社会在人权事务中的交流。1991 年 9 月中旬，李鹏总理在会见欧洲代表团时指出：“你们不要以为中国害怕讨论人权问题，恰恰相反，中国愿意就人权问题同其他国家进行平等的讨论，对此我们是理直气壮的。”③ 同年 11 月，国务院新闻办公室以多种文字发表了题为《中国的人权状况》的白皮书，中国就此着手构建国际人权问题上的话语权。

整个 20 世纪 90 年代，人权问题成为国际舞台上的焦点问题。一方面，伴随着经济全球化浪潮和中国的迅速发展，源自西方的国际人权理念全面进入中国的政治、经济和社会生活，为适应国际社会通行的国际人权标准，中国主动调整、纠正了国内一些有悖于国际人权保护的制度和做法。诸如

①　《吴学谦外长在联大会议上发言》，《人民日报》，1986 - 09 - 25，第 6 版。
②　《钱其琛外长在联大发言》，《人民日报》，1988 - 09 - 29，第 6 版。
③　转引自金同小《1991：中国首部人权白皮书》，《四川党的建设》2012 年第 3 期，第 59 页。

监狱罪犯的人权保护、禁止酷刑等，都是中国主动适应联合国相关国际公约标准所做出的调整。1997 年年底，中国正式签署了《经济社会和文化权利国际公约》，人大常委会 2001 年 2 月批准了这一公约。1998 年年底，中国签署了《公民权利和政治权利国际公约》，显示出中国履行国际人权义务的决心，以及对于保障中国人民享有公民、政治、经济、社会和文化权利的信心。另一方面，两极格局解体后，西方国家受苏联东欧剧变的鼓舞，继续以人权为手段干涉发展中国家的内政，国际人权斗争日趋尖锐化，转化为一场强权政治与反强权政治、干涉与反干涉的国际政治斗争。这场交锋中，面对西方国家的不断发难，击退对中国内政的干涉成为这期间中国外交的重大挑战。从 1990 年到 2004 年，在一年一度的联合国人权委员会会议上，美国联合其他一些国家 11 次提出谴责中国人权状况的议案。中国本着"冷静观察""稳住阵脚""沉着应付"的方针，挫败了美国的图谋，并且在十几年的人权较量中积累了丰富的斗争经验，逐渐变被动为主动，在坚持反对干涉的立场基础上增加了倡导对话、增进共识的主张。

进入 21 世纪以来，中国"一如既往地积极参与国际人权领域的活动，广泛开展对外合作与交流，为促进国际人权事业的健康发展做出自己应有的贡献"。① 伴随着国际地位大幅提升，中国与国际人权制度的互动更加频繁。2006 年联合国人权理事会成立后，中国分别于 2006 年 5 月和 2009 年 5 月连续两次当选为人权理事会成员国。依照人权理事会规则，一个国家连续当选成员国不能超过两届，因此，中国在 2012 年任期届满后暂时卸任。仅仅一年后的 2013 年 11 月 12 日，第 68 届联大改选人权理事会成员，中国获得 176 票支持，再次高票当选。这既表明中国参与国际人权事务的积极态度，也反映出国际社会对中国参与的充分肯定。在人权理事会的工作中，中国除了建设性地参与联合国人权事务的审议和讨论，还以认真的态度接受人权理事会对中国人权状况的审查。2009 年 2 月，中国接受了人权理事会普遍定期审议制度设立以来的首轮国别人权审查，接受了各国提出的共42 条建议。2013 年 10 月，中国顺利通过了人权理事会第二轮普遍定期审议，接受了各国提出的 204 条建议，占 252 条建议总数的 81%，涉及减贫、教育、司法改革等 20 多个领域，显示出中国开放、积极的态度。② 与此同时，中国积极参与国际人权文书及有关规则的制定工作，高度重视国际人

---

① 国务院新闻办公室编《2000 年中国人权事业的进展》，《人民日报》，2001 - 05 - 09，第 6 版。

② 参见《中国接受第二轮国别人权审查的报告获联合国人权理事会核可》，2014 年 3 月 21 日，中华人民共和国外交部网站：http://www.fmprc.gov.cn/mfa_chn/wjbxw_602253/t1139451.shtml。

权公约的履约工作。如表 4-1 所示，截至 2015 年年底，中国已经正式加入和批准了 27 个国际人权公约。其中，有 5 个公约规定缔约国须定期提交履约报告，即：《经济、社会和文化权利国际公约》《消除一切形式种族歧视国际公约》《消除对妇女一切形式歧视公约》《禁止酷刑和其他残忍、不人道和有辱人格的待遇或处罚公约》及《儿童权利公约》，中国一贯按照规定提交有关公约执行情况的报告，认真履行自己所承担的国际义务。对于国际刑事法院 2002 年开始运行后对个人进行起诉、审判的工作，中国总体上持支持态度，认可其对国家消除有罪不罚具有补充作用，强调国际刑事法院"确保其维护司法正义的努力有利于促进和平，避免影响有关国家或地区局势和政治解决进程，确保其工作真正服务于当地人民的福祉"。① 此外，中国对国际人权制度的参与还体现在广泛开展与其他国家之间的双边和多边人权对话。在平等和相互尊重的基础上，本着"求同存异""和而不同"的原则，中国与世界上许多国家、地区建立起了人权对话机制。通过制度性的人权对话，增进与不同人权立场国家之间的沟通和了解，共同推进国际人权事业的进步。

表 4-1　中国批准的国际人权公约

编号	公约名称	签署＼批准时间
1	《改善战地武装部队伤者病者境遇之日内瓦公约》	1956 年 12 月 28 日交存批准书。1957 年 5 月 28 日对中国生效。
2	《改善海上武装部队伤者病者及遇船难者境遇之日内瓦公约》	1956 年 12 月 28 日交存批准书。1957 年 5 月 28 日对中国生效。
3	《关于战俘待遇之日内瓦公约》	1956 年 12 月 28 日交存批准书。1957 年 12 月 28 日对中国生效。
4	《关于战时保护平民之日内瓦公约》	1956 年 12 月 28 日交存批准书。1957 年 12 月 28 日对中国生效。
5	《消除对妇女一切形式歧视公约》	1980 年 7 月 17 日签署。1980 年 11 月 4 日交存批准书。
6	《消除一切形式种族歧视国际公约》	1981 年 12 月 29 日加入。1982 年 2 月 28 日对中国生效。
7	《关于难民地位的公约》	1982 年 9 月 24 日交存加入书。1982 年 12 月 23 日对中国生效。
8	《关于难民地位议定书》	1982 年 9 月 24 日加入，同日对中国生效。

① 《中国代表在联大全会阐述对国际刑事法院的立场》，2013 年 11 月 4 日，中华人民共和国外交部网站：http://www.fmprc.gov.cn/mfa_chn/wjbxw_602253/t1095440.shtml。

续表

编号	公约名称	签署\批准时间
9	《1949 年 8 月 12 日日内瓦的公约关于保护国际性武装冲突受难者的附加议定书》（第一议定书）	1983 年 9 月 14 日加入，1984 年 3 月 14 日对中国生效。
10	《1949 年 8 月 12 日日内瓦的公约关于保护非国际性武装冲突受难者的附加议定书》（第二议定书）	1983 年 9 月 14 日加入，1984 年 3 月 14 日对中国生效。
11	《防止及惩治灭绝种族罪公约》	1983 年 3 月 5 日批准，1983 年 7 月 17 日对中国生效。
12	《禁止并惩治种族隔离罪行国际公约》	1983 年 4 月 18 日加入，1983 年 5 月 18 日对中国生效。
13	《禁止酷刑和其他残忍、不人道或有辱人格的待遇或处罚公约》	1986 年 12 月 12 日签署。1988 年 9 月 5 日批准，1988 年 11 月 3 日对中国生效。
14	《反对体育领域种族隔离国际公约》	1987 年 10 月 21 日签署。1988 年 4 月 3 日对中国生效。
15	《残疾人职业康复与就业公约》	1987 年 9 月 5 日批准，1990 年 11 月 2 日对中国生效
16	《男女工人同工同酬公约》	1990 年 9 月 7 日批准，1990 年 11 月 2 日对中国生效。
17	《联合国儿童权利公约》	1990 年 8 月 29 日签署。1992 年 1 月 31 日批准，1992 年 4 月 2 日对中国生效。
18	《经济、社会及文化权利国际公约》	1997 年 10 月签署。2001 年 3 月 27 日批准，2001 年 6 月 27 日对中国生效。
19	《就业政策公约》	1997 年 12 月 17 日交存批准书，1998 年 12 月 17 日对中国生效。
20	《最低就业年龄公约》	1998 年 12 月 29 日批准。
21	《禁止和立即行动消除最恶劣形式的童工劳动公约》	2002 年 8 月 8 日交存批准书；2003 年 8 月 8 日对中国生效。
22	《〈儿童权利公约〉关于儿童卷入武装冲突问题的任择议定书》	2001 年 3 月 15 日签署。2007 年 12 月 29 日批准；1992 年 4 月 2 日对中国生效。
23	《〈儿童权利公约〉关于买卖儿童、儿童卖淫和儿童色情制品问题的任择议定书》	2002 年 9 月 6 日签署。2002 年 12 月 3 日交存批准书；2003 年 1 月 3 日对中国生效。
24	《禁止和立即行动消除最有害的童工形式公约》	2002 年 6 月 29 日批准。2002 年 8 月 8 日交存批准书，2003 年 8 月 8 日对中国生效。
25	《消除就业和职业歧视公约》	2005 年 8 月 28 日批准。
26	《残疾人权利国际公约》	2007 年 3 月 30 日签署。2008 年 6 月 26 日批准，2008 年 5 月 3 日对中国生效。

编号	公约名称	签署＼批准时间
27	《〈联合国打击跨国有组织犯罪公约〉关于预防、禁止和惩治贩运人口特别是妇女和儿童行为的补充议定书》	2009 年 12 月 26 日批准。

资料来源：根据中国外交部网站发布的中国参加的条约文件整理而成。

3. 中国在国际人权问题上的基本立场

自从《联合国宪章》把促进人权作为联合国的宗旨之一，人权的思想就逐步扩展到国际关系的各个领域。世界各国不仅关注本国国民以及居住在其他国家的本国国民所受到的待遇状况，而且还关注其他国家政府对其公民的待遇状况。"人权不仅被看做一个国家政治制度民主化的标准之一，而且越来越被看做国际环境稳定问题的一部分。国际和国内的稳定常常互为条件，这使得越来越多的国家从国际稳定的角度来看待人权问题。"[1] 与西方国家相比，中国将人权引入国际关系领域起步较晚，在国际人权较量中捍卫自身的利益，在实践中逐渐变被动为主动，积累了丰富经验，不断完善自己的人权主张，形成了一整套理论体系。

长期以来，中国坚持人权问题本质上是属于主权国家管辖的事务，同时，"中国尊重人权的普遍性原则，认为各国均有义务按照《联合国宪章》的宗旨和原则及《世界人权宣言》、有关国际人权文书的基本精神，结合本国国情，不断采取促进和保护人权的措施。国际社会应同等重视公民政治权利和经济社会文化权利以及发展权的实现，促进个人人权和集体人权的协调发展"。[2] 这一立场，与西方国家在国际人权问题上的立场存在着明显的分歧。

就人权概念的内涵而言，经过联合国和众多国际人权文书的界定，人权国际保护的范围，既包括政治权利，也包括经济、社会、文化权利，既包括个人权利，也包括集体权利。西方国家传统上只认可个人的公民和政治权利，即使随着联合国的发展在一定程度上承认了其他的人权内容，也坚持认为只有个人的公民权利和政治权利才是人权的核心和本质。中国则强调人权概念的全面性，认为"人权是一个完整的概念，既包括个人权利，也包括集体权利，在个人权利中，既包括公民权利和政治权利，也包括经

---

[1] 周琪：《美国人权外交政策》，上海人民出版社，2001，第 502 页。

[2] 《中国向联合国人权理事会提交的〈国家人权报告〉》，《人民日报》，2013 – 09 – 25，第 22 版。

济、社会和文化权利。人权的各个方面互相依存，同等重要，是不可分割、不可或缺的"①。

就人权各项内容的优先性问题：个人权利与集体权利孰先孰后、经济权利和政治权利孰先孰后，中国与西方国家的观点也截然不同。西方国家坚持个人的公民权利和政治自由应该首先得到关注和保护。中国认为，国家的、集体的权利是个人权利的基本前提，国家失去主权，个人权利也就不可能得到保障，这是近代中国受剥削、受压迫经历留下的惨痛教训。"在促进人权的轻重缓急上，强调生存权、发展权的首要地位，同时兼顾公民的政治、经济、社会、文化权利和个人、集体权利的全面发展。"②

就人权标准的普遍性和相对性，中国与西方国家也存在巨大争议。客观而言，国际人权法中的原则和规范已经被世界大多数国家接受，国际社会中的确存在着普遍的人权标准。但同时，世界的多样性和不同类型国家之间在政治制度、经济水平和历史文化传统上的巨大的差异，又使人权标准必然具有相对性，因为"权利决不能超出社会的经济结构以及由经济结构制约的社会的文化发展"。③ 西方国家片面强调人权标准的普遍性，将西方国家的人权标准用于衡量所有国家的人权状况。中国则坚持人权是与特定的文化传统、政治制度、经济形态相关联的相对的价值标准，历史和现实的差异决定了人权标准要兼顾普遍性和相对性。国际人权标准不能脱离各个主权国家的国情而被绝对化，主权国家也不能以国情为借口而采取违反那些获得普遍认可的人权标准。

就人权的国际保护与国家保护机制之间的权限划分问题，中国的与西方国家的观点同样存在争议。人权的国际保护对于制止大规模践踏人权的行为发挥着重要的作用，但人权的国际保护能够取代主权国家的人权保障机制吗？冷战结束后随着人权问题的日益突出和全球化进程的加快，西方国家宣扬"人权无国界"的主张，强调人权的国际保护应该超越传统的国家主权。中国则坚持认为，人权的国际保护取代不了主权国家政府保护本国人民所承担的责任。国际人权制度只有被主权国家接受，并由主权国家制定出相应的法律、制度和政策，才能得到落实和保障。归根结底一个国家的人权状况是由本国的社会制度、发展水平和历史文化传统所决定的，国际社会只能从外部帮助、促进、监督、完善主权国家对人权的

---

① 《刘华秋团长在世界人权大会上发言》，《人民日报》，1993－06－17，第6版。
② 国务院新闻办公室编《中国人权发展50年》，《人民日报》，2000－02－18，第3版。
③ 《马克思恩格斯选集》（第3卷），第364页。

保护。

就人权国际保护的实施手段而言，中国历来主张在人权问题上进行平等对话，致力于与世界各国开展人权交流与合作，推动国际社会以公正、客观方式处理人权问题，反对施加压力，不赞成利用人权问题干涉别国内政。对于因种族灭绝罪、战争罪、反人类罪等引发的大规模人道主义灾难，中国支持向处于危难中的人民提供援助和保护，在不得已的情况下也的确存在动用武力强制措施的必要，但是，中国始终坚持认为，武力的使用必须在联合国集体安全的框架中实行，应该防止基于以人道主义保护为目的的武力被滥用。人权问题有着复杂性和特殊性，动辄采取武力的解决方式，不仅无助于问题的解决，反而可能导致局势的进一步恶化和人道主义灾难的加剧。然而，中国的谨慎立场却往往遭到一些西方国家的指责，可以说，从人道主义干涉到"保护的责任"，这些西方国家都倚重武力手段的运用，将其视为国际社会保护人权的责任。殊不知，禁止非法使用武力和不干涉内政是现行国际法和国际关系的基本原则，在国际社会有关人权国际保护的内涵、权限等问题上仍然存有分歧的前提下，武力的滥用不仅不合乎国际法，而且恰恰是不负责任的体现。

上述分歧和争论的根源，一方面源自历史文化传统、社会经济制度及发展阶段不同造成的国家间观念的客观差距，短时间内很难消除；另一方面则是源于不同国家利益基础上的主观立场差异，有着复杂的隐藏在人权背后的安全、政治、经济等现实考量因素。包括中国在内的发展中国家，本来就在冷战结束后人权问题加速全球化的进程中处于弱势地位，而实践中西方国家为维护其战略利益奉行双重标准的做法，表现在：对那些意识形态、社会制度、战略利益不同国家的人权问题大肆抨击；对那些意识形态相同、战略利益紧密相关国家的人权问题则轻描淡写；等等。这些做法更加剧了发展中国家对于人权表象下失去主权屏障的担心。

通过比较可以发现，中国在国际人权问题上的立场贯穿了对国家主权原则的尊重和坚持。中国认为，国家主权原则是现代国际关系的基石，主权国家是国际人权保护机制中最活跃、最具有生命力的组成部分。人权的国际保护并不排斥和否定国家主权，相反，一国对人权的国际保护承担义务并不意味着主权受到损害或是丧失，而是国家行使主权的体现。因此，维护国家主权是实现人权的根本保障，这是中国参与人权国际化进程的基本立足点。

三　中国参与国际人权制度的影响与制约

一个国家在参与国际制度进程中追求的利益可以分为物质性诉求和非物质性诉求，前者包括安全保障、经济收益等，后者包括国家的形象、声誉等。人权产生于人自身固有的尊严，国际人权制度以人性的道德观为基础，能够在国际关系中产生被普遍认可的合法性。因此，尽管中国对国际人权制度的参与仍然存在局限，但冷战结束以来中国的积极参与无疑有助于中国在国际社会中获得更多的合法性资源，从而塑造讲道义、负责任的国家形象，有利于中国和平发展的顺利实现。同时，中国和平发展在人权事业上取得的进步反过来又推动了国际人权制度的进一步完善。

1. 国际人权制度对中国和平发展的促进

一般来说，国际制度进入一国的政治生活，是以该国的立法机构批准相关的国际条约为依据的。正如《维也纳条约法公约》所规定，"凡有效之条约对其各当事国有拘束力，必须由各该国善意履行"。① 当一国批准某项国际条约时，还需要在国内配套进行一系列的立法行动，包括：根据国际条约要求填补法律空白订立新法，修改旧的与国际制度冲突的国内立法，以保证国际制度在国内顺利地得到执行与尊重。具体到国际人权制度，国际人权公约的核心义务是缔约国要在其境内实行公约规定的人权标准，保障人权。各国的人权保障不仅仅是国内问题，也是必须履行的国际责任和义务。自20世纪80年代开始，中国的国内人权建设成就与全面加入国际人权公约就是密切联系的，对国际人权制度的积极参与表明中国承认国际人权保护的责任和义务，并且愿意在人权的国际和国内保护方面与国际社会进行合作。通过参与国际人权活动，中国能够了解国际人权规范，学习其他国家在人权保障方面的经验，并结合中国的情况进行研究。中国的和平发展道路，追求的是"让中国人民过上更好的日子，并为全人类发展进步做出应有贡献。这已经上升为中国的国家意志，转化为国家发展规划和大政方针，落实在中国发展进程的广泛实践中"。② 伴随着中国经济、社会体制和政治体制改革的推进，中国的和平发展产生了一系列权利保障问题，

---

① 《维也纳条约法公约》，参见刘颖、吕国民编《国际法资料选编》，第331页。
② 中华人民共和国国务院新闻办公室：《中国的和平发展》（2011年9月），第9页。

人权理念的扩展已成为推动改革深入、保证社会稳定的重要因素。总体上，中国在逐步参与国际人权制度的进程中，将人权理念与中国的具体国情和传统文化结合起来，形成了与中国改革开放需求相适应的人权保障体制。中国的人权保障水平得到了切实的提高，人权意识在普通民众层面获得显著的增强，人权理念逐步深入中国的政治、经济、社会实践中，对中国的和平发展产生了积极的影响。

　　中国的和平发展"秉持积极有为的国际责任观"[1]，国际人权制度固有的合法性和价值观，有利于中国建构良好的国家形象。国家形象是国际公众和舆论对一个国家的整体印象与综合评价，"它关系到一个国家能否以最小的代价取得最大的政治、经济利益，实现自己的短期和长期目标，影响到一个国家在国际社会中的政治地位、经济参与程度以及凭借自身实力在国际舞台上纵横捭阖的能力"。[2] 由于社会制度和意识形态的差异，中国的国家形象在一些国家长期被误读，某些方面甚至被妖魔化。鉴于国际人权制度的约束力在冷战结束后的国际关系中明显加强，一个国家参与国际人权制度的程度，成为影响国家形象的重要标准。"在当今世界，一个尊重和维护人权的国家，其国家形象积极健康，所形成的软实力会超过自身硬实力所达到的程度。相反，一个漠视和践踏人权的国家，其国际交往的空间有限，很难真正融入国际社会，甚至还有可能遭到国际社会的共同干预。"[3]中国拥有灿烂的古代文明和悠久的人文传统，历史上中国的强大主要是通过文化的同化和辐射来实现的。中国的和平发展，既是政治、经济、科技、军事等硬实力的不断提升，更是民族凝聚力、国家吸引力、国际影响力等软实力的不断加强。中国和平发展的理念主张不同文明和多元文化之间的共存、共融、相互包容，对国际人权制度的参与，有助于中国将传统文化中以人为本的思想与国际社会主流的伦理和价值体系结合起来，逐步塑造公正、民主、进步的国家形象。当然，国家形象归根结底反映的是国家物质文明、精神文明的发展状况，中国现阶段经济发展不平衡、人权保障体制不完善、生态环境形势严峻，决定了国家形象的提升需要一个长期的过程。根据中国外文局对外传播研究中心课题组发布的《中国国家形象全球调查报告2013》：中国作为历史悠久文明古国的身份最受国际民众认可，

---

[1]　中华人民共和国国务院新闻办公室：《中国的和平发展》（2011年9月），第19页。

[2]　傅新：《综合安全与国家形象》，《现代国际关系》2004年第6期，第15页。

[3]　刘波：《人权发展与中国国家软实力建设》，《国际关系学院学报》2012年第1期，第13—14页。

"国际民众能够接受中国制造,但对中国政治普遍缺乏了解,对中国模式的认知尚缺乏共识,社会主义大国形象的塑造仍然任重道远"。① 古语云:"德不孤必有邻",随着中国与国际人权制度日益密切的互动,中国发展的透明度进一步增强,国际社会对中国的认识得到加深,一个负责任的、自信包容的国家形象将在中国和平发展的进程中潜移默化地确立起来。

国际关系的新现实主义理论认为,国家对国际制度的参与主要取决于权力和利益的考虑。国际人权制度的争论实质反映了国家间的利益之争。从这个角度来看,中国对国际人权制度的积极参与,是在国际体系结构性压力下的一种应对,能够在一定程度上减轻崛起进程中受到的遏制。以美国为首的西方国家自20世纪80年代起就将人权问题作为政治筹码对中国施压。1982年美国开始在国别人权报告中攻击中国的人权状况,1984年美国国会开始攻击中国西藏的人权状况,1985年美国国会议员开始指责中国的人口政策。冷战结束后,人权问题政治化趋势突出,美国等西方国家在联合国人权委员会上连续多年以人权为由提出反华议案,虽然每次都以失败而告终,但中国面临着在国际人权问题上维护主权的更为复杂的局面。"中国尽力防止别国对自己主权、内部事务的干涉,同时也认识到人权领域的重要性以及避免斗争失败的必要性,因此,近年中国采取诸如推行人权外交、参与人权论坛、举办人权会议等不同的途径融入国际人权制度来争取主动。"② 就效果而言,中国的积极参与的确引导中国的人权政策从被动走向主动,从消极走向积极,有效地缓解了国际政治压力。

更为重要的是,对国际人权制度的参与,意味着中国将人权作为本国对外关系的有机组成部分进行筹划,意味着中国参与了国际人权领域的较量。中国获得了国际人权领域的发言和行动的机会,从而推动国际人权制度的演变,并在实践中逐步形成具有中国特色的对外人权政策。中国的对外人权政策不同于西方国家的人权外交。从目的上看,中国的对外人权政策是为了反击西方国家的人权攻势,抵御西方国家干涉内政的企图,维护发展中国家的正当权益,推动国际人权事业的进步和发展;西方国家的人权外交则是以人权为对外政策的工具,打着"人权"的旗号向别国施加政治影响、进行意识形态渗透、输出自己政治经济模式和价值观。从手段上

---

① 中国外文局对外传播研究中心课题组:《中国国家形象全球调查报告2013》,《对外传播》2014年第1期,第26页。

② Ann Kent, *China, the United Nations: The Limits of Compliance*, University of Pennsylvania Press, 1999, p. 240.

看，中国的对外人权政策是以和平共处五项原则及国际法基本原则为依据，本着互相尊重、互相谅解、互相平等的态度参与人权活动，宣传人权主张；西方国家的人权外交则把人权同改善政治关系、提供经济援助、进行文化交往联系起来，动辄以政治施压、经济制裁、军事干涉等方式进行干预和威胁。从标准上看，中国的对外人权政策以《联合国宪章》《世界人权宣言》等一系列国际人权文书为衡量国际人权的依据，强调人权的普遍性和特殊性并存，任何国家实现和维护人权的道路，都不能脱离该国的历史和经济、政治、文化的具体国情；西方国家的人权外交则是不顾世界各国情况的千差万别，以自我为中心，以人权法官的面目出现，宣扬所谓"人权无国界"，对别国的人权状况做出评判，采取双重标准，甚至迫使别国按照自己的好恶和标准做出某种改变。由此可见，中国的对外人权政策与西方国家的人权外交有着本质上的区别，它是在与国际人权制度的互动中逐步形成的，是中国和平发展在人权领域的体现。

2. 中国和平发展推动国际人权制度的进步

自从走上和平发展的道路，中国的人权事业取得了有目共睹的巨大成就。"中国积极借鉴人类文明优秀成果，把人权的普遍性原则与中国国情相结合，切实尊重和保障人权，走出了一条中国特色的社会主义人权发展道路。改革开放三十多年来，中国公民的人权意识显著增强，人民的总体生活状况明显改善，经济、社会和文化权利得到全面保障，公民权利与政治权利得到有效加强，少数民族、妇女、儿童、老年人和残疾人的权益得到切实保障，各领域的人权保障在制度化、法制化的轨道上全面推进，国际人权领域交流与合作进一步深化，中国人权事业进入了全面发展的新阶段。"[①] 中国拥有数千年文化积淀，为世界文明贡献了独具特色的精神财富和智慧。作为世界上人口最多的国家，30 多年来中国和平发展的实践极大地提高了国内人权建设的水平，人权意识得到了有史以来最广泛的普及，并以开放态度加强在国际人权领域的交流与合作，这无疑使国际人权制度在全球范围内具有了更加普遍的意义。短短的 30 多年，中国经济急剧增长的同时取得了巨大的人权建设成就，也成为国际人权领域的宝贵财富，丰富了发展中国家推进人权事业进步的经验。以联合国千年发展目标为例，自 2000 年启动以后，千年发展目标已经成为国际社会最全面、最权威、最

---

① 王晨：《中共十八大进一步丰富了中国特色社会主义人权理论》，《人权》2013 年第 1 期，第 2 页。

明确的发展目标体系，成为衡量全球发展进程和各国改善民生状况的重要
标准。中国将实现千年发展目标的努力融入和平发展的进程中，提前完成
了千年发展目标提出的减贫、饥饿人口减半、普及初级教育等半数发展指
标。2014 年，中国的人类发展指数①为 0.727，居世界第 90 位，属于高水平
人类发展指数的国家，高于世界平均水平 0.711，虽然与世界先进国家的指
数相比尚有差距，但纵向而言，比起 1980 年的 0.407 和 1990 年的 0.495，②
中国的发展水平也有大幅提升，这对于世界上头号人口大国来说的确是显
著的进步，其和平发展本身对于国际人权制度所追求的全人类发展事业具
有特殊的意义。正因如此，中国在改善民生、促进人权保障领域有目共睹
的成就得到了国际社会的认可。

如同《中国的和平发展》白皮书中所说："中国把中国人民的利益同世
界各国人民的共同利益结合起来，扩大同各方利益的汇合点，同各国各地
区建立并发展不同领域不同层次的利益共同体，推动实现全人类共同利益，
共享人类文明进步成果。"③ 中国的和平发展，推动了中国国内各项基本人
权得到更好的实现，同时促进了世界范围内人权保障水平的提高。进入 21
世纪后，随着中国国力的增强，中国的对外援助规模迅速扩大，在形式上
包括成套项目、一般物资、技术合作、人力资源开发合作、援外医疗队、
紧急人道主义援助、援外志愿者和债务减免 8 种主要方式④。2005 年印度洋
地震海啸、2006 年印度尼西亚地震、2010 年海地地震等自然灾害发生之际，
以及对阿富汗、南苏丹、叙利亚等遭受战乱的国家，中国都通过人道主义
救援机制，在最短时间内向受害国家提供紧急人道主义援助。中国的发展
援助尤其注重对最不发达国家的援助，用以帮助这些国家加强基础设施建
设，发展公共卫生和公共福利事业。亚洲和非洲作为贫困人口最多的两个
地区，接受了中国 80% 以上的援助。除了双边援助，中国也向联合国和其
他国际经济组织提供用于多边开发援助的资金。2005 年，中国向亚洲开发
银行提供 2000 万美元捐款，建立了"地区减贫基金"，这是亚洲历史上首
只由发展中国家成员出资建立的基金，也是中国在国际经济机构中建立的

---

① 人类发展指数（Human Development Index, HDI）是联合国开发计划署（UNDP）1990 年提出的用以衡量世界各国发展水平的指标。
② 数据引自联合国开发计划署：Human Development Report 2015，参见联合国网站：http://www.undp.org/content/dam/undp/library/corporate/HDR/HDR%202015/HumanDevelopmentReport_EN.pdf。
③ 中华人民共和国国务院新闻办公室：《中国的和平发展》（2011 年 9 月），第 18 页。
④ 参见中华人民共和国国务院新闻办公室《中国的对外援助》，人民出版社，2011，第 9 页。

首只基金。2015 年 9 月习近平主席访问联合国期间，宣布中国在联合国设立南南合作援助基金，首期提供 20 亿美元，支持发展中国家落实 2015 年后发展议程。中国实施的对外援助，在帮助受援国提高经济水平、走上健康发展道路的同时，无疑有助于树立中国维护和平促进发展的国际形象，也有助于传递中国和平发展道路所倡导的平等、公正、正义的价值观念，其根本目的就是实现国际社会的共同发展，这与国际人权制度推进人权建设水平的主张是一致的，大大提升了发展中国家人权保障的水平。

在理论层面，中国的和平发展为丰富国际人权理论做出了不可或缺的贡献。人权是一种具有普遍属性的价值，尽管这一理念到近代才被传入中国，但中国的传统文化中包含着权利思想的萌芽。一旦西方人权理念的普遍性与中国的历史、文化、现实相结合，就产生了具有中国特色的人权观，其要点包括：①人权普遍性的原则必须同各国国情相结合；②人权不仅包括公民、政治权利，而且包括经济、社会、文化权利；不仅包括个人人权，还包括集体人权；③生存权和发展权是首要人权；④人权是权利与义务的统一；⑤稳定是实现人权的前提，发展是实现人权的关键，法治是实现人权的保障；⑥人权在本质上是一国主权范围内的问题；⑦评价一国的人权状况不能割断历史脱离国情；⑧对话与合作是促进国际人权发展的唯一途径。① 中国特色的人权观具有鲜明的发展中国家特性，极大丰富了国际人权制度从"欧美中心"走向国际化、全球化的内涵。人权一度被视为西方的专利，欧美国家主导了人权观念和制度设计。二战结束后，人权意识在国际社会得到了广泛传播，大量民族独立国家获得了主权地位并积极参与了人权国际化的进程。当新兴民族独立国家作为整体的力量登上国际政治舞台，意味着西方人权观念不再是人权国际化的唯一来源。对民族自决权的保障、集体权利和个人权利的相互补充、权利和义务的相辅相成、对发展权的确认等新的人权保障规范的提出，是发展中国家的人权主张在国际人权制度中的体现。这一进程中，中国作为最大的发展中国家，其立场和主张发挥了重要的作用。中国一贯坚持人权概念的完整性，认为人权是包括公民、政治、经济、社会、文化权利的统一体，是个人人权和集体人权的统一体。在 1991 年发布的《中国的人权状况》白皮书中，中国提出生存权是首要人权，"对于一个国家和民族来说，人权首先是人民的生存权。没有

---

① 参见《中国当代人权思想》，中国人权网，http://www.humanrights.cn/cn/rqlt/rqll/zgddrqsx/index.htm。

生存权,其他一切人权均无从谈起"。① 中国还将生存权与发展权相联系,确认为最基本的人权。中国有关人权理论的阐述对许多发展中国家产生了深刻影响,推动联合国主导下国际人权制度的内涵更加全面,表现出更加明显的普遍性和包容性。"人权所蕴含的价值理念、概念内涵、目标取向、社会影响都逐渐超越了西方的狭隘视野,融入了人类社会共同的精神追求和进步理想。"②

中国与国际人权制度的关系经历了一个复杂的演变过程。国际人权制度作为规范性力量,在一定程度上改变、塑造了中国在国际人权领域的行为方式。而在全球化趋势蔓延的今天,中国的和平发展对于国际人权制度的进一步演变有着特别重要的意义。中国对国际人权制度的参与,实际上就是参与了国际人权领域的合作与较量。和平发展的道路增强了中国在物质层面和精神层面参与国际制度的实力,提高了运用实力对现存国际人权制度施加影响的能力。与西方国家相比,中国在国际人权领域的主张更多体现发展中国家的利益,得到世界上大多数发展中国家的认同和支持,将为发展中国家争取话语权、构建更为合理公正的国际人权制度发挥建设性作用。

3. 中国参与国际人权制度的制约因素

国际关系领域的人权问题从来不是孤立存在的,而是与国家主权、安全以及其他经济、社会问题相联系的。中国一方面认可那些被国际社会普遍接受的基本人权规范,并在实践中成为推动国际人权制度普遍化的主要力量;另一方面,中国在国际人权事务中坚持主权原则,对西方国家的在"人权"旗号下的干涉行动非常警惕。近年来,中国的国内人权建设事业取得了显著进展,对国际人权制度的积极参与在一定程度上减少了西方国家对中国发动人权攻击的借口,减轻了中国承受的国际压力,使中国在国际人权斗争中获得更有利的现实和理论依据,总体上改善了中国所处的国际环境。然而,国际人权制度中西方的话语强势以及中西政治制度意识形态差异的现实,导致中国在参与进程中的矛盾和问题难以避免,其发展趋势不仅受到诸多国际因素的制约,而且依赖中国自身政治、经济、社会等事业的进步。

中国与西方国家在人权理念的认识上仍然存在较大差距,"西方发达国

---

① 国务院新闻办公室编《中国的人权状况》,《人民日报》,1991 - 11 - 02,第 5 版。
② 王运祥、刘杰:《联合国与人权保障国际化》,中山大学出版社,2002,第 8 页。

家在人权问题上占主导地位，中国的人权观在国际上的影响力还不大"。①
一些发展中国家出于现实利益的考虑，或是出于意识形态发生变化的原因，
在一定程度上迎合、接受西方的人权主张。在这种情况下，中国参与国际
人权制度面临的首要问题就是使自己的人权观念得到更广泛的认同和支持，
这将是一项长期的战略任务。中国与西方国家人权观念的差别既有基于现
实利益的考虑，也有源自历史背景的反馈，但根深蒂固的影响因素，在于
文化潜移默化的力量。人权理念的源头是西方文化，国际人权制度的演变
由西方国家主导，带有浓厚的西方文化色彩。人权理念进入中国后的本土
化进程，离不开与中国传统文化和具体国情的结合。亨廷顿在提出"文明
冲突论"时认为，"西方的观念从根本上是和其他文明的观念不同的。西方
的个人主义、自由主义、宪法主义、人权、平等、自由、法治、民主制、
自由市场、政教分离等观念在诸如伊斯兰、儒教、日本、印度、佛教或东
正教文化中没有多少反响"。② 可见，人权理念是历史文化的产物，不同的
历史发展时期有不同的人权要求，处于不同历史传统和文化背景的国家，
对人权的理解和实践也会有所差别。然而，在国际人权制度的发展进程中，
国家间差异的存在并不能消除一国承担国际人权合作的义务。20 世纪 80 年
代后，限制、废除死刑制度的主张被提上国际人权法的议事日程。1989 年
12 月，联合国大会通过了《旨在废除死刑的公民权利与政治权利国际公约
第二任择议定书》。在中国看来，死刑制度不是一个简单的法律问题，而是
涉及不同国家文化与秩序建设的根本问题，甚至有学者认为，第二任择议
定书"意味着联合国的人权文件的制定和人权标准的设立开始逐步走向
'侵略性'"。③ 此后，废除死刑的诉求逐步演化为国际人权发展的趋势，当
前全球已有160 多个国家废除或不再实施死刑。中国的历史文化和现实状
况，决定了中国短期内不具备废除死刑的可能性，而简单地排斥这一进程
又会加剧中国参与国际人权活动时遭遇的困扰。如果不能够在国际人权理
念的发展趋势与本国文化传统之间探索融合与共处之道，加强中国人权观
念的普世性就无从谈起。

　　人权领域的外交摩擦同样制约着中国对国际人权制度的参与。文化和
理念的差异导致人权问题上的紧张关系，反映到国际关系的实践中，与政
治、经济等其他领域的问题纠缠在一起，就上升成为外交关系中的冲突和

---

① 阎学通：《中国国家利益分析》，天津人民出版社，1996，第 206 页。
② Huntington, "The Clash of Civilizations?", *Foreign Affairs*, Vol. 72, No. 3, 1993, pp. 22 – 49.
③ 朱峰：《人权与国际关系》，第 469 页。

矛盾。美国自卡特政府就把对中国的"人权外交"作为对华关系的一项重要内容，20世纪90年代后上升为具有战略性和长期性的政策选择。欧盟及欧盟国家也经常在国际关系中扮演人权监督者的角色，动辄对中国的人权状况和问题进行指责。多年来，中国利用一切国际场合宣传自己的人权主张，与美国、欧盟国家、澳大利亚、加拿大等国家建立了双边人权对话机制；邀请许多国家的人权官员和专家访华，就人权问题进行交流；中国民间的人权研究组织也与世界各国的人权机构和组织建立了广泛的联系，交换意见和看法。但是，植根于意识形态、价值观的人权差异难以消除，中国主张以和平对话方式解决人权冲突，反对西方国家把人权外交作为干涉别国内政的工具。近年西方国家以捍卫人权、民主为理由，以武力干涉他国内政的新干涉主义行径愈演愈烈，中国外交中围绕形形色色人权议题的争议仍将是长期的，有时甚至会相当激烈，这不可避免地干扰中美、中欧关系的正常运行，中国在国际人权领域仍面临着非常复杂的局面。

中国参与国际人权制度的途径主要依赖于联合国这一全球性的平台，对国际人权制度的影响缺乏其他多边国际机制的支持。联合国主导着国际人权制度的核心，却因其全球性属性而具有明显的局限，作为一种补充，"欧洲、美洲及其后的非洲在《世界人权宣言》精神的推动下，都致力于在本区域内建立人权体制，并分别取得了引人注目的成就"。① 只有亚洲的人权保障仍然处于分散状态，没有建立起区域性的人权保障机制，也没有区域性的人权公约或人权宪章，不仅不利于亚洲国家在人权问题上的合作以及政治上的互信，而且制约了亚洲文化在世界范围的影响力，无法为中国参与国际人权活动提供区域性的支持。此外，一些在联合国取得咨询地位的非政府国际人权组织，如"大赦国际""人权观察"等，多以西方的人权标准对发展中国家进行指责，使中国在国际人权争议中面临很大的压力。从长远发展来看，多层次的多边机制有助于弥补中国参与途径单一的局限，亚洲国家，尤其是东亚国家内部在人权领域的协调将有助于加强中国对国际人权制度的影响力。

从国内因素来看，中国国内人权状况的改善是一个循序渐进的过程，将在相当长时期内制约中国对国际人权制度的参与。虽然当前中国的人权事业取得了前所未有的进步，但仍有许多值得改善的地方。受经济发展水平、历史传统和教育程度的影响，中国人民所享有的人权水平会受到一定

---

① 刘杰：《国际人权体制——历史的逻辑与比较》，上海社会科学院出版社，2000，第230页。

的限制，与发达国家存在一定的差距，人权保障机制的建立和完善不可能一蹴而就。1998 年中国就已签署了《公民权利和政治权利国际公约》，迄今仍未批准。究其原因，现行国内立法与《公民权利和政治权利国际公约》的内容尚存差距，在国内相关立法尚未得到补充、修改、废止之前，即使批准加入，也无法兑现所承诺的国际义务。现阶段中国仍需积极稳妥地扩大公民权利和政治权利，不断完善国内政治、经济、社会环境，为最终批准《公民权利和政治权利国际公约》创造条件。在这个过程中，国内人权发展存在的种种矛盾和弊病，难免会招致来自国际人权领域的批评，甚至会给一些敌对势力提供借口，在国际事务中制造麻烦向中国施压。因此，只有不断改善国内的人权状况，才能从根本上提升中国参与国际人权制度的能力。

尊重和保障人权，已成为中国改革与社会发展的重要目标。中国对国际人权制度的参与，在为中国国内人权建设注入动力的同时，也带来了严峻的挑战。尽管存在很多制约因素，对国际人权制度的参与不仅是中国走和平发展道路的重要内容，也是中国实现和平发展的重要保证。

第五章　中国和平发展与国际环境制度

进入 21 世纪以来，中国经济社会发展所面临的环境形势日趋严峻，环境质量恶化和生态系统失调带来的自然及人为灾害频繁发生，越来越成为影响中国和平发展进程大局的重要制约因素。环境问题无国界，从 20 世纪 60 年代起，世界各国就先后认识到国际合作是治理环境的必由之路，在联合国的主导下，各种保护、改善环境的计划、行动、原则、规范被制订出来，逐步形成了一整套国际环境保护制度。中国的环境保护起步相对较晚，以出席 1972 年斯德哥尔摩人类环境会议为标志，中国开始积极参与环境保护的国际合作。然而，中国经济的迅猛增长，不仅对国内环境造成很大压力，而且使中国成为国际环境合作中备受瞩目的焦点。面对压力，中国的和平发展如何走出一条可持续发展的道路，是现阶段中国亟须解决的重大现实问题。

一　国际环境制度的内涵

环境由大气、水、土壤、植被、动物等要素组成，是人类赖以生存和发展的外部空间和物质基础，各个因素之间相互联系、相互影响。工业文明的进步和科学技术的高度发达，使人类在创造前所未有的物质财富的同时，也带来了诸多环境问题，即那些"由于人类活动作用于环境所引起的环境质量不利于人类的变化，以及这些变化危及人类和发展的问题"。[①] 尤其是大气污染、水资源匮乏、臭氧层损耗、气候变暖、土壤退化沙化、生物物种消失等严重的环境问题早已突破国界，成为危及人类生存与发展的全球性问题。

1. 国际环境制度的由来及演变

国际环境制度，是在全球环境保护的进程中，为保护、改善、合理使用环境资源而产生的各种有约束力的原则、规则、程序和机构的总和。它

---

① 蔡拓：《全球问题与当代国际关系》，天津人民出版社，2002，第104页。

的产生和演变，既是世界各国在环境保护领域共同努力与合作的结果，也是国际社会进一步推进环境保护国际合作的有力保障。

国际环境制度的形成始于20世纪60年代末70年代初。在此之前，欧美国家在资源保护、污染防治等方面已经出现了一些零散的认识和行动。1893年英国和法国在巴黎签订了关于采挖英法沿海牡蛎和渔业的公约，是最早的关于自然环境保护的双边国际条约。保护自然环境的国际组织在19世纪末20世纪初也开始出现，1909年，国际自然保护大会在巴黎召开，1913年国际自然保护顾问委员会成立，1948年国际自然保护同盟在瑞士成立。20世纪50年代，发达国家开始遭受因环境污染带来的危害，伦敦的毒雾、洛杉矶的光化学烟雾、日本的水俣病等一系列公害事件，迅速将环境保护问题带到发达国家的政治经济和社会生活中，公众的环境保护意识高涨，推动环境保护从单个国家的行动走向更大范围的国际合作。1968年，联合国大会决定召开一次人类环境会议，寻求解决环境污染和其他威胁地球问题的方法。经过筹备，1972年6月5日，第一次联合国人类环境会议在瑞典首都斯德哥尔摩召开，会议通过了著名的《人类环境宣言》，明确指出："保护和改善人类环境是关系到世界各国人民的幸福和经济发展的重要问题，也是世界各国人民的迫切希望和各国政府的责任。"① 斯德哥尔摩会议和《人类环境宣言》具有重要的启蒙意义，第一次将环境保护上升到全球的高度，提出了一系列环境保护的基本原则，为各国的国际环境合作和国际环境保护机制的构建奠定了坚实的思想基础。此外，此次会议还催生了联合国环境规划署。作为专门负责协调解决全球环境问题的机构，联合国环境规划署为联合国体系内的全球环境事务提供了一个中心的平台，主要职能包括：负责对全球环境信息和环境状况的收集、解释和评估，提供综合的环境情报服务和政策咨询，并就可能发生的环境威胁提供早期预警；负责推动和促进全球环境合作的开展，参与大量国际环境条约、宣言、行动计划的谈判和制订，监督全球环境公约的执行和实施；负责国际环境保护的宣传、培训和教育，协调各国政府、国际组织、企业等参与主体的有效合作；等等。联合国环境规划署的成立，为国际环境制度的构建奠定了组织基础。

同年，罗马俱乐部发表了《增长的极限》这一影响深远的研究报告。罗马俱乐部是一个总部设在罗马的国际民间学术团体，其宗旨是通过系

---

① 《人类环境宣言》，参见刘颖、吕国民编《国际法资料选编》，第391页。

研究全球性问题提高公众的全球意识，敦促国际组织和各国采取必要行动，使人类摆脱困境。《增长的极限》提出了人口、粮食、资源和环境污染等全球性问题，预言世界经济增长不可能无限持续下去，认为人类对自然的攫取不能是无度的，否则就会陷入灾难。1974 年，罗马俱乐部又发表了题为《人类处于转折点》的报告，指出人类必须从长远的观点展开全球范围的合作，走有机增长的道路。罗马俱乐部研究报告的广泛传播，再度激发了国际社会围绕环境保护问题的讨论热潮。

此后，国际环境制度的构建进入了快速发展的时期。大量全球性环境条约、区域性环境条约、双边环境条约被制定出来，调整内容涉及海洋环境保护、濒危野生动植物保护、越界空气污染控制、臭氧层保护等问题。在全球和区域层面，从事国际环境保护和监督的机构数量增加，与环境保护相关的决议、宣言也纷纷出台。1978 年，联合国环境规划署制定了《指导国家在保护和协调利用两个或两个以上国家共享自然资源方面的环境领域行为准则草案》；1980 年，联合国环境规划署与世界自然保护同盟共同制定了《世界自然保护大纲》，目的是通过保护生物资源而实现自然资源的永续开发利用；同年，世界银行发表《有关经济发展的环境政策和程序宣言》，表明对联合国环境宣言和行动计划的支持；1982 年 5 月，为纪念人类环境会议 10 周年，在内罗毕召开了人类环境特别会议，通过了《内罗毕宣言》，指出迫切需要在全球、地区与国家为保护和改善环境而加紧努力；同年 10 月，第 37 届联合国大会通过了《世界自然宪章》，重申人类必须学会维持和增进他们利用自然资源的能力，同时保证能够保存各种物种和生态系统以造福今世和后代。1987 年，联合国世界环境与发展委员会（即"布伦特兰委员会"）发表了题为《我们共同的未来》的研究报告，明确提出"可持续发展"的概念，将其定义为"既满足当代人的需要，又不对后代人满足其需要的能力构成危害的发展"[①]，把环境问题与发展问题联系起来，为世界各国提出了一条在解决环境问题同时保持社会经济发展的道路。

20 世纪 90 年代，国际环境制度的发展日渐成熟。1992 年 6 月，联合国环境与发展大会在巴西里约热内卢召开，期间举行了有 100 多个国家领导人参加的最高级别的特别圆桌会议。会议通过了《关于环境与发展的里约热内卢宣言》《21 世纪议程》《气候变化框架公约》《保护生物多样性公约》和《关于森林问题的原则声明》五项重要国际文件。其中，《关于环境与发

---

① 世界环境与发展委员会：《我们共同的未来》，吉林人民出版社，2005，第 52 页。

展的里约热内卢宣言》对可持续发展做出了进一步的阐述，强调了环境问题与发展问题之间密不可分的联系，指出改变传统的生产和消费方式并推行正确的人口政策是实现可持续发展基本途径。宣言确定了在全球环境问题上各国负有"共同但有区别的责任"，既要求各国为保护全球环境共同做出努力，又要求发达国家做出更大的贡献，原因在于发达国家的早期工业化进程对环境造成了极大的破坏。《21世纪议程》是在全球、区域和各国范围内实现可持续发展的行动纲领，内容涵盖人类环境与发展问题的各个方面，目的是指出人类当前所面临的紧迫的环境与发展问题，以便促使全世界为下一世纪的挑战做好准备。《气候变化框架公约》的签署则将气候变化问题作为全球环境治理的突破口，第一次将发达国家与发展中国家减少温室气体排放的义务明确区分开，确立了"共同的但有区别的责任"。上述成果为国际环境制度的构建揭开了新的一页，将全球环境问题推向国际关系舞台的中央。

里约热内卢环境与发展大会之后，可持续发展观念逐步深入人心，世界各国和人民的环境保护意识进一步增强，各国的环境立法工作日趋完善，几乎所有的国家和国际组织都采取了相应的行动，国际环境制度的领域不断扩大深化。同时，各类协调和解决环境问题的国际组织和机构在环境保护领域发挥了越来越重要的作用，联合国体系内的环境治理机构、欧盟等地区性组织以及各种非政府组织等不同的主体在国际环境合作中相互配合，国际环境制度的发展进入成熟期，环境保护的手段和能力都有很大的提高。

1997年12月，在日本京都召开的《气候变化框架公约》第三次缔约方大会上，通过了《京都议定书》，首次确定了发达国家减少温室气体排放量的具体指标，区分了发达国家和发展中国家的不同义务。这是里约热内卢大会后的一次重大突破，是国际环境制度开始具备强制约束力的重要表现。尽管美国2001年3月宣布退出《京都议定书》，但在欧盟及广大发展中国家的支持下，《京都议定书》在2005年2月正式生效，表明国际社会推进全球环境治理的强烈愿望和政治决心。此后，全球气候谈判进入了举步维艰的胶着阶段，超出科学范畴，渗透到国际政治、经济和社会的广泛领域，成为考验人类智慧和决心的重大全球性问题，也因此成为国际环境制度的风向标。直到2015年12月，《气候变化框架公约》第21次缔约方大会才在巴黎通过了具有历史意义的全球气候变化新协议。

2002年在南非约翰内斯堡召开了可持续发展世界首脑会议。会议对1992年里约热内卢联合国环境与发展大会以来《21世纪议程》的执行情况进行了全面的审查和评价，通过了《约翰内斯堡可持续发展声明》和《可持续发展问题世界首脑会议执行计划》两个重要文件。前者是一份与会代表签署的政治宣言，承诺要创造一个尊重和推行可持续发展远景的世界。后者是一份包括目标和时间表的全球可持续发展行动计划，重点集中在水、生物多样性、健康、农业、能源等具体领域。尽管全球环境合作中的矛盾无法通过一次大规模的国际会议获得解决，但约翰内斯堡会议的召开，进一步促进国际社会将可持续发展承诺转化为行动，在将世界各国人民聚集起来和综合各种不同意见以积极寻求一条共同道路方面取得了重大进展，国际环境制度的构建仍是国际关系的中心议题。

2012 年 6 月，联合国可持续发展大会在再次在里约热内卢举行，与 1992 年里程碑式的会议相隔 20 年，因此也被称为"里约 + 20"。会议通过了成果文件《我们期待的未来》作为新的可持续发展指导性文件，再次强化了国际社会追求可持续发展的政治意愿，坚持了"共同但有区别的责任"这一基本原则，维护了发展中国家参与国际环境保护的基础，明确了绿色经济作为实现可持续发展重要手段的地位。大会还决定建立一系列高级别的政治磋商机制，加强可持续发展体制框架，推进实施会议成果。由于《我们期待的未来》更多地体现为政治意愿和理念，缺少限定性的具有约束力的规则，这次会议也受到众多非政府组织的批评，国际环境制度的深入发展仍然面临着诸多现实的挑战。但无论如何，每十年召开一次的全球性环境会议的重要性在于，"它为包括联合国这一超国家层面上的主导性角色在内的各种环境政治行为体，提供了一个共同参与讨论与政策制定的制度性平台"。①

经过近半个世纪的演变，现阶段国际环境制度已经形成了较为全面的制度框架，既包括专门从事全球环境事务的国际组织和机构，也包括国际环境法体系，还包括讨论环境议题的各种国际会议和论坛。从覆盖范围上讲，现行国际环境制度涵盖了大气环境保护制度、海洋保护制度、生物资源保护制度、淡水资源利用和保护制度、土地资源保护制度、外层空间保护制度、世界文化遗产和自然遗产保护制度、危险品管理制度、废物管理制度，等等。但是，国际环境制度大部分内容的约束力比较弱，实施国际环境制度的国际机构不够健全，对各国实施国际环境制度的监督机制缺乏

---

① 郭晨星：《环境全球治理结构：一种理论假设》，载郁庆治主编《环境政治学：理论与实践》，山东大学出版社，2007，第 276 页。

强制力，着眼于全人类长期的生存与发展，加强国际环境制度的有效性和约束力迫在眉睫。

2. 国际环境制度的特点

作为国际制度的新兴领域，国际环境制度在近年环境问题日趋严峻的情况下迅速发展，体现出强大的生命力，在几十年的时间内就形成了完整的体系，并获得国际社会的普遍认可，可持续发展的理念更是深入人心。与国际制度的其他领域相比，国际环境制度具有显著的特点。

第一，国际环境制度具有真正意义上的全球性。地球是一个不可分割的生态系统，各个组成部分相互依存、相互制约，其整体性使人类无法采取措施将气候变化、海洋污染、生物多样性消失等环境危害限制在特定的范围之内。环境问题不是某个国家和局部地区存在的危机和障碍，也不仅仅是国家之间的问题，而是攸关全人类的生存和发展，关系全人类共同利益的重大问题。由于环境要素的特点，环境问题既发生在各个国家管辖范围内，也发生在主权国家管辖范围以外的属于全人类共有的范围，环境问题的解决既需要各国保护自己管辖范围内的环境资源并进行国际合作，又需要国际社会采取共同的行动保护那些国家主权管辖以外的环境资源，国际社会的所有成员都有义务参与保护和改善国际环境的行动。根据国家主权原则，每个国家都享有依据本国政策和需要对其管辖范围以内环境进行开发利用的权利。但是，各国在开发利用的同时必须遵循相应的环境保护的国际义务，并且不得对国家管辖范围以外的环境资源造成损害。可见，由于环境要素的特性，环境问题是具有典型意义的全球性问题，需要从全球意识的角度去考察和认识，超越主权国家和集团利益的分歧，克服政治制度、经济水平、意识形态、历史传统的差异，从全人类利益的角度，依靠国际社会的整体力量去寻求解决途径。"任何一个国家都没有足够的力量独自对付整个生态系统受到的威胁，对环境安全的威胁只能由共同的管理及多边的方式和机制来对付。"① 在很大程度上，环境问题的解决成效，取决于国际社会是否能建立起有效的国际环境制度。国际环境制度与国际制度的其他领域相比，更加强调休戚与共，更加突出国际组织等非国家行为主体在全球环境治理中的参与和作用，更加重视全球性国际合作的价值。

第二，国际环境制度的主体更加多元化、多层次化，其中，联合国的

---

① 世界环境与发展委员会：《我们共同的未来》，第 394 页。

主导地位不可替代。自从环境保护上升为全球性问题,环境保护的主体就开始从传统的以主权国家为中心的模式向多元化主体交织的网状模式转变。主权国家政府仍然是环境保护的重要力量,由主权国家签署的国际环境条约是国际环境制度的合法性来源。"国际社会在公共权力的分配方面仍旧是一个权力高度分散的政治体系。国际社会就解决大规模环境问题而发出的大部分倡议都需要征得成员的同意才能得以实施。在没有超国家政府施压以保障条约落实的情况下,各成员必须承担起在各自的管辖区内执行国际环境协议条款的职责。"①

然而,环境问题的全球性需要全球性的协调与管理,单个主权国家的行动能力有限,国家之间的利益差异制约着不同国家对特定环境问题采取一致的立场。为了弥补主权国家的不足,各种非国家行为主体凭借各自优势,发展成为国际环境保护中的重要力量。以联合国为首的政府间国际组织,是主权国家之间稳定的、制度化的合作产物,不仅为国家间开展环境交流与合作提供了多边平台,有利于国际社会在环境问题上凝聚共识,而且作为独立的国际关系主体,扮演着全球环境保护的管理者、国际环境法的推动者、可持续发展观念的倡导者以及国际环境会议的发起者等多重角色,其主导作用是任何单个主权国家无法取代的。环境非政府组织是全球公民社会的代表,尽管缺乏独立的国际法主体地位,但环境非政府组织的民间身份,极大地提高了公众对环境保护的参与意识及程度,促进了国际环境制度的民主化,以自下而上的方式致力于环境问题的解决,成为国际环境制度中不可或缺的新兴主体。

跨国公司是经济全球化的重要载体,对全球环境破坏和污染负有不可推卸的责任。随着可持续发展理念对企业社会责任的渗透,越来越多的跨国公司选择以对环境负责任的方式从事投资、生产和贸易活动,将环境保护纳入公司的经营战略。1990 年,国际商会②通过了《企业可持续发展宪章》,标志着跨国公司正式参与到可持续发展的全球进程之中。跨国公司所具有的跨国特性,有利于它与各国政府开展环境合作,其拥有的大量资金和技术优势,能够弥补国际环境组织与机构的不足,使跨国公司逐步成长为国际环境制度中的积极力量。各类主体对环境保护的共同参与,"在全球

---

① 〔美〕奥兰·扬:《直面环境挑战:治理的作用》,赵小凡、邹亮译,经济科学出版社,2014,第 104 页。
② 国际商会成立于 1919 年,是全球性的为世界商业服务的非政府组织,会员包括数万个具有国际影响的商业组织和企业,分布在 100 多个国家。

层次上形成了一个网络，构成了各种各样关系的网络之间的对立、共存与相互补充关系"。① 国际环境制度正是多元主体之间相互作用的合力的结果。

第三，国际环境制度的表现形式和实施方式比其他领域的国际制度更加灵活，具有前瞻性。一般情况下，国际制度的构建需要经历较长的时间和复杂的程序，而环境问题具有紧迫性、复杂性的特点，亟须国际社会尽快通过制度建设来承担责任。因此，国际环境制度在较短时间内完成了从无到有并且不断拓展的过程。同时，环境问题在空间上和时间上具有不平衡性②，在空间上，同样的环境问题在世界各国的影响存在着差异；在时间上，环境问题不仅对当前的人类生活造成破坏，而且会对子孙后代带来威胁，这一特性决定了国际环境制度倾向于采取灵活、宽松的表现形式和实施方式。联合国系统内频繁召开的与环境保护相关的不同级别、不同议题的国际会议，虽因效率低下而饱受批评，却为主权国家及其他行为主体围绕环境治理进行沟通、谈判、对话提供了充足的平台，也为开展各种国际环境保护活动提供了组织保障。各国通过的各种决议、宣言、行动计划、纲领等，并不具有强制约束力，却因程序简单而容易获得通过，能够及时反映出迫在眉睫的环境问题，从内容上全面反映出环境问题的整体性，为国际环境制度的构建奠定了基础，通过对主权国家形成的道德压力增强国际环境制度的约束力。人类对环境问题的认识总是随着科学认知能力的提高而持续发展，环境问题一旦造成破坏，在很多情况下是不可逆的。当前的环境保护仅仅着眼于环境破坏发生后的补救与治理是不够的，而是要建立预防机制，提高国际社会环境保护的能力，这在客观上决定了国际环境制度具有预防性与前瞻性的特性。

第四，国际环境制度对世界各国的国内环境制度产生了重要的辐射作用。主权国家是国际制度的主要参与者和义务的主要承担者，国家主权原则赋予各国对其境内的环境要素及资源拥有永久性主权，有权决定对其处理、开发，并采取必要的管理措施。国际环境制度要求各主权国家遵守相关的环境义务，承担相应的环境责任，这就意味着国家在一定程度上失去了对疆界内环境问题的绝对管辖权。随着公众环境意识的觉醒和全球范围内环境保护运动的高涨，国际环境制度要求主权国家为保护环境做出更大努力，为主权国家政府规定了更多、更具体的国内环境治理目标与义务。

---

① 〔日〕星野昭吉：《全球化时代的世界政治——世界政治的行为主体与结构》，刘小林、梁云祥译，社会科学文献出版社，2004，第55页。

② 参见庄贵阳等《全球环境与气候治理》，浙江人民出版社，2009，第7—8页。

例如,《联合国气候变化框架公约》为各缔约方规定了诸如提供国家排放信息通报、增加技术投入、提供信息交流等项义务;《京都议定书》进一步为附件1国家规定了具体的温室气体强制减排指标。为了履行国际义务,实现国际环境制度的国内化,主权国家在批准相应的国际环境条约时,还需要在国内配套推进环境保护的制度建设,包括:通过加强立法预防环境污染的发生;通过发布禁令、发放许可证、配额等行政手段调节处理环境问题,通过税收、财政、金融等经济手段调节环境治理;通过加大环境保护的执法力度,保障环境保护的目标得以实施;通过推动环境非政府组织在环境治理中的参与,促进环境治理的多元格局;等等。这样,在制度层面,一个国家"在接受国际制度之后,相应要做的就是调整,修改或者是废除与国际制度不适应的国内法,并在很多情况下要按照国际制度来规定国内议程"。① 与此同时,在理念层面,可持续发展的观念经过1992年里约热内卢环境与发展大会,迅速被所有国家接受,被认定为一条既能摆脱环境危机,又能保持国家福利增长的道路。《里约热内卢宣言》中有关公众参与环境决策原则、公众知情权原则等内容被许多国家的环境保护法律所采纳,成为国内环境保护制度的基本原则。《21世纪议程》要求各国政府根据本国情况制定各自的可持续发展战略,显示出主权国家的环境保护理念受国际环境制度影响的广度和深度。

3. 国际环境制度的发展趋势

国际环境制度是为了保护和改善人类的生存环境而产生的,是国际关系进步和发展的必然产物。现阶段,虽然全球环境的状况仍然不容乐观,但是,在联合国的推动下,可持续发展的理念已经在国际环境制度中确立了牢固的指导地位,将环境保护问题与经济发展、社会进步密切联系起来,拓展了国际环境制度的运作空间,共同服务于联合国主导下的全球发展议程。着眼于长期的发展,联合国将继续主导可持续发展框架下的环境保护,通过机构改革强化国际环境制度的权威和效率;发展中国家将加大对国际环境制度的参与力度,不同环境利益的国家间矛盾将加剧;同时,随着国际环境制度约束力的日趋加大,国际环境制度与国家主权之间的摩擦将日趋突出,主权国家面临更多来自环境治理的挑战。

联合国系统内缺乏一个权威的环境机构对全球环境事务予以监督,一

---

① 苏长和:《中国与国际制度——一项研究议程》,《世界经济与政治》2002年第10期,第8页。

直被认为是国际环境制度缺乏效力的原因。2012 年的"里约 + 20"峰会上，授权启动了 2015 年后发展议程的国际进程。在联合国的主导下，2015 年后发展议程的准备工作从议题设定、机构调整、资源筹措等方面全面展开。2013 年 2 月，联合国环境规划署（UNEP）举行了首届普遍成员制的理事会，各国政府一致同意将原有的环境署理事会升级更名为"联合国环境规划署联合国环境大会（UNEA）"，并在第 67 届联大上获得通过。环境大会每两年在环境署总部内罗毕举行一次，确保所有利益相关方积极参与环境治理活动。联合国环境规划署由此被赋予领导全球环境治理的重任，负责制定全球环境议程，促进在联合国系统内统筹落实可持续发展的环境领域的工作。同年 9 月，作为负责可持续发展问题的主要决策机构，联合国经社理事会下属的可持续发展委员会也得到了改组与扩展，被更加具有普遍性的可持续发展高级别政治论坛所取代。可持续发展委员会于 1992 年设立，由 53 个成员国组成，其主要职能是审议《21 世纪议程》和《关于环境与发展的里约热内卢宣言》的执行情况。与之相比，可持续发展高级别政治论坛由联合国所有成员国参加，拥有更加广泛的代表性和权威性，每年举行一次部长级会议，每四年在联大的框架内举行一次首脑峰会，并且从 2016 年开始，负责对所有成员国以及联合国系统落实可持续发展的执行情况进行审议。自 20 世纪 70 年代开始，联合国一直主导着国际环境制度演变的进程，"一个充满生气而有效的联合国系统是增强国际合作促进可持续发展和建立对每一个国家都有好处的全球经济体系的基本条件"。[①] 上述机构调整的目的，正是有针对性地加强联合国环境机构在政治上的普遍性和执行能力，从而增强联合国在推进国际环境制度进程中的领导地位。就 2015 年后发展议程的前景来说，由于政府间谈判机制的强化，联合国将推动全球可持续发展进入一个新的阶段。联合国系统各机构将与各国政府、民间社会、私营部门等一道，对环境保护、经济发展与社会进步进行统筹规划，建立起更加有效的可持续发展机制框架。

进入 21 世纪以来，随着新兴发展中大国的崛起，发展中国家成为国际环境制度构建中不可或缺的力量，权力的转换在一定程度上正在改变国际环境制度的走向。在国际环境制度形成和演变的相当长时期内，发达国家是主要的参与者，大多数发展中国家则是"搭便车"。发达国家强调全球环

---

① 《可持续发展问题世界首脑会议的报告》，联合国文件 A/CONF. 199/20，联合国官方网站：http://daccess - dds - ny. un. org/doc/UNDOC/GEN/N02/636/92/PDF/N0263692. pdf？Open Element。

境保护的重要性，通过召开国际环境会议、签订一系列国际环境条约、发起全球环境保护行动等措施推动国际环境制度取得重大进展。发展中国家坚决捍卫发展权，反对牺牲经济发展换取环境的改善，认为发达国家对全球环境问题负有主要的历史和现实责任，理应承担更多的义务，并且向发展中国家提供资金和技术援助、知识转让，加强发展中国家履行环境义务的能力建设。然而，出于经济上的利己考虑，发达国家不愿意承担解决环境问题的主要责任，不愿意在资金和技术上增加对发展中国家治理环境的支持，反而以环境保护为名行贸易保护之实，甚至向发展中国家转移污染产业。国际环境制度因而成为发达国家和发展中国家博弈的舞台。21 世纪以来，新兴发展中大国的崛起带来世界政治经济格局的深刻变化，发达国家主导全球治理的能力和意愿都有所减弱，在环境领域表现为议程设置和倡议能力的下降。美国 2001 年宣布退出《京都议定书》，对国际环境制度形成巨大冲击。这种回避国际责任的做法，损害了美国在国际环境合作领域的国际声誉和道义形象。受 2008 年金融危机及其后欧债危机的影响，曾经在环境领域最为积极的欧盟和欧洲各国，主要精力转向国内经济和社会事务，原有的积极立场有所退却。反观发展中国家，近年来越来越多的发展中国家对全球环境保护的必要性和迫切性感同身受，一方面积极参与国际环境制度的构建，坚持"共同但有区别的责任"的原则，另一方面强烈呼吁发达国家兑现其对发展中国家的资金与技术援助的承诺。特别是中国、印度、巴西等新兴发展中大国，已经成长为世界经济政治中不可忽视的力量，在国内国际都承受着要求更多参与国际环境治理的压力。发达国家为了逃避环境治理不力的指责，向新兴发展中大国转嫁责任，试图弱化"共同但有区别的责任"这一重要原则，通过限制环境容量来制约新兴发展中大国的崛起。国际环境制度的深化是一个合作与斗争交织的政治进程，新兴发展中大国是发展中国家的核心，与发达国家在责任的分担、资金和技术转让、环境与贸易等许多议题上存在着分歧。理论上讲，环境问题的全球性与公共性有利于促进国家间的合作，但实践中，却有可能使分歧更加复杂化。尽管发达国家和发展中国家各自内部已经出现分化，但矛盾的焦点仍然在发达国家和发展中国家之间。可以预见，以新兴大国为代表的发展中国家将更多地参与国际环境制度的构建，在为环境保护注入新的活力的同时，也将加剧国际环境制度的主导权之争。

　　当前国际环境制度的框架体系已经相当全面，并且在一定程度上改变了各国开发、利用环境资源的行为方式。着眼于长期走势，国际环境制度的遵约机制将随着全球可持续发展目标的推进而日益强化，缔约方受到的约束力将不断加大，不遵约的政治经济风险越来越大，从而加深国际环境制度与国家主权原则之间的矛盾。环境问题的整体性和超国界性与国家主权原则有着先天的矛盾，在国际环境制度的演变中，始终存在着全球利益与国家利益的协调问题。全球环境问题的现实促使各国认识到，"务必超出狭隘地忠实于部族和国家的老传统，而忠实于更广大的人类"。① 基于理性的考虑，主权国家面对全球环境治理时愿意让渡部分曾经属于主权范围内的权利，使国际环境制度得以运转。然而，各国在具体环境议题上的利益并不完全一致，关注点也各有侧重，当国际环境制度的约束力度逐步加强，主权国家是否愿意进一步约束自己的环境行为？是否愿意超越国家利益而从全人类共同生存和发展的高度去承担责任？是否有能力将全球可持续发展的政治意愿转化国际合作的切实行动？况且，现实的国际关系中存在着国家间事实上的不平等，发展中国家出于对"环境霸权""环境殖民主义"的担忧，将国家主权作为抵御他国控制和干涉的屏障，客观上阻碍了国际环境制度的深化。美国学者詹姆斯·罗西瑙在《没有政府的治理》一书中曾经指出："当今世界令人担忧的问题不是国家作为世界体系主要行为主体的衰落，而是国家能否认识到它们必须齐心协力，共同管理好这个相互依存的多样性世界。"② 国际环境制度的改革与完善是一个在实践中不断推进的进程，在当前的全球环境形势下，主权国家如何克服自身局限，调适出反映时代要求的主权观念，是一个重大的挑战。

二　中国对国际环境制度的参与

中国对国际环境制度的参与是在国际环境保护运动兴起的背景下起步的，走上改革开放道路为中国的参与提供了契机。作为一个发展中的大国，中国的能源与资源需求处于急剧增长的时期，由此产生的各种环境问题对全球环境问题的影响很大，从酸雨到气候变化问题、从生物多样性到跨国水域问题等各类全球环境问题都与中国密切相关，迫切需要中国加大对国际环境制度的参与力度，在服务于中国经济建设与环境保护的同时，兼顾

---

① 〔英〕芭芭拉·沃德、〔美〕勒内·杜博斯：《只有一个地球》，《国外公害丛书》编委会译校，吉林人民出版社，1997，第251页。

② 〔美〕詹姆斯·罗西瑙主编《没有政府的治理》，张胜军、刘小林等译，江西人民出版社，2001，第71页。

全球环境利益，为环境保护国际合作做出更大贡献。

1. 中国参与国际环境制度的历程

中国参与国际环境制度的发展历程，迄今可以划分为四个阶段：起步阶段、积极探索阶段、全面深化阶段和趋于成熟阶段。

第一，起步阶段（1972—1978 年）。中国参与全球性环境合作的起点是1972 年的斯德哥尔摩人类环境会议，与国际环境制度的形成基本同步。1972 年之前，中国国内的环境保护工作基本上处于自发状态，尚未形成明确的环境意识和观念。斯德哥尔摩人类环境会议的召开，迎合了中国在恢复联合国席位后积极拓展外交空间的需要，为中国在联合国舞台上逐步熟悉国际规则提供了机会。周恩来总理亲自组织了出席这次会议的中国代表团，并审定了基本的方针①，这使中国参与国际环境合作的进程从一开始就是在中国外交的总体框架中展开的。在这次会议上，中国宣布了对环境问题的基本立场和主张，推动了中国环境保护事业的发展。同时，通过比照其他国家环境危机的前车之鉴，意识到了中国存在和潜在的环境问题。

从此，中国开始全面参与世界范围的环境保护活动。1973 年中国当选为联合国环境规划署的理事国。同年 8 月，中国召开了全国第一次环境保护会议，通过了中国环境保护的方针，之后相继成立了环境保护的规划管理机构、检测机构和研究机构，为环境领域的国际合作奠定了组织基础，积累了有益的经验。中国还积极参与了国际海洋环境制度的建设进程，参加了联合国海底委员会的工作，并在全体会议上发言，阐明了中国政府关于海洋权问题的原则立场。1973 年 12 月，第三次联合国海洋法会议开幕，中国当选为大会副主席，提出要建立尊重各国主权、维护各国经济权益和公平合理的新海洋制度。1976 年，中国设立了常驻联合国环境规划署的代表处。这一时期中国的对外交往相对有限，对国际环境合作的参与也比较被动，但中国通过参与推动了国内环境保护工作的正式起步，逐步接受国际社会的环境保护观念，及时了解国际环境保护的最新技术，开阔了视野，并且确立起坚决站在发展中国家立场上、旗帜鲜明地维护国家主权的原则。

第二，积极探索阶段（1979—1991 年）。实行改革开放后，中国对环境领域国际合作的参与进入积极探索和密切交流的阶段。这一时期，国际社会围绕着海洋环境、臭氧层破坏、有害废物越境转移、生物多样性保护等全球环境问题，开展了大量的活动，召开了许多国际会议，制定了一系列

---

① 具体历史情况参见王之佳编著《中国环境外交》，中国环境科学出版社，1999，第 107 页。

国际环境条约，中国积极参与其中。1980 年，中国签署了《国际油污损害民事责任公约》《国际捕鲸管理公约》和《濒危野生动植物物种国际贸易公约》；1982 年 12 月，中国签署了《联合国海洋法公约》，揭开了中国参与国际海洋环境制度的新篇章；1985 年，中国加入了《防止倾倒废物及其他物质污染海洋的公约》；1986 年，中国加入了《保护世界文化和自然遗产公约》；等等。1989 年 4 月，中国以观察员身份参加了关于保护臭氧层的《蒙特利尔议定书》缔约方第一次全体会议，在会议中提出设立保护臭氧层国际基金的建议，从经济上帮助发展中国家停止生产、消费氯氟烃类物质并发展替代产品和替代技术。中国的主张得到以 77 国集团为代表的发展中国家的支持，经过艰难的谈判，建立国际基金的建议获得接受。中国在其中发挥了重要作用，对国际环境合作的参与从原则性问题进入技术性问题，提出了具体的解决方法，显示出更强的参与国际环境制度的能力。1991 年中国宣布加入经过修正后的议定书。同时期，中国在摸索中开展区域性的以及双边的环境合作，先后签署了《中日环境保护合作协定》《中美环境保护协定》《中荷环境保护合作谅解备忘录》等成果文件，使中国参与国际环境合作的形式更加多样化。

通过积极的参与，中国国内环境保护所需的资金和技术获得国际合作的支持，初步形成了对国际环境制度的基本原则和看法。1990 年 10 月，国务院环境保护委员会发布了《我国关于全球环境问题的原则立场》，这是指导中国参与国际环境制度的第一个重要文件。在分析当时全球环境形势的基础上，文件明确指出了中国对解决全球环境问题的基本原则和立场，对中国环境外交的发展具有重要的指导意义。[①] 同年 12 月，国务院颁布了进一步加强环境保护工作的决定，就"积极参与解决全球环境问题的国际合作"作了原则规定，要求"外交部和国家环保局应会同有关部门做好环境保护重要国际活动的国内外协调工作"。[②]

第三，全面发展阶段（1992—2005 年）。1992 年的里约热内卢环境与发展大会，标志着国际环境机制发展到新的高度，也是中国参与国际环境合作步入全面深化的转折点。为了筹备环发大会，1991 年 6 月，中国主办了发展中国家环境与发展部长级会议，通过了由中国起草的著名的《北京宣言》，阐述了发展中国家对环发问题的基本立场和原则。以此为基础，在

---

① 参见王之佳编著《中国环境外交》，第 152 页。

② 《国务院关于进一步加强环境保护工作的决定》，《人民日报》，1990 - 12 - 19，第 2 版。

里约热内卢环发大会上，李鹏总理阐述了中国参与全球环境合作的五项原则：经济发展必须与环境保护相协调；保护环境是全人类的共同任务，但是发达国家负有更大的责任；加强国际合作以尊重国家主权为基础；保护环境和发展离不开世界和平与稳定；处理环境问题应当兼顾各国现实的实际利益和世界的长远利益。[①] 这次大会上形成了"77 国集团 + 中国"的多边谈判模式，在一定程度上改变了发展中国家以往力量分散的状况，有效维护了发展中国家的共同利益。同年，为加强中国在环境发展领域的国际合作，成立了由中外著名学者组成的中国环境与发展国际合作委员会（简称"国合会"）。作为一个非营利的咨询机构，国合会是中国参与国际环境合作的重要平台，有效促进了中国环境与发展方面的国际合作，提升了中国参加全球性国际环境行动计划以及参与国际公约谈判的能力，推动中国与国际环境制度的关系进入全方位、多层次的新阶段。

这一时期，中国签署了《联合国气候变化框架公约》《京都议定书》《关于持久性有机污染物的斯德哥尔摩公约》《生物多样性公约》《联合国防治荒漠化公约》等 50 多项环境保护的国际条约，并积极履行条约义务；强化了与联合国环境规划署、联合国开发计划署、世界银行、亚洲开发银行等国际组织之间的合作，在荒漠化防治、生物多样性保护、臭氧层保护、环境教育和培训等领域开展了卓有成效的行动；推动了地区性环境合作机制的建设，先后启动了大湄公河次区域环境合作机制、"10 + 3"环境合作机制、中欧环境机制、中非环境机制等多个平台；达成了与美国、日本、加拿大、俄罗斯等 40 多个主要国家之间的双边环境保护合作协议或谅解备忘录，为深化双边合作打下基础；加强了与国际非政府组织、跨国公司、本土民间环保组织在环境领域的国际合作，进一步拓展了中国参与国际环境制度构建的内容和层次。2005 年 2 月，《京都议定书》正式生效，它是人类历史上首次以国际公约的形式对特定国家的特定污染物排放量做出定量限制，是国际环境制度的创新，对中国参与国际环境制度提出了更高的要求。中国 1998 年签署了《京都议定书》，并于 2002 年核准了这一议定书。作为温室气体排放大国，中国不可避免地将成为后京都时代气候谈判中各方关注的焦点，在参与国际环境制度构建的进程中面临更多的机遇和挑战。

第四，步入成熟阶段（2006 年以来）。随着后京都时代的来临，国际环

---

① 参见《联合国环发大会首脑会议隆重开幕　李鹏总理发表重要讲话》，《人民日报》，1992 - 06 - 13，第 1 版。

境制度表现出约束力更强、约束范围更广的发展趋势，全球环境问题政治化日趋严重。作为仍处于工业化加速发展进程中的大国，中国对国际环境制度的参与以及中国国内的环境问题都备受瞩目，成为全球环境保护进程中的重要力量，同时也面临着国际和国内日益增大的双重压力。一方面，"中国的环境问题正在波及世界其他国家，中国是向大气层中释放硫化物和氯氟碳化合物最多的国家，飘尘和空气污染物已向东影响到邻国，甚至北美"。① 中国因此承受着来自国际社会的要求中国更多履行国际义务的压力。另一方面，中国高速的经济增长付出了巨大的环境和资源代价，国内环境整体恶化，各种急功近利的短期行为更使生态环境雪上加霜，由此引发自然灾害频繁，危害公众安全与健康，激化社会矛盾，来自中国社会内部的自下而上的要求改善环境的呼声日益强烈。2007 年的中共十七大，全面阐述了"以人为本、全面协调可持续的科学发展观"，明确了科学发展观是指导中国经济社会发展的根本指导思想，强调经济发展与人口资源环境相协调，建设资源节约型、环境友好型社会。在科学发展观的指导下，中国对国际环境制度的参与更加注重彰显负责任大国的国际形象。

2007 年 6 月，中国发布了《应对气候变化国家方案》和《中国应对气候变化科技专项行动》，是世界上第一个发布《应对气候变化国家方案》的发展中国家。2009 年 11 月，中国提出，到 2020 年全国单位国内生产总值二氧化碳排放比 2005 年下降 40%—45%，非化石能源占一次能源消费的比重达到 15% 左右。上述政策和立场使中国对国际环境制度的参与更加具有透明度和可操作性，在国际气候谈判中，中国采取灵活务实、坦诚开放的姿态，坚持"共同但有区别的责任"的原则，强调履行自主减排义务，同时注重与各国政府、联合国机构和非政府组织的沟通，以增加透明度，自主减排的成效和诚意得到国际社会越来越广泛的认可。国际环境制度的深化突出了世界各国在环境问题上的矛盾，国际环境博弈日趋激烈，在履行国际环境义务与维护经济发展空间之间取得平衡，是中国为全球环境保护的应有贡献。为了全面积极落实 2015 年后发展议程，中国发布了《2015 年后发展议程中方立场文件》，提出"重点解决贫困、饥饿、卫生等涉及发展中国家人民基本生存的问题。在此基础上，有效因应气候变化、能源资源

---

① Liu JianGuo, Jared Diamond, "China's Environment in a Globalizing World: How China and the Rest of the World affect each other", *Nature*, Vol. 435, No. 7046, 2005, p. 1179.

安全、经济增长乏力等新挑战，实现可持续发展"。① 以此为指导，中国对国际环境制度的参与也是实现经济增长方式转型、落实科学发展观的契机，在加强遵约、履约能力建设的同时，中国参与构建国际环境制度的能力也将进一步走向成熟。

2. 国际环境制度对中国和平发展的促进

中国对国际环境制度的积极参与，顺应了和平与发展的时代主题，服务于中国和平发展道路的需求，取得了丰硕的成果。

第一，通过参与国际环境制度，中国的环境外交在实践中逐步开展起来，成为中国对外关系的重要组成部分。"广义的环境外交，是指环境外交主体通过外交方式去调整国际环境关系的各种对外活动；狭义的环境外交，是指国家通过外交、环境等部门，采用谈判等和平方式以调整国际环境保护关系的各种对外活动。"② 简言之，环境外交是外交活动的一种，通过外交手段解决环境问题，在全球利益与国家利益之间寻找最佳结合点。当前国际社会已经在应对环境问题的认识上和实践上取得了不少突破，各国间日益频繁的环境外交对国际社会的发展变化也产生了一系列重要的影响。中国1989年首次明确提出要开展环境外交③，此后，中国一直十分重视国家间关系中这一新兴领域，积极参与全球性和地区性的环境事务，同许多国家在环境领域展开广泛的合作，签订了大量双边环境合作协定或备忘录。环境外交的开展促进了外交观念和思路的变化，从而极大地丰富了中国外交的内涵，将环境利益上升为传统主权利益的重要组成部分。作为最大的发展中国家和环境大国，中国在环境外交领域坚持"共同但有区别的责任"的原则，倡导南北对话加强沟通，在国际环境领域发挥着日益重要的作用。

第二，通过参与国际环境制度，中国国内的环境保护思潮得以兴起，中国的环境保护制度体系得以初步建立，为中国的和平发展提供保障。中国的环境保护制度体系是伴随着国际环境合作的潮流而建立起来的，国际环境制度的发展为中国环境保护制度体系的产生和演变提供了良好的参照。1978年，"国家保护环境和自然资源"的内容首次被写进修订后的《中华人

---

① 《2015年后发展议程中方立场文件》，中华人民共和国常驻联合国代表团网站：http://www.china-un.org/chn/hyyfy/t1264863.htm。

② 蔡守秋：《论环境外交的发展趋势和特点》，《上海环境科学》（第18卷）1999年第6期，第244页。

③ 1989年10月，国务院环境保护委员第16次会议上，国务委员宋健提出了开展环境外交的倡议。参见国务院环境委员会秘书处编《国务院环境保护委员会文件汇编（二）》，中国环境科学出版社，1995。

民共和国宪法》，为中国的环境保护立法提供了宪法依据。1979 年 9 月，《中华人民共和国环境保护法（试行）》颁布实施，是中国有关环境保护的第一部法律。1983 年国务院召开第二次全国环境保护会议，将"环境保护"定位为基本国策。1989 年 12 月，修改后的《中华人民共和国环境保护法》获得通过，确立起"环境保护与经济、社会发展相协调"的原则。此后，中国在全面参与国际环境制度构建的同时，吸收国际环境制度中的原则和措施用于完善国内的环境法律法规，采取积极措施履行已经签署和批准的国际环境条约，并成立相应的履约机构监督实施。制度上的互动对中国国内的环境保护进程产生了极大的促进作用，中国公众的环境意识提高，环境行为也发生了明显改善。1994 年 3 月，为了落实里约热内卢环境与发展大会的精神，中国政府发布了《中国 21 世纪议程》，提出适合中国国情的可持续发展的总体战略，指导中国的环境保护与经济发展，再次凸显出国际环境制度演变对中国环境保护进程的影响力。在此基础上，国家环境保护局制定了《中国环境保护 21 世纪议程》，宗旨是健全、完善已经基本成形的中国环境保护法体系，为实现可持续发展提供法制保障。"国际制度会激发新的政府机构安排的出现，以此来管理中国对国际制度的参与，同时提升科学家或其他专业团体在政策决策中的位置。为了继续协调国际制度的要求，这些新的机构安排总是得以保留下来。"[1] 总体上看，中国在参与国际环境合作的过程中结合国情逐步构建起国内的环境保护体系，对国际环境制度体现了很高的认同度。

第三，通过参与国际环境制度，为中国经济的长远发展提供了新的机遇。片面追求经济增长速度会导致环境破坏和资源衰竭，环境保护义务的履行则会在一定程度上制约经济增长。但环境保护与经济增长并非一组绝对的矛盾，经济发展不能以环境恶化为代价，同样，牺牲经济发展的环境保护是不可取的，只有经济发展才能为环境保护提供资金保障。中国积极参与国际环境制度的构建是应对全球环境危机的要求，也是经济全球化的客观要求。同世界的先进水平相比，当前中国的环境保护意识和技术还处于较低的层次。通过全球性、区域性及双边的环境交流与合作，能够密切跟踪全球环境问题的最新进展，了解先进国家的环境意识和环保技术，获

---

[1] Elizabeth Economy, "The Impact of International Regimes on China's Foreign Polity - Making Broading Perspectives and Politics but Only to a Point", in David Lampton ed., *The Making of Chinese Foreign and Security Policy in the Era of Reform 1978 - 2000*, Stanford University Press, 2001, p. 251.

取其他国家在环保问题上的经验和教训，防范少数国家向中国转移污染产品、产业和环境危机，为中国环境战略的实施提供借鉴和保障，从而走出一条经济可持续发展的道路。从经济发展的角度来看，环境保护不仅是关系全人类生死存亡的焦点问题，也是方兴未艾的"朝阳产业"，目前正处于快速发展的上升时期。西方发达国家用于环保的资金和技术援助呈现增长趋势，众多国际经济组织和非政府组织也将环境保护作为投资和援助的重点领域。因此，中国积极参与国际环境制度的构建是大有可为的，环保资金的引进、环保技术的转让以及各类环境项目的研究工作都将成为新的经济增长点，并且促使环境保护从单纯的污染防治转向重视经济、社会、环境的全面、综合的可持续发展。

第四，通过参与国际环境制度，提高了中国在国际制度构建方面的能力。与国际制度的关系曾经是中国对外关系中的薄弱环节。一般来说，主权国家对国际制度的参与分为三个层次，第一层次是参与并遵守已有的制度规范，第二个层次是运用已有的制度规范来维护自身权益，第三个层次是主导新的制度规范的形成。20世纪90年代以来的实践证明，中国参与国际制度的程度越高，在国际制度构建中的作用就越大，在承担义务的同时，也享受到更充分的权益。国际环境制度是国际制度的组成部分，是世界各国共同参与环境合作的制度化产物。中国自20世纪70年代后一直致力于国际环境领域中的相关活动，积极参加环境问题的国际会议，响应各种全球环境倡议和行动，积极参与一系列国际环境公约和协议的谈判、制定和签署。对于已经签署、批准和加入的国际环境公约和协议，中国一贯认真履行所承诺的义务，通过国家层面的立法、管理、监督来发挥作用。此外，中国还积极组织大型国际环境会议、学术交流合作等活动，以此为平台宣传自己参与国际环境合作的原则和观念，影响国际环境制度的发展方向。环境问题涉及国家发展根本利益，国际环境制度的构建早已成为国际关系的焦点议题，反映出各种利益之间的斗争与妥协。国家实力的增强为中国参与能力的提升打下了基础，在国际环境制度的构建中不再只是被动地接受或旁观，而是要全方位地参与并施加建设性的影响，把握国际环境制度的演变趋势，在推动全球环境合作的同时维护自身和发展中国家的利益。

第五，通过参与国际环境制度，中国进一步树立起负责任的大国形象，国际地位得到提升。环境问题的凸显改变了传统的国际关系观念，促使国际社会在更多的公共事务上达成共识，协调行动，担负起共同的责任。尤其到了冷战结束后，"绿色政治"在世界各国兴起，环境保护成为了评价一国国际形象的重要标志，在一定程度上能够影响国际舆论和公众意识。中国的环境问题已经在世界范围内受到越来越广泛的关注，作为一个负责任的大国，积极参与国际环境合作与交流，将国家利益与国际义务结合起来，不仅要在参与国际环境制度的进程中维护中国的国家利益，保障中国的可持续发展，而且应该注重国际利益和全人类共同利益，为全球环境保护做出贡献。这有利于树立起中国重视道德的"绿色"形象，逐步消除形形色色对中国的误解和敌意，增进其他国家民众对中国情况的了解和理解。在国际环境会议和谈判中，中国坚持公正立场，主张求同存异灵活务实，既是发展中国家信赖的朋友，也是发达国家合作的伙伴，经常在谈判的关键时刻发挥独特的协调作用，承担与发展中的环境大国地位相适应的责任。当前，中国国内的环境问题重重，作为"世界工厂"，中国消耗大量资源，出口产品到国外，严重破坏了生态环境，而且，由于中国人口众多，经济高速增长，中国对世界环境和资源的影响力仍在加剧。从这个角度而言，中国的环境问题就是世界的环境问题，中国是全球环境事务中不可或缺的重要力量。

尽管取得了显著成就，有利于中国和平发展的顺利实施，中国对国际环境制度的参与仍然存在局限，在国际环境制度构建中的主导能力有待进一步增强。

3. 国际环境制度给中国和平发展带来的压力

如前所述，中国在国家政策层面已经采取严格的措施来控制环境的恶化，是世界上环境保护力度最大的国家之一，是可持续发展理念的坚定拥护者和有力执行者。然而，就环境问题的解决途径来说，国际环境制度的运行可能导致权威的转移和权力的重新分配，削弱国家在特定环境问题上的主权。"向传统的主权观念发出质疑的，既有国家处理生态威胁的有限能力（地方性和全球性两方面兼而有之），也有新社会力量围绕环境问题显示出的动员能力及其潜力，还有国家控制全球经济的力不从心的各种表现，以及管理生态保护问题的国际制度的各种安排现实的力量及其前景。"[1] 尤其是国际环境制度约束力的强化是近年国际关系领域发生的重大变化，主权国家应对这一变化趋势需要一个适应的过程。现阶段中国国内的环境保护重点与国际环境制度的议题存在显著的区别。根据 2007 年 11 月中国政府发布的《国家环境保护"十一五"规划》，列入国家计划的强制性减排指标

---

① Andrew Hurrell, Benedict Kingsbury, *The International Politics of the Environment: Actors, Interests, and Institutions*, Clarendon Press, Oxford, 1992, p. 136.

只有二氧化硫和化学需氧量两项[①]；到 2011 年 12 月发布《国家环境保护"十二五"规划》中，增加了氨氮化物和氮氧化物两项[②]，不同于当前国际环境制度中以减控二氧化碳等温室气体为主的进程。外交是内政的延续，中国对国际环境制度的参与理应是中国国内环境保护工作对外的延伸。但是，世界各国在环境保护的目标和观念上存在着很大分歧，发达国家凭借实力优势主导着国际环境制度的议程设定，促使气候变化、生物多样性、臭氧层保护等议题占据了焦点地位，而发展中国家关注的水污染、土壤污染、污染转移等问题却无法得到应有的重视。中国对国际环境制度的参与，需要国内的环境保护行动予以配合，否则参与的水平与能力都无法得到提高，但如果以国际环境制度的重点来指导国内的环境保护行动，就会偏离中国自身环境保护工作的基本目标，制约中国的和平发展道路。

从中国的现有国情和发展的阶段特性出发，中国的和平发展道路，迫切需要解决好经济发展与环境保护之间的关系。中国的工业化、城市化进程仍处于加速发展中，发展是中国当前的第一要务。为了实现和平发展的战略目标，中国早就提出"确立绿色、低碳发展理念，以节能减排为重点，加快构建资源节约、环境友好的生产方式和消费模式"。[③] 但是，经济发展阶段短时间内难以跨越，加上经济模式、能源结构、人口规模等客观因素，作为世界上最大的制造业国家，中国在全球市场上配置资源也可能导致其他国家或国际性的生态环境问题，因此，中国的发展长期面临不可避免的国内、国际环境压力，参与国际环境制度并履行相应的国际义务所带来的压力必然将是长期存在的。

尽管中国已经为治理环境采取了诸多积极的措施，但扭转环境恶化的趋势仍是一个长期坚持不懈的过程，难以起到立竿见影的效果。根据《2014 年全球环境绩效指数（EPI）报告》，在全世界 178 个参加排名的国家和地区中，中国居第 118 位。环境绩效指数（Environmental Performance Index, EPI）[④] 是一套针对世界各国应对空气质量、水资源管理和气候变迁等

① 参见《国家环境保护"十一五"规划》，《中国环境报》，2007 - 11 - 28，第 5 版。
② 参见《国家环境保护"十二五"规划》，《中国环境报》，2012 - 01 - 19，第 2 版。
③ 中华人民共和国国务院新闻办公室：《中国的和平发展》（2011 年 9 月），第 11 页。
④ 环境绩效指数由世界经济论坛与耶鲁大学的环境法律与政策中心、哥伦比亚大学的国际地球科学信息网络三方联合发布，自 2006 年开始，环境绩效指数每两年发布一次。在以往 4 次的排名中，2006 年中国居第 94 位（共 133 个国家和地区参评）、2008 年中国居第 105 位（共 149 个国家和地区参评）、2010 年中国居第 121 位（共 163 个国家和地区参评）、2012 年中国居第 116 位（共 132 个国家和地区参评）。

敏感环境问题能力的评估体系，包括政策目标、政策领域、具体指标三个层次，根据各国在各项指标的表现与既定目标的差距对其打分。具体而言，中国在健康影响、生物多样性与栖息地、气候与能源等领域的环境绩效表现好，在渔业、水资源、空气质量等领域表现差。瑞士、卢森堡、澳大利亚、新加坡、捷克在评估中占据排名前5位，德国排名第6位，英国第12位，加拿大第24位，日本第26位，美国第33位。在新兴经济体中，俄罗斯排名第73位，巴西第77位，印度第155位。① 由此可见，与世界多数国家相比，中国的环境保护水平仍然存在较大的差距。同时，这种权威机构通过定期报告发布的数据，往往为全球范围内的国际环境合作提供借鉴和基础，中国落后的表现在一定程度上制约着中国对国际环境制度的参与能力，甚至有损中国的国际形象。所谓的"中国环境威胁论"，就是片面夸大、恶意渲染中国的环境问题以及中国对全球环境问题的负面影响，鼓吹限制中国的经济发展。反映到国际环境制度的博弈中，西方国家借此向中国频频施压，逼迫中国在全球环境问题上承担超出能力的义务。其原因固然有对中国发展冲击全球环境资源的担忧，更深层次则是以此维护其环境资源主导权，延缓中国的发展进程。

中国的崛起势头越迅猛，要求中国更多履行国际环境义务的压力就越大。中国政府一向勇于承担应尽的责任，但强调"共同但有区别的责任"的原则。一方面，中国经济总量不断上升，与世界的联系日益紧密，有责任也有能力为国际环境制度的构建发挥更大的作用。况且，很多中国国内环境问题的解决，离不开对国际环境合作的建设性参与；另一方面，中国坚持发达国家与发展中国家在环境责任上的区别，坚持国际社会应该充分考虑发展中国家的发展权，坚持发达国家应通过资金援助和技术转让等方式帮助发展中国家增强保护环境的能力。但是，中国的上述主张在参与国际环境制度构建的进程中，面临着越来越多的困难。"全球性环境制度是各主权国家在自身狭隘的国家利益基础上进行讨价还价的结果。由于各自国家利益上存在各种冲突，因此，要达成各方都能够接受和同意的制度就需要相当高的费用。"② 随着国际环境制度的深化，各主权国家的利益分歧越来越明显，博弈越来越复杂，在原有的南北矛盾之外，发达国家和发展中国家各自阵营内部的分歧也越来越大。特别是发展中国家在国际环境制度

① 参见董战峰等《2014年全球环境绩效指数（EPI）分析与思考》，《环境保护》2015年第2期，第55—56页。
② 任丙强：《全球化、国家主权与公共政策》，北京大学出版社，2007，第152页。

的具体议题上出现了立场分化，中国不仅面临发达国家的压力，而且面临发展中国家的质疑，既要坚持为发展中国家争取利益，又要从自身国情出发维护自身的利益，这导致中国的环境保护主张有时难以得到广泛的支持，在国际环境制度中缺乏足够的话语权。

环境问题是科学问题，也是政治、经济和社会问题，参与国际环境制度的构建，对中国的科技、政治、经济和社会发展提出了全方位的要求。总体上，中国参与国际环境合作的能力仍然存在不足。具体而言，中国需要进一步提高公众的环境意识，加强公众对环境保护的参与，为国际环境合作营造有益的社会舆论基础；中国需要加快环境问题基础理论和先进环保技术的研究工作，制定有针对性的战略和规划，为中国参与国际环境制度的构建提供科学依据；中国需要进一步完善环境立法，形成健全的环境保护法律体系并严格实施，明确国家、企业、个人等环境保护主体各自所应承担的权利与义务；中国需要继续转变经济增长方式，推进经济结构调整，加大经费投入用于治理污染、节约能源、资源再生以及开发环保新技术；中国需要培养大批高素质的兼具对外交往能力和环境知识的专家与外交人员，在国际环境谈判中捍卫中国的主张和权益；中国需要推动国内环境非政府组织走上国际舞台，发挥非政府组织的话语权和影响力，促进国际社会对中国立场的理解。当前，"环境问题成为国际冲突的新动力，也可以成为国际合作的新契机"[1]。尽管面临重重压力和局限，中国在着力解决本国环境问题的同时，理应增强参与国际环境制度的主动性，积极拓展国际环境合作的空间和领域，从而更好地服务于中国的和平发展道路，也有利于维护国际社会的共同利益。

三　中国和平发展与国际气候制度

"国际气候制度是国际社会应对全球气候变化的制度构架，正处于一个不断发展变化的进程中。"[2] 大量的科学证据表明，以全球变暖为主要特征的气候状态异常正在不断加剧，将使全球地表温度普遍升高，造成海平面上升、洪水泛滥、干旱频发，对自然生态系统和世界经济社会造成不可逆转的影响。自 1992 年巴西里约热内卢联合国环境与发展会议之后，国际气

---

① 黄全胜：《环境外交综论》，中国环境科学出版社，2008，第 225 页。
② 庄贵阳、陈迎：《国际气候制度与中国》，世界知识出版社，2005，"前言"，第 6 页。

候制度迅速成长为国际环境制度中最具有风向标意义的组成部分，关于确立温室气体减排目标和实现途径的国际气候谈判经历了曲折的历程，演变为当今国际关系中规模最大的全球多边谈判平台。中国在国际气候谈判中的立场备受瞩目，对国际气候制度的未来趋向具有不可或缺的作用。

1. 中国在国际气候谈判中的地位

国际气候制度是在旷日持久的国际气候谈判中逐步构建起来的。1992年6月，166个国家在巴西里约热内卢举行的联合国环境与发展会议上签署了《联合国气候变化框架公约》，确认由于人类活动引起大气中的温室气体浓度上升而使气候系统产生的异常变化，要求世界各国共同努力应对这一挑战，确立了发达国家与发展中国家"共同但有区别的责任"原则，成为在国际环境制度中最具影响的国际公约。1994年3月21日，《联合国气候变化框架公约》正式生效。1995年3月，《联合国气候变化框架公约》第1次缔约方会议在柏林召开，会议通过了《柏林授权书》等文件，要求最迟于1997年达成有关发达国家限制温室气体排放的协议。此后，联合国每年举行一次缔约方会议，逐渐演变为国际关系中最受瞩目的多边外交平台，围绕如何实现温室气体减排展开了一系列谈判，其本质是世界各国对温室气体大气容量资源的国际分配。

1997年《联合国气候变化框架公约》第3次缔约方会议通过了具有里程碑式意义的《京都议定书》，要求41个主要工业国家2008年至2012年的温室气体排放量，在1990年的基础上平均减少5.2%，其中欧盟削减8%，美国削减7%，日本削减6%，而发展中国家不做指标式减排要求。同时，《京都议定书》提出了三种实现减排目标的机制，即：清洁发展机制（CDM）、排放贸易机制（ET）和联合履约机制（JI）。《京都议定书》是人类历史上第一个对温室气体减排提出明确指标限定的国际条约，开创了国际环境制度具有强制约束力的先河。美国于2001年3月宣布退出《京都议定书》，但同年11月在摩洛哥马拉喀什举行的《联合国气候变化框架公约》第7次缔约方会议上，各方经过妥协，成功解决了《京都议定书》三机制的运行规则，决定启动CDM项目，使国际气候谈判进入缔约方批准的关键阶段。2005年2月16日，《京都议定书》正式生效。此后，《京都议定书》第二阶段温室气体减排谈判启动。

2007年12月，第13次缔约方会议在印度尼西亚巴厘岛召开，讨论第一承诺期2012年到期后如何进一步降低温室气体排放。会议通过了"巴厘岛路线图"，在《气候变化框架公约》下设立促进长期合作行动的特设工作组，启动一个新的谈判进程，与原有谈判进程一起构成了国际气候谈判"双轨"并行格局。会议提出到2009年前完成全球应对气候变化新安排的谈判，要求所有发达国家都必须履行可测量、可报告、可核实的温室气体减排责任，将美国纳入旨在减缓全球变暖的未来新协议的谈判进程之中。然而，由于各方立场差异过大，之后国际气候谈判的进展极为缓慢。2015年12月，在巴黎举行的第21次缔约方会议通过了《巴黎协定》，全球195个缔约方前所未有地在气候问题上达成一致。《巴黎协议》提出，各缔约方将加强对气候变化威胁的全球应对，将全球平均气温较工业化前水平升高控制在2摄氏度之内，并为把升温控制在1.5摄氏度之内而努力；2020年后，各缔约方以"自主贡献"的方式参与全球应对气候变化行动，发达国家将继续带头减排，并加强对发展中国家的资金、技术和能力建设支持，帮助后者减缓和适应气候变化；从2023年开始，每5年将对全球行动总体发展进行一次盘点，以帮助各国加大力度，加强国际合作，实现全球应对气候变化长期目标。

中国从20世纪90年代初就对气候变化问题给予了高度重视。早在1990年12月就成立了气候变化协调小组，这是中国首次成立的专门负责气候问题的机构。1992年中国参加了联合国环境与发展大会并签署了《联合国气候变化框架公约》。由于这一阶段中国对全球环境问题的研究尚处于起步阶段，缺乏有关气候变化的监控数据和测评报告，中国对全球气候变化问题的参与比较被动。《京都议定书》出台后，中国于1998年5月签署，是第37个签约国，同年还建立了国家应对气候变化对策协调小组。之后，中国于2002年8月批准了《京都议定书》，是第90个批准国。为了进一步加强对气候变化问题的领导，2007年中国成立了国家应对气候变化领导小组，由国务院总理担任组长，负责制定国家应对气候变化的重大战略、方针和对策，协调解决应对气候变化工作中的重大问题。同年，《中国应对气候变化国家方案》发布，明确提出了到2010年中国应对气候变化的具体目标、基本原则、重点领域及其政策措施，为保护全球气候做出贡献。此外，从2008年起，《中国应对气候变化的政策与行动》年度白皮书开始定期发布，气候变化问题在中国已经上升到前所未有的高度，"中国本着合作共赢的原则，团结广大发展中国家，保持与发达国家的交流与沟通，积极参与国际社会应对气候变化进程，在当前气候变化谈判中发挥了积极建设性作用"。①

---

① 解振华主编《中国应对气候变化的政策与行动2014年度报告》，中国环境出版社，2015，第30页。

国际气候谈判的最大矛盾，是发达国家与发展中国家之间的矛盾。中国既是最大的发展中国家，又是最大的碳排放国家，中国的谈判立场备受国际社会关注，影响着国际气候谈判的走向，在国际气候制度的演变进程中占据举足轻重的地位。在谈判的最初阶段，为了应对来自发达国家的压力，发展中国家形成了"G77＋中国"谈判集团，坚持大气中温室气体含量的增加主要是发达国家的工业化进程所致，因此发达国家应该承担温室气体减排的主要责任并率先进行实质性减排。正是由于"G77＋中国"的团结，《联合国气候变化框架公约》中采纳了"共同但有区别的责任"原则，《京都议定书》、"巴厘岛路线图"等有利于发展中国家的国际协议得到了通过，维护了发展中国家的利益。《京都议定书》第二承诺期提上谈判议程后，新兴国家的减排责任不可避免地成为国际气候谈判的焦点。中国、印度、巴西、南非等新兴国家的温室气体排放量随着经济快速发展而激增，发展中国家内部发展不平衡导致"G77＋中国"在国际气候谈判中出现分化，以此为背景，由中国、印度、巴西、南非组成的"基础四国"在 2009 年哥本哈根第 15 次缔约方会议上正式亮相，开始作为一个集团日益活跃在国际气候谈判的舞台上。

基础四国是亚非拉发展中国家中最具代表性的国家，是发展中国家的组成部分，而在发达国家看来，"基础四国等主要发展中国家的排放将在很大程度上决定着全球减排的效果"。[①] 面对气候谈判中各方立场的严重对立，基础四国以集团优势为依托，努力担当发展中国家和发达国家之间的沟通者。2009 年哥本哈根气候大会上，基础四国与美国之间的妥协，促成了《哥本哈根协议》的签订，从而避免了《京都议定书》第二承诺期第一次谈判的无果而终。2010 年年初，基础四国都遵照《哥本哈根协议》的要求向《气候变化框架公约》秘书处提交了国家自愿减排承诺，显示出基础四国的减排决心。2011 年的南非德班第 17 次缔约方大会上，基础四国接受了 2020 年后气候变化协议在唯一的德班平台上谈判的方案，以此换取发达国家同意《京都议定书》第二承诺期在 2013 年生效，并正式启动绿色气候基金。上述基础四国在谈判中表明的立场主张和谈判能力，为国际气候谈判注入了新的活力，打破了发达国家在气候变化谈判中的主导权，有助于维护发展中国家的利益。中国是基础四国中排放量最多的国家，承受的国际压力

---

① 高小升：《试论基础四国在后哥本哈根气候谈判中的立场和作用》，《当代亚太》2011 年第 2 期，第 92 页。

也是四国中最大的。中国一直强调在公平和发展的前提下勇于承担气候变化的责任，基础四国作为谈判集团的崛起加强了中国与新兴国家之间的合作和立场协调，不仅有利于中国发挥更大的作用，而且提升了发展中国家整体在气候议程中的话语权。

除了一年一度的《联合国气候变化框架公约》缔约方大会以外，中国在参与二十国集团领导人峰会、亚太经合组织领导人峰会、金砖国家领导人峰会、东亚峰会等多边活动中同样致力于推动气候变化议程。2014年9月的联合国气候峰会上，中国宣布将建立气候变化南南合作基金，并捐赠600万美元支持潘基文秘书长推动应对气候变化南南合作。在双边层次，中国与美国2013年发表了《气候变化联合声明》，建立了中美气候变化工作组，深化了两国气候变化政策和务实合作的交流；中国与欧盟、英国、德国、意大利、澳大利亚、韩国等国都建立了制度化的磋商机制，就国际气候谈判、国内应对气候变化政策等议题对话，并开展合作项目。随着中国对国际应对气候变化合作的参与程度越来越高，中国的有关主张和立场朝着更加积极、合作的方向演变。例如，2005年之后，中国改变了对《京都议定书》三个灵活机制的质疑态度，转而积极参与实施清洁发展机制，支持排放贸易机制；又如，2011年德班大会上，中国坚持不接受量化减排的立场发生了松动，表态愿意有条件接受2020年以后的量化减排协议。就发展趋势而言，中国立场的转变将对国际气候谈判的走向产生重要的影响。

2. 国际气候制度对中国和平发展的影响

当前，气候变化议题已经成为多边外交与双边外交的热点。尽管国际气候谈判一波三折，但气候变化带来的非传统安全威胁是一个客观事实，应对气候变化关系国际社会的安全与可持续发展。因此，通过国际气候谈判，建立合理的国际气候制度，从而控制气候变化的不良发展，避免发生气候灾难，是国际社会的共同责任。2012年的中共十八大提出了"大力推进生态文明建设"的战略决策，"必须树立尊重自然、顺应自然、保护自然的生态文明理念"。[①] 生态文明是人与自然和谐发展的文明，是可持续发展的基础和前提。倡导生态文明，将应对气候变化提升到国家战略的高度，既是顺应可持续发展世界潮流的客观要求，也是中国和平发展的现实需要。积极参与国际气候制度的构建，对于推进中国国内经济转型，在国际上树

---

① 《坚定不移沿着中国特色社会主义道路前进　为全面建成小康社会而奋斗——在中国共产党第十八次全国代表大会上的报告》（2012年11月8日），《人民日报》，2012-11-18，第1版。

立负责任大国的形象至关重要。

经过 30 多年的经济高速增长，现阶段中国和平发展的道路突出强调加快转变经济发展方式。国际气候制度的构建，总体上有利于中国"探索一条科技含量高、经济效益好、资源消耗低、环境污染少、人力资源优势得到充分发挥的中国特色新型工业化道路。中国经济实现全面协调可持续发展，将为世界经济发展开辟更加广阔的空间"。① 中国的气候条件复杂，生态环境脆弱，频发的极端气候现象造成了全方位的危害，包括：农业生产不稳定，作物品种布局变化，干旱洪涝灾害加剧，水资源供应缺乏，海平面上升，生物多样性减少等。着眼于长期发展，气候变化将对经济增长、人民健康和社会稳定构成严重威胁。控制温室气体排放、节约能源是国际气候制度的要求，也是中国实现和平发展的意愿。然而，历史经验表明，经济发展与温室气体排放的上升成正比关系，气候变化问题与发展问题密不可分。一个国家的发展进程中，只有在实现了工业化、城市化和现代化，完善了基础设施建设，满足了人民生活需求之后，能源消费和相应的温室气体排放增长才有可能逐渐下降。对于中国这样仍处于工业化快速发展中的大国来说，过早承担减排义务意味着减缓经济发展的步伐。国际气候制度是对全球气候秩序的构建，核心关乎世界各国在气候秩序中的权利与义务关系，实质是各国发展空间、产业竞争力的体现。气候变化问题的出现，主要是历史上发达国家在工业化进程中过度消耗化石燃料、排放温室气体造成的。发展中国家与发达国家处于不同的发展阶段，与发达国家相比，发展中国家的温室气体排放多属于生存性排放，属于摆脱贫困、发展经济、改善民生的刚性需求。13 亿人口的基本生存排放就已使中国成为世界上最大的排放国之一，现阶段的基本国情和所处发展阶段的特征，加剧了中国在当前的国际气候谈判中承受的巨大压力，过早过高承担减排义务，将阻碍中国社会经济的正常发展，成为中国和平发展的束缚。

国际气候制度在带来挑战的同时，也为中国的和平发展创造了机遇，有利于加速中国经济增长方式的转型，推动中国发展以节能减排和可再生能源为主要内容的低碳经济。随着国际气候谈判的深入，发展低碳经济成为国际社会的潮流。所谓低碳经济，是指"以低能耗、低排放、低污染为特征的，以实现较高的碳生产率、较高的经济发展水平和质量为目标的经济发展模式，其目的是使人类社会的发展彻底地与传统化石能源为代表的

---

① 中华人民共和国国务院新闻办公室：《中国的和平发展》（2011 年 9 月），第 11 页。

高碳能源的高强度消耗模式脱钩，以减缓气候变化，促进人类社会可持续发展。"[1] 国际气候制度的核心内容是温室气体减排义务的分担，世界各国减排的义务是一致的，减排的方式和步调却是灵活多样的。中国的能源利用率低，节能减排技术落后，以煤炭为主的能源结构使中国的减排成本相对较低，通过开发利用新能源、引进先进技术提高能源利用率，不仅有利于促进低碳和新能源产业发展为新的经济增长点，早日摆脱传统的高污染发展道路，而且有利于在低碳经济的竞争中抢得先机，在国家间的竞争中占据有利地位。事实上，自签署《联合国气候变化框架公约》后，中国在调整经济结构、转变增长方式、节约能源、提高能源效率、优化能源结构等方面就采取了一系列重要措施，并取得了显著成效。数据表明，与 2005年相比，2014 年中国单位国内生产总值二氧化碳排放下降了 33.8%，非化石能源在一次能源中的比重提高到 11.2%，森林面积增加 2160 万公顷，森林蓄积量增加 21.88 亿立方米，水电装机容量、风电装机容量、核电在建规模、太阳能热水器集热面积、农村沼气用户量均居世界第一位。[2] 从这个角度而言，国际气候制度演变所带来的压力，激发了中国经济发展模式的转型。随着国际气候合作的开展，一个全球性的节能减排市场逐步形成，只有掌握了低碳经济优势的国家，才能在新一轮的国际经济竞争中胜出。

在国际政治层面，世界各国围绕国际气候制度的博弈日趋激烈，不同的气候谈判力量之间进行着分化、组合，马拉松式的国际气候谈判成为各个国家和国家集团争夺国际话语权的重要平台，其中，中国是一支不可或缺的重要力量。中国经济的崛起是一个客观事实，无论中国自己是否愿意，在气候变化问题上，中国的发展中国家身份受到了发达国家以及小岛国家、最不发达国家的质疑，它们都要求中国为应对气候变化而承担更多的责任和义务。一直以来，国际气候谈判总是陷入"公地的悲剧"而无法取得进展，各个谈判方出于维护本国经济发展和人民福利的考虑不愿承担减排的义务，总是希望由其他国家来承担减排的责任，个体的理性选择导致了公共资源的过度消费，使气候变化问题不断加剧。作为新兴的大国，中国的和平发展在经济发展的同时，也需要积极展现负责任大国的国际形象。受金融危机和债务危机影响，欧盟等发达国家推动国际气候谈判的立场近年有所倒退，对此，中国理应以实际行动积极维护联合国主导下国际气候谈

---

① 何建坤：《低碳发展——应对气候变化的必由之路》，学苑出版社，2010，第 39 页。

② 数据引自《强化应对气候变化行动——中国国家自主贡献》，《人民日报》，2015 - 07 - 01，第 22 版。

判的延续，在为应对气候变化作出更多贡献的同时争取更多话语权。《联合国气候变化框架公约》和《京都议定书》是公认的国际气候制度的基础，公平原则和"共同但有区别的责任"原则是国际气候制度的基石。中国的和平发展秉持积极有为的国际责任观，一贯主张积极参与国际规则的制定，参与全球性问题治理，按照责任、权利、实力相一致的原则履行相应的国际义务。具体到气候变化问题上，中国主张正视发展中国家和发达国家在具体国情、经济发展水平与能力上的差异，主张发达国家率先大幅度减排，兑现向发展中国家提供资金和技术转让的承诺，主张发展中国家在发达国家支持下采取积极的适应和减缓气候变化的措施。这些主张反映了国际气候制度的核心内涵，具备充分的合法性和权威性，将国际气候谈判中的公平与正义具体化，有利于维护发展中国家的发展权，为中国的和平发展营造了更为合理的国际环境。

一个国家应对气候变化问题的立场，取决于对国内政治经济利益的判断以及对国际政治的考虑。中国在参与国际气候制度的进程中，国内需求与国际义务总体上是一致的。通过建设性地参与国际气候谈判，中国的和平发展将致力于探索一条发展经济与应对气候变化双赢的可持续发展道路，为全球的可持续发展作出应有的贡献。

3. 中国应对国际气候谈判的战略选择

中国已经把建设生态文明确定为一项战略任务，2011 年发布的"十二五规划"中更是明确提出："制定国家适应气候变化总体战略"[1]，"积极参与国际谈判，推动建立公平合理的应对气候变化国际制度"。[2] 国际气候谈判的走向关系世界各国经济社会发展战略的选择，其出路在于，通过创造性的制度设计，在全人类利益和世界各国利益之间找到平衡。作为第一大温室气体排放国和第二大经济体，中国有责任也有能力推动国际气候谈判的建设性发展。

坚持"共同但有区别的责任"原则，是中国参与国际气候谈判的基本立场，但并不意味着中国拒绝量化减排。长远来看，中国承担量化减排的义务只是时间早晚的问题。当前，中国已经通过自主减排的承诺与行动，开始为承担量化减排义务做准备。中国坚持共同但有区别的责任原则，将

---

[1] 《中华人民共和国国民经济和社会发展第十二个五年规划纲要》，《人民日报》，2011 - 03 - 17，第 1 版。

[2] 《中华人民共和国国民经济和社会发展第十二个五年规划纲要》，《人民日报》，2011 - 03 - 17，第 1 版。

其作为正义原则的体现，同时实现了对环境正义的追求、与其他发展中国家的团结以及对自身权益的维护。[①] 在中国看来，发达国家与发展中国家都应采取措施减少温室气体排放，但发达国家在《京都议定书》时期承担的是有强制约束力的减排指标，未来也应继续带头减排，而发展中国家则是在发达国家资金和技术支持下，在可持续发展框架内进行的自主减排。早在 2009 年哥本哈根气候大会召开前，中国就首次宣布了指标性的自主减排计划，即：到 2020 年，单位国内生产总值二氧化碳排放比 2005 年下降 40%—45%。2014 年 9 月，《国家应对气候变化规划（2014—2020）》发布，再次明确了中国的自主减排目标：到 2020 年，单位国内生产总值二氧化碳排放比 2005 年下降 40%—45%，非化石能源占一次能源消费的比重到 15% 左右，森林面积和蓄积量分别比 2005 年增加 4000 万公顷和 13 亿立方米等。同年 12 月，中国与美国发表《中美气候变化联合声明》，中国宣布将尽早于 2030 年左右达到二氧化碳排放峰值，并提出到 2030 年非化石能源占一次能源消费比重提高到 20% 左右。2015 年 6 月 30 日，中国向《联合国气候变化框架公约》秘书处提交了国家自主贡献文件，明确了中国到 2030 年的自主行动目标：二氧化碳排放 2030 年左右达到峰值并争取尽早达峰；单位国内生产总值二氧化碳排放比 2005 年下降 60%—65%，非化石能源占一次能源消费比重达到 20% 左右；森林蓄积量比 2005 年增加 45 亿立方米左右。上述自主减排的承诺和措施，使中国在国际气候谈判中获得了更多的谈判筹码，增强了中国参与谈判的主动性和灵活性，为最终承担量化减排义务创造了条件。

当前参与国际气候谈判的谈判方数量众多，利益和主张各异，谈判进程中的集团化趋势呈现错综复杂的局面，为中国在不同集团之间发挥建设性的桥梁作用提供了可能性，强化了中国自身的谈判地位。发达国家和发展中国家的对立是贯穿国际气候谈判的主线，双方在历史责任、量化减排、资金和技术援助等方面存在严重分歧。随着谈判的深化，发达国家和发展中国家各自内部又分化出众多小的利益集团。在发达国家内部，主要有欧盟和伞型集团：欧盟一直是国际气候谈判的主要推动力量，拥有节能减排方面的技术优势；伞型集团由美国、日本、澳大利亚、加拿大等温室气体排放大国组成，反对强制性减排目标，强调排放贸易、联合履约、清洁发

---

① Phillipe Stalley, "Principled Strategy: The Role of Equity Norms in China's Climate Change Diplomacy", *Global Environmental Politics*, Vol. 13, No. 1, 2013, pp. 5 - 6.

展机制等灵活机制的作用。在发展中国家内部，"G77+中国"是最大的集团，强调"共同但有区别的责任"原则，敦促发达国家向发展中国家转移资金和技术。然而，G77国家与中国在自然气候条件、经济特征、人口规模等因素上的差别较大，集团的不稳定性随着气候谈判的推进而日渐显露，分化出代表着特殊利益群体的更小规模的集团，包括：主张开展全球范围严格减排的小岛屿国家联盟、反对削减温室气体排放的石油输出国集团、要求将避免毁林作为削减温室气体排放措施的雨林国家联盟、强调获得气候资金和技术援助的最不发达国家集团以及由发展中大国组成的基础四国等。

中国在参与谈判之初，一直着力加强与G77的团结合作，同欧盟、伞型集团据理力争，在《气候变化框架公约》和《京都议定书》的谈判中都取得了有利于发展中国家的成果。发展中国家阵营的分化趋向，在一定程度上削弱了整体的谈判力量，但是，中国是最大的发展中国家，在国际事务中向来坚持以维护发展中国家的共同利益为己任，在气候变化谈判中同样强调发展中国家的共同属性和共同利益，秉持合作共赢的理念，努力在差异中寻求共识。2015年11月，习近平主席在出席巴黎气候大会时提出，"中国坚持正确义利观，积极参与气候变化国际合作。多年来，中国政府认真落实气候变化领域南南合作政策承诺，支持发展中国家特别是最不发达国家、内陆发展中国家、小岛屿发展中国家应对气候变化挑战"。[①] 为了照顾发展中国家的内部差异问题，中国主动宣布放弃部分气候援助的使用权，保证小岛屿国家和最不发达国家优先使用全球气候援助基金的权利，通过南南合作的方式向其他发展中国家提供应对气候变化的资金和技术。从2016年开始，中国启动在发展中国家的10个低碳示范区、100个减缓和适应气候变化项目及1000个应对气候变化培训名额的合作项目，继续推进清洁能源、防灾减灾、生态保护、气候适应型农业、低碳智慧型城市建设等领域的国际合作。集团林立的局面加剧了国际气候谈判达成的难度，中国在其中能够发挥居中协调的作用。一方面，中国与G77在气候谈判中合作的政治意愿和经济基础仍然存在，发展中国家仍然是中国参与国际气候谈判的依托，由新兴发展中国家组成的基础四国更是冲击了发达国家主导的气候谈判格局；另一方面，作为排放大国，中国与欧盟、伞型集团等发达

---

① 《携手构建合作共赢、公平合理的气候变化治理机制——在气候变化巴黎大会开幕式上的讲话》，《人民日报》，2015－12－01，第2版。

国家在气候技术方面拥有广阔的合作空间，有助于进一步拓展应对气候变化的南北对话与交流，带动发展中国家与发达国家的互动，引导国际气候谈判的走向。

迄今，联合国框架内一年一度的气候变化大会是最权威的谈判平台，但并非国际气候谈判的唯一机制。对于联合国框架以外的谈判机制，如二十国集团领导人峰会、金砖国家领导人峰会、亚太经合组织领导人峰会、世界经济论坛等多边平台以及双边对话，中国在维护联合国气候谈判主渠道地位的前提下，表现出更加灵活、务实的立场，利用更多相关的气候谈判进程来补充联合国的谈判。2005 年 7 月，中国与美国、日本、印度、澳大利亚、韩国共同发表了《亚太清洁发展与气候新伙伴计划意向声明》，旨在加强六国在能源效率、清洁煤炭、液化天然气等方面的合作，从而达到温室气体减排的目的。这项计划覆盖世界上近一半的人口，能源消耗和温室气体排放也几乎占全球一半，对促进联合国框架内的谈判具有重大意义。同年 9 月，中国与欧盟发表《中欧气候变化联合宣言》，宣布双方建立气候变化伙伴关系，将加强气候变化政策对话，合作实现改进经济能源强度的目标，并且在低碳技术的开发、应用和转让方面加强务实合作。2009 年 7 月，中国与美国签署了《加强气候变化、能源和环境合作的谅解备忘录》，确认两国间的合作对于增强能源安全、应对气候变化以及通过污染控制和其他措施保护环境和自然资源至关重要。2014 年 11 月，《中美气候变化联合声明》发布，两国宣布了各自 2020 年后应对气候变化的行动和减排目标，并希望借此为国际气候谈判注入动力。这些多边的、双边的气候合作机制以技术合作为核心内容，以自愿的方式履行义务，更加易于达成、操作，通过技术进步促进气候变化国际合作取得进展。当联合国框架内的气候谈判陷入各方矛盾裹足不前之时，上述机制为寻求突破而做出了有益的尝试。尤其是中国与美国业已达成的合作，表明两国具有相似的气候变化利益需求。甚至有学者提出，"未来中国与美国在国际气候谈判中或可以形成新的伙伴关系，中美两国分别作为发达国家和发展中国家的领头羊，结合自身的经济和人口发展需求，适当减排，共同推动全球的气候谈判"。[①]联合国气候谈判的主渠道地位不可替代，但积极参与其他多边、双边气候谈判进程，同样彰显中国在应对气候变化问题上对责任的担当。

---

① 吴静等：《国际气候谈判中的国家集团分析》，《中国科学院院刊》（第 28 卷）2013 年第 6 期，第 723 页。

　　气候变化从一个典型的全球环境问题，演变成为当前国际关系中最旷日持久的全球多边谈判平台。然而，"集团越大，增进集团利益的个体成员获得的集团总收益份额就越小，采取行动得到的报酬越少；集团成员的数量越大，组织成本就越高，集体行动的实现越加困难"。[①] 国际气候谈判注定只能在曲折中缓慢前行。中国应对气候变化的战略，需要平衡应对气候变化和经济发展的需求，服务中国和平发展的总体战略，推动国际气候制度的发展维护自身权益，也为维护全人类共同利益做出应有贡献。

---

　　① 〔美〕曼瑟尔·奥尔森：《集体行动的逻辑》，陈郁等译，上海人民出版社，1995，第 2 页。

第六章　中国和平发展对国际制度的构建

公正、合理的国际制度是维护世界和平、促进各国发展、推动全人类进步的保障。作为一个负责任的发展中大国，中国的和平发展必将对国际制度的变革与完善产生重大影响。

一　中国和平发展构建国际制度的基础

中国的和平发展道路将和平与发展有机统一起来，摸索出一条区别于历史上大国崛起的理念和方式。现行国际制度总体上有利于世界的和平与发展，有利于国际秩序的稳定，但也存在着各种不公平、不合理的内容，中国不是国际制度的挑战者，而是国际制度积极的参与者、负责任的建设者和稳健的改革者，主张通过国际关系民主化的方式，渐进地推动国际制度的完善。30 多年来，中国坚持走和平发展道路的成就，为国际制度的变革打下了基础。

1. 中国和平发展道路的意义

中国的和平发展是国家对内战略与对外战略的有机统一，既是对内的自我规范，也是对外的庄重承诺，理论上为国际关系注入了新的理念，实践中指导中国外交取得了丰硕的成果。

对内，中国的和平发展道路是现代化建设的必由之路，是在和平与发展的时代主题下实现国家繁荣富强的复兴之路。改革开放以来的中国现代化建设，始终以经济建设为中心。历史的经验表明，一个经济落后的国家无法自立于强国之林，经济落后势必受制于人。新中国成立后的前 30 年，为现代化进程打下了一定的物质基础和制度基础，但由于长期处于被遏制的国际环境，加之受国内"左"倾的影响，错失了 20 世纪 60 年代新科技革命方兴未艾的发展契机。80 年代初期，邓小平就提出了以经济增长为基础的"三步走"现代化设想：第一步，用 10 年左右的时间实现国民生产总值翻一番，基本解决人民的温饱问题；第二步，到 20 世纪末，国民生产总值再翻一番，人民生活达到小康水平；第三步，到 21 世纪中叶，赶上或超过中等发达国家，使人民过上中等富裕的生活。实际上，1988 年中国就实现了翻一番的第一步战略目标，1995 年又提前五年完成了翻两番的第二步战略目标。此后，中国科学规划了 21 世纪上半叶的奋斗目标。1997 年党的十五大报告提出了到 2010 年国民生产总值比 2000 年翻一番的发展目标；2002 年党的十六大报告进一步明确提出全面建设小康社会的奋斗目标，到2020 年，国内生产总值比 2000 年翻两番，综合国力和国际竞争力明显增强；2007 年党的十七大报告，提出了人均国内生产总值到 2020 年比 2000 年翻两番的更高的目标；到了 2012 年党的十八大报告，则描绘了全面建成小康社会、加快推进社会主义现代化的宏伟蓝图，发出了实现"两个一百年"奋斗目标的时代号召。习近平主席指出："到中国共产党成立 100 年时全面建成小康社会的目标一定能实现，到新中国成立 100 年时建成富强民主文明和谐的社会主义现代化国家的目标一定能实现，中华民族伟大复兴的梦想一定能实现。"① 当前"两个一百年"中的第一个奋斗目标期限将近，中国的人均国内生产总值仍需大幅提高，发展问题仍然是中国面临的最迫切、最核心的问题。因此，中国仍需坚持以经济建设为中心的国家发展战略，树立创新、协调、绿色、开放、共享的发展理念，引领发展方式转变，以发展方式转变推动发展质量和效益提升，努力创造服务于经济建设的长期和平、稳定的国内环境。从这个角度而言，富民强国的内在要求促使中国走上了和平发展的道路。

对外，中国的和平发展道路开创了利用世界和平的时机发展自身，又通过自身发展促进世界和平的独特模式。20 世纪 80 年代邓小平对"和平与发展"两大战略性、全局性问题的判断，是中国和平发展道路的认识起点。1992 年的中共十四大报告正式将和平与发展两大问题提高到时代主题的高度，高度概括了中国对冷战结束后国际局势及其未来取向的基本判断，既为中国制定以经济建设为中心的基本路线提供了科学依据，也为中国奉行独立自主的和平外交政策奠定了理论基础。以此为指导，中国应对国际局势和处理国际事务的能力大大增强，对外交往日益成熟稳定，为维护世界和平与促进共同发展做出了重要贡献。具体而言，和平发展道路在中国的对外关系中意味着长期坚持、贯彻独立自主的和平外交政策；意味着坚持把中国人民的利益同各国人民的共同利益结合起来，秉持公道，伸张正义；意味着坚持国家不分大小、强弱、贫富一律平等，尊重各国人民自主选择

---

① 习近平：《习近平谈治国理政》，外文出版社，2014，第 36 页。

发展道路的权利，不干涉别国内部事务，不把自己的意志强加于人；意味着致力于和平解决国际争端和热点问题，推动国际和地区安全合作，反对一切形式的恐怖主义；意味着奉行防御性的国防政策，不搞军备竞赛，不对任何国家构成军事威胁；意味着反对各种形式的霸权主义和强权政治，永远不称霸，永远不搞扩张。总之，走和平发展道路丰富了中国的外交理念，将中国的国家利益同世界各国人民的共同利益结合起来，谋求通过和平、发展的方式，而非战争、掠夺的方式来实现自身的崛起，在国际社会中寻求互利共赢和共同安全，推动建设一个持久和平与共同繁荣的和谐世界。

理论上，中国和平发展道路超越了传统的大国崛起模式，冲击了西方国际关系的理论框架。纵观近代几百年以来的国际关系史，无论是近代欧洲连绵不断的战争，还是 20 世纪的两次世界大战，甚至是持续半个世纪的冷战，都体现出"国强必霸"，通过战争、军事扩张争霸或称霸的传统大国发展模式，体现出军事对抗、集团结盟、弱肉强食的传统国际关系理念。而中国的和平发展道路坚决摒弃以武力和战争实现崛起的传统道路，坚持不争霸，不挑战现存的国际秩序，开创了利用国际和平环境发展自身，又通过自身发展促进世界和平与共同繁荣的新道路。以"权力"为核心概念的现实主义国际关系理论，以"相互依存"为核心概念的自由主义国际关系理论，以"观念"为核心概念的构建主义国际关系理论，都"没有将公正与合理当作国际秩序的价值追求"，[1] 不足以为中国的和平发展道路提供理论依据。中国的和平发展道路倡导以"互信、互利、平等、协作"为核心的新安全观，主张以对话增进互信，以协商化解矛盾，以合作谋求稳定。面对经济全球化的历史机遇和挑战，中国的和平发展道路一方面坚持对外开放的基本国策，全方位融入国际社会，另一方面主张尊重文明间的差异，尊重各国的历史文化、社会制度和发展模式，提倡不同文明之间相互借鉴，在求同存异中共同发展。与近代以来西方大国的崛起模式相比，中国的和平发展道路突出强调和平与合作的方式，强调中国与世界的共赢关系，体现出对国际社会共同利益的追求，摒弃了传统国际关系理论的思维定势，为国际关系理论的进一步研究提供了独特模式，必将推动国际关系理论的探索和创新。

---

① 王公龙：《和谐世界：国际秩序的新构想和新范式》，《现代国际关系》2007 年第 3 期，第 61 页。

实践中，中国的和平发展道路切实推进了中国的现代化建设进程，同时也促进了世界的和平与稳定，为世界各国创造了经济增长的机遇，实现了中国与世界的共同发展。在和平发展道路的指导下，中国的国家实力有了巨大提升，实现了从贫穷落后到人民生活总体实现小康的重大转变，经济总量上升为世界第二位，军事、科技等硬实力迅速提高，文化吸引力、国际威望、话语权等软实力同样显著增强。以此为基础，中国在国际关系中扮演了更为重要的角色，积极维护与大国之间的合作关系，着力加强与周边国家的睦邻友好，不断深化同发展中国家的传统友谊与互利合作，充分利用各个层次、各个领域的多边外交舞台。中国对和平发展道路的坚持，有力回击了形形色色"中国威胁论"的干扰。尽管中国长期奉行和平的外交政策，但一些国家出于地缘、意识形态、战略等考虑，仍然对中国的强大存在着不信任和敌意。和平发展道路显示了中国永不称霸的坚定决心和郑重承诺，以及中国为国际社会做贡献的责任意识，而且，中国通过自身发展的实际成果给世界各国带来了利益，被越来越多的国家视为机遇而不是威胁，有利于澄清国际社会对中国崛起的疑虑，在世界范围内消减"中国威胁论"带来的阻力。尤其重要的是，作为后发国家，中国和平发展道路的成功，向发展中国家证明了不同于西方国家发展模式的可能性，加速了新兴大国整体性崛起的时代潮流，推动了世界多样性和多极化的发展。

和平发展道路是中国明确提出并已经付诸实践的一条新型发展道路，"把中国国内发展与对外开放统一起来，把中国的发展与世界的发展联系起来，把中国人民的根本利益与世界人民的共同利益结合起来"，[①] 它已经并将进一步随着实践的深入彰显其重要的价值。

2. 国际制度变革的契机

国际制度是主权国家博弈的产物。罗伯特·基欧汉和约瑟夫·奈认为，经济进程、世界总体权力结构、问题领域的权力结构和受国际组织影响的权力能力等四个方面的因素可能影响或决定国际制度的变化。[②] 这种观点表明，国际关系的演变是引发国际制度变革的外部原因。进入 21 世纪以来，随着全球化进程的加速以及世界各国相互依赖的持续深化，国际社会对国际制度的需求进一步增强。但当前运行的国际制度在很多方面仍脱胎于二次世界大战后的权力结构，无法确切反映全球化时代国际关系发展的现实，

---

① 中华人民共和国国务院新闻办公室：《中国的和平发展道路》，《人民日报》，2005 – 12 – 23，第 15 版。

② 〔美〕罗伯特·基欧汉、约瑟夫·奈：《权力与相互依赖》（第 3 版），第 39—61 页。

提供公共产品的能力日渐匮乏，面临着迫切的变革压力。

全球治理理念在全球化时代的兴起，为国际制度的变革创造了条件。全球化呈现出一个跨越地理屏障、超越国家界限的过程，世界变得越来越小，人类比任何时候都更加连为一体。世界各国在分享全球化所带来的好处的同时，发现大量危及全人类共同命运的全球性问题摆在了面前。着眼于整个人类共同生存和发展需要的全球意识逐步形成，极大地改变着人们的传统观念。为了适应全球化的需要，全球治理作为一种新的国际合作构想应运而生，它超越传统的国家中心主义国际合作观，主张打破国内社会与国际社会的界限，将世界视为一个整体来治理，强调通过多元化、多层次的互动过程，去解决人类面临的共同挑战，确保全球性问题的管理符合世界多样性的现实和可持续发展的目标。"过去，治理主要被看做与政府间关系相关的事情，而现在，它不仅涉及政府和政府间的机构，还有非政府组织、公民运动、跨国公司、学术界以及大众媒体都卷入其中。"① 各个领域、各个层次的国际制度不仅为全球治理奠定合法性基础、制定行为规范，而且为全球治理的实践提供基本框架，全球治理的运行依托于国际制度才有实现的途径和可能。尤其是当全球治理的权威由国家向非国家行为主体转移，国际制度被赋予了更高的期待。尽管全球治理需求增大与国际制度供应不足的既有矛盾，使国际制度无法有效应对全球性问题，但是，在全球化加速发展的作用下，世界经济、政治、社会、文化领域都在经历全面转型，全球治理结构也正在进行相应的调整，必然带动国际制度的变革与创新。在全球层面，近年联合国的改革、国际货币基金组织的改革、二十国集团的强势崛起，都是为更加有效的全球治理而实施的国际制度变革。在地区层面，治理需求相对集中，更加容易形成利益共识，欧盟、非盟、东盟等地区性组织的治理机制转型与建设，促进了全球治理在地区范围的成效，并且通过扩大地区性国际制度的外延，有助于在更大范围实现治理。总之，国际制度决定了国家和其他行为主体在全球治理进程中的地位，全球治理的理念只有通过国际制度的变革才能得到有效的推广。

世界多极化持续推进，为国际制度摆脱权力政治的操纵提供了机遇。在国际关系的现实主义者看来，国际制度本质上是依附于国际权力结构的。权力是某一国际关系行为主体对另一行为主体的影响力，来源于行为体在某一领域的资源控制优势。"国际制度的主要依据还是一个社会体系中居支

---

① Commission on Global Governance, *Our Global Neighborhood*, Oxford University Press, 1995, p. 2.

配地位的集团或国家的权力和利益。"① 尽管国际制度能够在国际关系中独立地发挥作用，但冷战时期，国际制度长期受到两极格局的束缚，其公平性、稳定性和有效性遭到破坏。世界多极化，是主要的国际关系行为主体的力量对比逐渐趋向相对均衡的发展过程。这一趋势符合世界多样性的客观规律，也已经被二战后世界政治经济的发展实践所验证。早在 20 世纪 60 年代末，随着西欧、日本经济实力的增强，以及第三世界国家地位的上升，就开始出现了多极化的倾向。1971 年美国总统尼克松就提出了世界上出现美国、西欧、苏联、日本、中国五大力量中心的说法，认为"这五大力量将决定世界在本世纪最后 1/3 时间里的前途"②。冷战结束后，美国成为唯一的超级大国，却并未构建起稳定的美国独霸的单极格局。世界各种力量都在不断发展，它们对国际事务的影响力有着不同程度的提高，大大促进了多极化的发展进程。进入 21 世纪后，世界多极化成为不可阻挡的历史潮流，成为维护世界和平、促进世界发展的重要基础。多极化是一个动态的过程，主要力量的实力消长和互动最终决定多极化的走向。当前的多极化趋势，除了传统的美、欧、俄、日、中等强国之外，新涌现的地区性的发展中国家以其实力的迅速增长扮演着重要角色，是世界多极化的新兴推动力量。即便各种力量重新组合和利益重新分配的过程中还存在着各种不确定性因素的干扰，有可能遭受霸权主义的严峻挑战，但着眼于长期走向，世界多极化的趋势将不可避免地进一步加深，朝着制约霸权主义和强权政治的方向发展。世界力量的分散和相互制约意味着更多的国家能够平等地参与国际事务，造就了有利于国际制度变革的国际环境。

新兴国家的群体性崛起，冲击了西方国家主导下的国际制度，为国际制度的变革提供了动力。大国力量对比的变化是国际制度演变的基本动力。"国家之间的权势分配状况，决定了国家间互动的环境和国际政策选择的优先次序，因而也决定了国际制度形成的动机和预期。因此，应该把结构性因素看成是组成制度基础不同利益模式的决定性因素。"③ 现行国际制度是以美国为首的西方国家在二战后积极推动的结果，广大发展中国家在当时

① 〔美〕罗伯特·吉尔平：《世界政治中的战争与变革》，宋新宁、杜建平译，上海人民出版社，2007，第 42 页。
② 1971 年 7 月 6 日尼克松在堪萨斯城的讲话，转引自俞正梁等《战后国际关系史纲》，世界知识出版社，1989，第 235 页。
③ 〔美〕大卫·鲍德温：《新现实主义和新自由主义》，肖欢容译，浙江人民出版社，2001，第 47 页。

没有发挥实质性作用。随着政治上的觉醒，发展中国家提出了革新国际制度的要求，但却缺乏促进变革发生的足够实力。进入 21 世纪后，以新兴国家为代表的发展中国家经济增长迅速，中国、印度、巴西、俄罗斯等金砖国家对世界经济的贡献越来越大，呈现出群体性崛起的态势。2008 年金融危机的发生，加速了力量此消彼长的进程。在危机的打击下，世界各主要国家经济经历了不同程度的下滑，西方国家元气大伤，其增长模式和发展理念受到质疑，对世界经济的影响力不可避免地降低了。反观新兴国家，在增长相对放缓的情况下仍保持了强劲的势头，世界经济的结构重心发生了变化，国际制度的权力结构也发生了相应的变化。以此为背景，新兴的国际制度开始涌现，滞后的国际制度得以调整。有的反映出新兴国家谋求整体优势的尝试，如金砖国家机制；有的是对既有国际制度话语权的重新分配，如国际货币基金组织和世界银行的改革；有的是对原有国际制度的替代，如二十国集团取代八国集团成为国际经济协调的首要论坛；有的是对现存国际制度的补充，如亚投行和金砖国家银行的启动。不同层次的国际制度变革与调整，增加发展中国家的代表性和发言权成为大势所趋，发达国家在国际制度中的绝对主导地位逐步让位于发达国家与新兴国家的共同主导。新兴国家不仅以合作者身份分担发达国家的责任，而且以集团的方式表达自己的利益诉求，在国际制度变革与重塑中发挥重要作用。

国际制度的变革与完善是一个长期的过程。一方面，改革那些传统的滞后的国际制度，增强它们提供公共产品的能力与合法性，在协调国家间关系的基础上将国际关系的公平、正义、和平、繁荣作为目标，彰显国际制度的道德追求。另一方面，弥补那些国际关系新挑战所带来的制度空白，诸如网络安全、国际恐怖主义、公共卫生等新兴领域，都不同程度地存在着国际制度的匮乏或供给不足，构建相应的制度化合作框架迫在眉睫。一项有效的国际制度不可能孤立发挥作用，而是需要其他领域国际制度的协调，随着全球化与多极化的深入发展，不同领域国际制度之间的互动频繁，共同推动国际制度在变革中走向完善。

3. 中国和平发展推动国际制度变革的方向

国际制度的变革是国家和国际社会互动的过程，大国的作用是引导国际制度变革的关键性因素。作为正在快速崛起的发展中大国，中国顺应国际潮流、把握历史机遇，在国际制度构建中发挥建设性作用，不仅是坚持走和平发展道路的需要，也是作为负责任大国的历史责任。

首先，中国的和平发展将推动全人类共同利益成为构建国际制度的价值基础。国际制度的构建以国际社会接受的价值观念共识为前提。20 世纪国际制度的确立和运行主要体现了西方国家的利益和价值。进入 21 世纪以来，由于国际权力结构的深刻变化，国际制度中的西方价值观念受到越来越多的挑战。公民社会理念和信息技术的迅速发展，在国际关系中引入了多元化的价值规范，新兴国家的崛起，引发了新的价值理念与西方传统价值理念之间的交锋。中国的和平发展始终坚持"自身利益与人类共同利益的一致性，在追求自身发展的同时努力实现与他国发展的良性互动，促进世界各国共同发展"。① 全人类共同利益，是全人类作为整体赖以生存与发展所必需的利益，不是某个单一国家的利益，也不是国际社会中各国利益的简单相加。全球化的发展趋势和国家间相互依存的深化，突出了全人类共同利益理念的重要价值。"关于人类社会有高于各自国家利益的利益，关于人类社会的利益可能高于各国利益之和的信念，已得到越来越广泛的传播。"② 当今国际社会为解决物种消失、气候变暖、恐怖主义威胁、金融危机蔓延等全球性问题而开展的合作，从不同领域反映出全人类共同利益已经超越社会制度和意识形态分歧，成为不同国家的共同关切。和平发展是全人类的追求，中国的和平发展，是当今世界和平与发展时代潮流的组成部分，是应对全球性问题、捍卫全人类共同利益的积极力量，有利于推动全人类共同利益成为构建国际制度的基础。

其次，中国的和平发展将推动国际制度变革中的国际关系民主化建设。"民主"的基本前提是平等，国际关系民主化意味着国际社会中的主权国家一律平等，享有平等的权利。在中国看来，国家主权原则是国际关系的基石，世界上所有的国家，无论大小、强弱、贫富，都是国际社会中平等的一员，都有参与和处理国际事务的权利。"世界是丰富多彩的。世界上的各种文明、不同的社会制度和发展道路应彼此尊重，在竞争比较中取长补短，在求同存异中共同发展。各国的事情应由各国人民自己决定，世界上的事情应由各国平等协商。"③ 中国和平发展的外交政策一贯强调反对霸权主义，主张主权国家以平等身份参与国际制度的构建与改革，任何国家都没有凌驾他国和国际社会之上的特权。尤其要确保发展中国家平等参与国际事务

---

① 中华人民共和国国务院新闻办公室：《中国的和平发展》（2011 年 9 月），第 5 页。
② 〔美〕熊玠：《无政府状态与世界秩序》，余逊达、张铁军译，浙江人民出版社，2001，第187 页。
③ 《全面建设小康社会，开创中国特色社会主义事业新局面——在中国共产党第十六次全国代表大会上的报告》，《人民日报》，2002 - 11 - 18，第 1 版。

的权利，充分发挥它们在国际制度构建中的积极作用。中国倡导的国际关系民主化与西方国家在国际社会中推广的民主观念有着本质的不同，前者强调的是各国间的相互尊重、共同协商，反对强加于人，反对诉诸武力或以武力相威胁，反对少数国家把持国际事务决策权，从制度上遏制霸权主义和强权政治；后者的核心内涵是将西方的价值观向发展中国家的政治经济社会制度和意识形态渗透，运用民主观念为自身战略利益服务，实质上是在国际关系中推行强权政治。从这个角度而言，国际关系民主化与构建国际制度的内在要求一脉相承，代表着国际关系的发展方向和时代进步的趋势。中国是国际关系民主化的倡导者和践行者，中国的和平发展推动着为实现国际关系民主化的国际制度变革与创新。

再次，中国的和平发展将有助于提高国际制度的有效性。国际制度是主权国家认同的产物，只有当国际制度的成员普遍遵守国际制度的规范时，一项国际制度才是有效的。中国的和平发展是以现行国际制度为依托的，与参与国际制度的进程相辅相成，不仅在参与国际制度的进程中获得了机会和利益，而且必须遵守国际制度的规则，接受国际制度的约束，在享有权利的同时承担相应的义务和责任。作为国际制度的维护者、建设者，中国的和平发展与世界的和平发展同步，在国际制度的框架内增进了自身的权利和利益，展现了负责任的国家形象。与此同时，中国拥有当前最具活力的经济，随着中国与世界各主要国家的相互依存、相互渗透越来越深刻，世界各国分享着中国和平发展所带来的巨大红利和机遇，中国与国际制度的密切互动强化了国际制度的合法性和稳定性。在政治与安全事务中，中国坚定维护联合国主导下国际安全制度的权威地位；在世界经济领域，中国积极推动国际货币基金组织、世界银行和世界贸易组织的改革，推动增加发展中国家的代表性和发言权；在人权的国际保护问题上，中国积极参与国际人权交流与合作，在联合国人权机构中发挥建设性作用；在全球性环境问题的治理进程中，中国全力转变经济增长方式，践行可持续发展的理念。世界的发展离不开中国，中国对国际制度的参与和认同加强了国际制度的有效性，中国国家实力的提升则为国际制度的变革提供了强大的后盾。只要国际社会追求和平与发展的愿望不变，国际制度的生命力和有效性必将逐步加强。

最后，中国的和平发展将增强发展中国家在国际制度中的影响力。中国是最大的发展中国家，与广大发展中国家有过共同的历史遭遇，在当前的国际事务中有着相同或相近的利益诉求，在现存国际制度中共同面对着西方国家的主导地位。中国和平发展取得的巨大成功，是发展中国家追求国家现代化和民族复兴的组成部分，对于发展中国家整体而言，具有典范意义。发展中国家普遍认同中国的和平发展道路，期望从中国的发展中获益。虽然中国与发展中国家在政治、经济、外交利益方面也存在着差异，但发展中国家身份一直是中国外交政策的基石。中国与发展中国家都主张改革现行国际制度，在国际组织和国际会议中，中国是发展中国家的利益代表，发展中国家整体上给予中国很大的支持，中国与发展中国家之间具有坚实的合作基础。由于发展中国家数量众多，利益诉求各异，凝聚共识，改变在国际制度体系中的弱势地位需要发展中国家的共同努力。中国已经成为世界第二大经济体，在国际制度中要避免把自身从发展中国家剥离出来，而是要坚持与发展中国家同呼吸共命运，始终为发展中国家说话，充当发展中国家和发达国家之间的桥梁，在发达国家和发展中国家之间寻求共同点，推动国际制度在渐进改革进程中切实提高发展中国家的代表性和发言权，客观反映国际关系权力结构的变化。中国的国际影响力与发展中国家的团结合作密切相关，与发展中国家的信任支持密切相关，中国和平发展的成就不仅增强了中国在国际制度中的分量，而且将逐步强化发展中国家整体的决策权。

国际制度的产生和演变是国际社会发展的必然结果和现实需要，国家实力和国际地位的迅速提升，决定了中国是国际制度变革中的重要力量。中国关于在国际关系民主化基础上重塑国际制度的主张，顺应了进步的国际关系理念，得到了世界上大多数国家的支持；中国对于国际制度更多反映发展中国家利益的追求，在发展中国家当中引起广泛的共鸣。和平发展道路，使中国能够通过和平的方式和市场的途径参与国际制度的构建，并且推动国际制度朝着公平、民主、高效的方向发展。

二 中国和平发展构建国际制度的途径

进入 21 世纪，随着全球化进程的加快和相互依存状态的加深，随着中国和平发展战略的实施，中国开始以建设者和倡导者的姿态积极参与国际制度。国家实力的增强、战略目标的提升以及外交理念的进步，为中国参与国际制度的构建奠定了基础。就具体途径而言，以和平发展为依托，中国通过倡导新型国际关系理念带动国际制度的重构，通过在区域层面的突破带动全球层面的调整，通过既有国际制度的改造带动新型国际制度的建立。正如习近平总书记所说,"我们提出'一带一路'倡议、建立以合作共赢为核心的新型国际关系、坚持正确义利观、构建人类命运共同体等理念和举措,顺应时代潮流,符合各国利益"①,对国际制度的构建发挥了建设性的作用。

1. 倡导新型的国际关系理念

国际制度的构建离不开国际关系理念的引领。古希腊历史学家修昔底德在《伯罗奔尼撒战争史》中,总结了雅典和斯巴达冲突的根源,认为新崛起强国与既有强国之间的战争不可避免,这就是西方国际关系理论中著名的"修昔底德陷阱"②。自威斯特伐利亚和会后,国际关系史就是一部西方国家间霸权更替、大国兴衰的历史,弱肉强食、霸权主义、零和博弈等观念在国家间交往中占据主导地位。然而,中国的和平发展道路无法从历史上西方大国崛起的经验中照搬现成的模式,传统的西方国际关系理论框架无法对中国的和平发展予以科学阐释,"修昔底德陷阱"的逻辑并不适用于中国。"中国不认同'国强必霸论',中国人的血脉中没有称王称霸、穷兵黩武的基因。"③中国的和平发展,实现了对西方传统战略思维的超越,在实践中提出了一系列具有中国特色的新型的国际关系理念,如"国际关系民主化""和谐世界""人类命运共同体"等,为中国坚持走和平发展道路提供了理论支持。

英国学者巴瑞·布赞在分析中国的崛起时曾经指出:"中国的崛起真的只是适应一种主要受西方所启发的世界秩序吗?还是有更多的东西要提供出来?它是偏爱一种更加以地区为基础的世界呢,还是想在全球性的管理方面发挥更大的作用?如果是后者的话,它想推广什么样的价值?"④中国和平发展道路的提出不仅是基于自身力量和国际环境的现实选择,而且是中国站在全人类的高度追求更为公正、合理、和睦、包容的国际关系的一种尝试。中国和平发展所倡导的新型国际关系理念,既与中国悠久的历史文化传统一脉相承,又承接了自和平共处五项原则提出后指导中国对外关系的思想精髓。

---

① 《推动全球治理体制更加公正更加合理　为我国发展和世界和平创造有利条件》,《人民日报》,2015 - 10 - 14,第 1 版。

② 参见〔古希腊〕修昔底德《伯罗奔尼撒战争史》,谢德风译,商务印书馆,1960,第412—421页。

③ 《弘扬和平共处五项原则　建设合作共赢美好世界——在和平共处五项原则发表60周年纪念大会上的讲话》,《人民日报》,2014 - 6 - 29,第 2 版。

④ 〔英〕巴瑞·布赞:《中国崛起过程中的中日关系与中美关系》,刘永涛译,《世界经济与政治》2006 年第 7 期,第 18 页。

　　中国的历史文化传承数千年，蕴含了丰富的政治哲学和处世之道。人与自然的和谐，人与社会的和谐，人与人的和谐一直被中国人视为具有最高价值的追求。"大道之行也，天下为公"的理想，传递的是超越民族的责任感；"己所不欲，勿施于人"的观念，表达的是互相尊重、互不干涉的原则；"和而不同"的主张，突出的是在尊重、包容差异基础上所形成的协调与统一；"修身齐家治国平天下"的信条，强调的是运用内在道德修养的力量，通过文明教化去实现天下太平的目标。总体上，中国的传统文化具有内敛与和平的特性，爱好和平的思想植根于中国文化，自古就是中国人治理国家的基本信念，直到今天仍然有强大的生命力。英国哲学家罗素曾说："中国至高无上的伦理品质中的一些东西，现代社会极为需要。这些品质中我认为和气是第一位的，以公理为基础而不以武力去解决争端。"① 中国的和平发展道路，是在充分吸收中国优秀传统文化的基础上产生的，体现了中国历史文化的价值取向。新型国际关系理念的构建，需要凝聚人类各种优秀文明的成果。中国文化与西方有着不同的发展道路，是世界四大古文明中唯一延续下来的文明，文化的独特性为构建新型国际关系理念提供了可能。弘扬中国传统文化中的政治理念，发掘中国文化与当今时代的共鸣点，是倡导和平发展的国际关系理念的必然要求，也是中国为世界的和平发展贡献智慧和力量的应有之义。

　　与传统文化渊源相呼应，新中国成立后外交思想的演变包含着对新型国际关系理念的实践与主张。20世纪50年代，中国首先提出并和印度、缅甸共同倡导了和平共处五项原则。作为二战后民族独立国家对现代国际法及国际关系理论的创造性贡献，和平共处五项原则顺应历史进步潮流，在国际关系实践中不断得到丰富，成为国际公认的处理国家间关系的普遍准则。20世纪70年代，中国提出了"三个世界"划分的战略思想，客观反映了国际关系的基本矛盾和力量格局，充分肯定了第三世界国家在国际关系中的地位，丰富了中国的国际关系理念。20世纪80年代后，邓小平在全面分析国际关系各种矛盾及相互关系的基础上，提出了"和平与发展是世界两大战略问题"的科学论断。1992年，中共十四大正式把和平与发展问题提到时代主题的高度加以认识，为中国以经济建设为中心的基本路线提供了科学依据，确立了中国独立自主和平外交政策的理论基础。冷战结束后，面对各种力量的重新分化组合，中国提出了促进世界多极化和

---

① 〔英〕伯特兰·罗素：《中国问题》，秦悦译，学林出版社，1996，第167—168页。

国际关系民主化的主张，反映了中国对于国际关系基本发展趋势的战略判断。进入 21 世纪，中国明确提出致力于走和平发展道路、努力构建持久和平、共同繁荣的和谐世界。胡锦涛主席在联合国成立 60 周年首脑会议上指出："应该尊重各国自主选择社会制度和发展道路的权利，相互借鉴而不是刻意排斥，取长补短而不是定于一尊，推动各国根据本国国情实现振兴和发展；应该加强不同文明的对话和交流，在竞争比较中取长补短，在求同存异中共同发展，努力消除相互的疑虑和隔阂，使人类更加和睦，让世界更加丰富多彩；应该以平等开放的精神，维护文明的多样性，促进国际关系民主化，协力构建各种文明兼容并蓄的和谐世界。"[1] 和谐世界理念以共同安全、共同繁荣、相互包容为核心，全面阐释了中国对和平与发展的维护，以及对平等、公正国际秩序的追求。和谐思想并非中国独有的价值观，而是具有很强的普世性，其蕴含的民主、和睦、公正、包容等要素符合人类共同的基本道德信仰，符合现代国际关系中主权平等、民族自决、对话协商、互利共赢等基本准则，具有很强的生命力。和平发展道路与和谐世界理念都是 21 世纪中国国际关系理念的重大发展，两者相互配合、相互补充，前者是一条符合时代潮流的大国复兴之路，后者则全面反映了中国的国际秩序观，向国际社会传达了一个负责任大国的意愿和抱负。

2012 年中共十八大召开以来，以习近平为总书记的党中央，准确把握时代潮流和世界大势，提出了实现中华民族伟大复兴的"中国梦"这一重要理念，全面统筹新时期中国的治国方略。"在外交上不断采取新举措，推出新理念，展示新气象，新时期的中国外交更有全球视野，更有进取意识，更有开拓精神，积极探索走出一条有中国特色的大国外交之路。"[2] 中国外交空前活跃，国际关系理念推陈出新，包括：以合作共赢为核心的新型国际关系；人类命运共同体；正确义利观；共同、综合、合作、可持续的安全观；亲、诚、惠、容的周边外交理念；真、实、亲、诚的对非工作方针；等等。这些理念和主张，旨在以中国方案、中国智慧去解决全球治理的难题，为维护世界和平、促进全球发展发挥建设性的作用。这些理念的提出，充分表明中国在国际关系中不仅关注物质力量的强大，而且胸怀全球，注重价值观念的传播和人类文明的实现。2015 年 9 月，习近平主席在第 70 届

---

① 《努力建设持久和平、共同繁荣的和谐世界》，《人民日报》，2005 - 09 - 16，第 1 版。

② 王毅：《探索中国特色大国外交之路》，《国际问题研究》2013 年第 4 期，第 2 页。

联合国大会上发表讲话时指出:"当今世界,各国相互依存、休戚与共。我们要继承和弘扬联合国宪章的宗旨和原则,构建以合作共赢为核心的新型国际关系,打造人类命运共同体。"① 作为中国探索国际关系发展道路的又一创举,"人类命运共同体"的理念超越意识形态、种族和国家的界限,为思考国际社会的未来提供了全新的视角,也为中国的和平发展道路奠定了更为坚实的理念基础。习近平主席从政治、安全、经济、文明、生态五个方面系统阐述了打造人类命运共同体的路径:建立平等相待、互商互谅的伙伴关系;营造公道正义、共建共享的安全格局;谋求开放创新、包容互惠的发展前景;促进和而不同、兼收并蓄的文明交流;构筑尊崇自然、绿色发展的生态体系。② 当今世界日益发展成为一个你中有我、我中有你的命运共同体,中国和平发展致力于实现中华民族复兴的中国梦,追求的不仅是中国人民的福祉,也是各国人民共同的福祉。"人类命运共同体"理念承载了人类共同利益,体现出中国对人类进步所肩负的责任和自信,必将为国际制度的构建提供指导。

2. 推进现行国际制度的改革

中国的和平发展道路,以现行国际制度为依托,国际制度为中国实现和平发展提供合法框架和战略平台。在中国看来,二战后建立起来的国际制度,是在西方国家主导下发展起来的,主要反映西方国家的利益和价值观,其中有很多不合理、不公平的方面,没有反映占世界人口绝大多数的发展中国家的利益和愿望。但是,客观上,国际制度维护了国际关系的稳定和相对有序发展,构筑了国家间交流合作的规则与渠道,敦促国际社会共同面对挑战与威胁。因此,中国与现行国际制度不是冲突关系,而是合作的关系。中国并不主张推翻现行国际制度,而是要维护国际制度中公正、合理的成分,改造那些不公正、不合理的成分。中国通过和平发展推动国际制度的改革,是指"在利用原有国际制度的同时对其不合理的地方逐步地进行适当的调整,它是一个渐进和利益各方互相磨合的过程"。③ 作为现行国际制度的"后来者",中国对国际制度的全面参与,意味着获得了塑造国际制度未来的资格。冷战结束后的国际权力结构经历了渐进的、和平的

---

① 《携手构建合作共赢新伙伴　同心打造人类命运共同体——在第七十届联合国大会一般性辩论时的讲话》,《人民日报》,2015–09–29,第2版。

② 参见《携手构建合作共赢新伙伴　同心打造人类命运共同体——在第七十届联合国大会一般性辩论时的讲话》,《人民日报》,2015–09–29,第2版。

③ 许嘉、蔡玮:《国际制度与中国的选择》,《国际政治研究》2007年第4期,第142页。

变迁，而权力结构是国际制度形成并维持的决定性因素。"像国际机制这样的制度安排，反映的只是社会体系中的权力整合的现实。"① 中国已经成为世界第二个经济大国，在国际事务中扮演着举足轻重的角色，世界的和平与发展离不开中国。可以说，中国国家实力的提升为中国参与国际制度改革提供了强大的实力支撑。同时，中国并非推动国际权力结构变迁的唯一力量，21世纪中国的崛起是以新兴国家的群体性崛起为背景的。当发达国家主导下的国际制度陷入困境，难以满足国际公共产品的供给需求，必然要由新兴国家承担更大的责任，发挥更大的作用。国际制度的改革因而成为新兴大国与西方发达国家之间展开博弈的重要内容。

联合国是国际安全制度的核心。联合国改革的议题由来已久，冷战的结束激发了世界各国对联合国作用的期望，联合国改革成为国际关系的热门话题。加利秘书长在任时提出了许多关于联合国改革的设想和方案，安南秘书长在任时提出并实施了一系列改革措施，潘基文秘书长在任期内重点改革了秘书处，包括提高效率、加强问责制建设以及独立监督、审计制度建设等。安理会改革是联合国改革的焦点，不仅要反映国际关系现实，而且要兼顾各方利益，这关系国际安全制度的有效性能否得到强化。尽管2004年关于安理会改革的两套方案就已经正式出炉，2009年联合国大会启动了安理会改革的政府间谈判，但围绕扩大后安理会规模、新增成员类别、区域席位分配、否决权等关键问题的立场分歧长期没有得到解决。中国一贯重视并支持联合国改革，历来主张联合国改革"应当有利于实现《联合国宪章》的宗旨和原则，有利于完成时代赋予联合国的繁重任务，有利于体现地区均衡原则，有利于增强第三世界国家在联合国的地位和作用"。② 改革既是联合国适应国际关系变化和国际力量对比变化的结果，也是联合国自身发展的需要。在联合国中，中国既是最大的发展中国家，又是安理会常任理事国；在改革问题上，中国既要秉持发展中国家的立场，又要体现大国应有的作为和责任。面对各国改革方案的严重分歧，中国认为，联合国改革应循序渐进，对尚存分歧的重大问题，要采取谨慎态度，不人为设定时限或强行推动作出决定。安理会改革与中国既得的政治大国地位攸关，中国的主张以增加发展中国家的代表性和发言权为重点。当前安理会

---

① Oran Young, "The Politics of International Regime Formation: Managing Natural Resources and the Environment", *International Organization*, Vol. 43, No. 3, Summer 1999, pp. 351 – 352.

② 《江泽民主席在联合国成立五十周年特别纪念会议上的讲话》，《人民日报》，1995 – 10 – 25，第1版。

讨论的问题几乎都是发生在发展中国家和地区的地区性冲突或国家的内部冲突，因此，中国支持发展中国家有更多机会轮流进入安理会，参与安理会的决策，认为这将有助于增强安理会的行动能力，更加有效地履行维护世界和平的职责。中国坚持联合国改革应在《联合国宪章》框架内进行，这一立场符合联合国改革的主流观点，其主张与联合国所倡导的民主、平等、合作等价值理念是兼容的，得到了联合国与世界其他国家总体上的认可。然而，虽然中国确定了关于联合国改革的原则和基本立场，迄今尚未提出安理会扩大的具体方案。中国的和平发展需要联合国提供更加有效的制度安排，为了在联合国改革中掌握主动，中国亟须出台更加务实和具有前瞻性的改革方案。2015 年 9 月，习近平主席出席了联合国成立 70 周年的系列峰会，其间提出了一系列务实合作的措施，包括：设立南南合作援助基金，首期提供 20 亿美元，支持发展中国家落实 2015 年后发展议程；设立为期 10 年、总额 10 亿美元的中国－联合国和平与发展基金，支持联合国工作；加入新的联合国维和能力待命机制，率先组建常备成建制维和警队，建设 8000 人规模的维和待命部队；等等。这些措施表明，中国已经着手采取实际行动推动联合国改革的进展。

全球性国际经济制度的改革是当前国际关系的焦点问题。21 世纪以来，尤其是 2008 年金融危机之后，加快以国际货币基金组织、世界银行、世界贸易组织为核心的全球性国际经济制度的改革，成为实现全球经济稳定、可持续、平衡增长的客观要求。中国已经成为世界经济增长的重要引擎，以中国为首的新兴市场经济国家占全球经济的整体份额不断提高。但是，中国在世界经济中的地位和作用，不仅体现为中国的经济实力和竞争力，还体现为中国对国际经济制度的参与程度和决策权力。推动国际经济制度的改革，是全球化时代世界经济结构性调整的客观需要，也是中国经济发展和实力提升的必然要求。

随着国际货币基金组织 2015 年批准人民币加入特别提款权货币篮子，中国在国际货币权力结构中的地位进一步提升。而特别提款权货币篮子将更加多样化，充分反映近年来新兴国家在全球经济中日趋上升的地位，增加特别提款权的吸引力，增强国际储备体系的稳定性，[1] 事实上，早在 2010年国际货币基金组织通过的改革方案中，就显示出中国谋求国际金融话语

---

① 参见钱文锐、潘英丽《SDR 需要人民币：基于 SDR 定值稳定性的研究》，《世界经济研究》2013 年第 1 期，第 3—9 页。

权的努力以及推进国际金融制度改革的意愿。中国支持国际货币基金组织在重构国际金融制度中的主导地位，同时希望更多参与国际金融规则的改革，中国认为，"建立公平、公正、包容、有序的国际金融体系，对世界经济健康稳定增长十分重要"。[①] 在积极推动国际货币基金组织改革的同时，中国在世界银行的改革进程中也发挥了不可或缺的作用。现阶段中国已经是世界银行的第三大股东，作为与世界银行长期保持密切合作的发展中大国，中国曾经通过世界银行的援助获得发展资金、吸收先进的发展理念、参与国际发展合作。当前，中国通过资金支持、经验分享和参与改革来协助世界银行实现其减贫和发展的宗旨。2015 年 7 月，中国宣布在世界银行设立 5000 万美元的信托基金，与世界银行合作，通过资金和知识资源来帮助发展中国家实现包容性和可持续发展。

世界贸易组织的改革由于多哈回合谈判的长期拖延而势在必行，中国作为世界第一大出口国和第二大进口国，在改革进程中的作用同样举足轻重。当前国际贸易制度的创新更多体现在各种区域贸易协定的谈判与实施中，但长远而言，区域贸易协定无法取代世界贸易组织，利益最大化的全球贸易自由化才是世界各国共同追求的目标。中国一直坚定维护世界贸易组织在国际贸易制度中的主导地位，支持世界贸易组织决策机制朝着更加有效、透明的方向发展。在多哈回合谈判中，中国处于多个谈判集团的交汇中心，具备促成多哈回合早日达成的实力和条件。2015 年 9 月，中国正式接受世界贸易组织的《贸易便利化协定》，并呼吁其他世界贸易组织成员尽快批准，以便《贸易便利化协定》早日生效。2015 年 12 月，世界贸易组织第 10 届部长级会议在肯尼亚首都内罗毕召开，会议达成了全面取消农产品补贴的协议。这一成果是中国与发展中国家团结合作取得的胜利，中国为会议取得共识发挥了引导作用，推动了多哈回合的稳步进展。

国际制度的改革是大势所趋。中国推进改革的主张和措施，实质是提高新兴国家和发展中国家在国际制度中的代表性和话语权，并进一步加强国际制度的有效性，这就必然触及西方国家在现行制度中的主导地位，涉及国际政治、经济等领域各方力量的利益分配。国家实力的此消彼长是构建国际制度权力结构的基础，包括中国在内的新兴国家是当前国际制度改革的主要推动力量。相对于西方国家的实力，新兴国家"无论是经济社会

---

① 《稳中求进共促发展——在二十国集团领导人第七次峰会上的讲话》，《人民日报》，2012 - 06 - 20，第 2 版。

结构还是政府治理结构，都存在着质量和可持续能力偏低的问题"，① 推动由西方国家和新兴国家共同参与的国际制度改革，仍将是一个渐进的进程。

3. 打造新型国际制度的平台

国际制度是制度先行者创造的产物。20 世纪 90 年代后，中国逐步全面、积极地融入各种全球层次和区域层次的国际制度，国际制度成为中国实施外交战略的有效工具。"新进入国家与国际制度的交往构成了一个相互合法化的过程，前者获得表达利益诉求的法定机会，后者取得更广范围的社会支持。"② 但是，中国仅仅作为成员加入、参与既有的国际制度是不够的。着眼于为国家利益的拓展提供更为广阔的战略空间，中国需要成为新的国际制度的发起国或主导力量，"通过积极创建国际制度争取占有制度领导权，或多方合作领导权，从而在国际制度中占有主动"③，为国际社会打造新的公共资源供给平台。

中国构建国际制度的实践始于周边地区。中国国家利益在周边地区分布最集中，鉴于良好的周边环境对中国的和平发展至关重要，加快在中亚、东亚等周边地区的地区性国际制度的建设，是中国实现"睦邻、安邻、富邻"，达到"亲、诚、惠、容"的重要手段。上海合作组织是在中国境内成立并以中国城市命名的第一个国际组织，它所提出的互信、互利、平等、协商、尊重多样文明、谋求共同发展的"上海精神"反映了中国和平发展倡导的新型国际关系理念。中国在上海合作组织的成立和发展过程中起到了重要的引导性作用。与传统的地区性国际组织不同，上海合作组织奉行合作安全、综合安全、共同安全的理念，以非排他性和非强制性为特征，首创了结伴而不结盟的新型国家间关系和大小国家平等协作的新区域合作模式。自建立以来，成员国通过相互协商解决问题，旨在实现组织内部的稳定安全，不把抵御外部威胁当作合作的目标，在安全、经济、司法、文化等领域的合作相继展开，已经发展成为一个促进地区安全、稳定和发展的重要区域制度，丰富了国际制度的理论和实践。对中国而言，中国与俄罗斯、中亚国家共有 7600 公里的边界线，占中国陆地边界的 1/3，上海合作组织的发展稳固了中国的西北部边陲的安全与稳定，改变了中亚地区的地缘政治环境，中国成为了中亚地区的主导性力量之一。与此同时，在东南亚，中国参与了由东盟发起的东亚多边

---

① 黄仁伟：《新兴大国参与全球治理的利弊》，《现代国际关系》2009 年第 11 期，第 22 页。

② 王玮：《国际制度与新进入国家的相互合法化》，《世界经济与政治》2010 年第 3 期，第 83 页。

③ 许嘉、蔡玮：《国际制度与中国的选择》，《国际政治研究》2007 年第 4 期，第 141 页。

安全机制，在东北亚，中国积极推动和参与了朝核问题六方会谈。与上海合作组织相比，东亚地区的地区性国际制度构建以非正式的方式展开，参与各方就共同关心的地区安全问题举行会晤、表明立场、提出建议，通过的各项宣言、声明等文件不具备法律约束力。但是，非正式的国际制度同样有助于推进地区性制度化合作的深化，为探索正式、有效的国际制度创造条件。

中国构建国际金融制度的措施成效最为显著。鉴于西方主导下的国际金融制度长期不能给予新兴国家和发展中国家足够的代表性和话语权，中国不得不考虑在既有国际金融机构之外谋求建立新型的国际金融机构，以满足经济发展的需要。早在2010年，中国就曾倡议组建上海合作组织开发银行，之后，金砖银行和亚投行相继宣告成立，显示出中国构建国际金融制度的强大实力，集中反映了中国在国际制度中日益上升的趋势。

金砖银行是首个由新兴国家突破区域界限成立的多边金融机构，它的成立，弥补了现有国际金融机构的信贷不足，有助于稳定世界经济，是现行国际金融制度的重要补充，有利于加速国际货币基金组织和世界银行的改革。"金砖国家机制以集团协商的方式谋求发展中国家共同的利益诉求，对内，有助于通过密切的经贸合作强化金砖国家机制持久发展的基础；对外，则有利于以集团力量获得更多的发言权和更大的影响力，其中，中国有机会凭借在金砖国家中的优势地位，成为集团博弈的最大获益者。"① 中国一直积极推动金砖合作从松散的论坛向更加制度化的协调机制发展，推动金砖国家成为改革国际金融制度的重要力量。金砖银行着眼于长期发展融资，与之同时成立的应急储备安排则着眼于金融稳定，从而解决金砖国家和其他发展中国家在基础设施等领域的资金短缺，共同抵御市场波动，逐步打造更加公平、合理的国际金融制度。

亚投行的成立，更是中国金融实力和国际影响力上升的强烈信号，是中国构建国际金融制度的里程碑。中国在亚投行中的主导地位，不仅表现为中国是亚投行的最早倡议国和主要发起国，而且表现在筹备过程中对运行理念和模式的设计，以及人事安排的优先权。亚投行在筹建过程中所体现的开放、包容、协商的特性，不谋求一国的否决权、协商一致的决策方式、不干预内政的贷款方式等，表明它与美国主导的国际金融机构截然不同。西方有舆论认为亚投行挑战了西方主导的国际金融制度，但实际上，亚投行并未脱离现

① 蒲俤：《金砖国家机制在中国多边外交中的定位》，《教学与研究》2014年第10期，第55页。

行国际金融制度，它与世界银行、亚洲开发银行等传统金融机构是合作、互补的关系。它的运行将弥补亚洲地区基础设施建设的资金缺口，推进亚洲区域经济一体化建设，同时完善现行国际发展融资体系，引导国际金融制度重构的方向，为世界经济的可持续发展提供动力。

"一带一路"战略构想的出台为中国推动国际制度的构建准备了框架。2013 年 9 月和 10 月，习近平主席先后提出了建设"丝绸之路经济带"和"21 世纪海上丝绸之路"（合称"一带一路"）的倡议，"旨在促进经济要素有序自由流动、资源高效配置和市场深度融合，推动沿线各国实现经济政策协调，开展更大范围、更高水平、更深层次的区域合作，共同打造开放、包容、均衡、普惠的区域经济合作架构"。① "一带一路"的构想并非着眼于单个实体或机构，而是一项系统工程，将打造世界上跨度最长的经济大走廊，贯通中亚、俄罗斯、东南亚、南太平洋、南亚、西亚、印度洋、地中海和欧洲的部分区域，连接亚太经济圈和欧洲经济圈。"一带一路"的战略构想是以对外投资和贸易的形式来推动的，通过在中国的周边国家、延伸大陆带及相关海域进行战略性布局，激活欧亚大陆的经济增长潜力，促进中国与周边国家和地区的区域经济一体化的发展。当前，这一区域内，中国已经倡导、建设了多种形式的区域合作机构与制度性的纽带，包括亚投行、上海合作组织、中国 – 中亚国家论坛、中国 – 中东欧国家合作发展论坛、中巴经济走廊、中国 – 阿拉伯国家合作论坛、中非合作论坛、中国 – 东盟自由贸易区等，为"一带一路"战略的实施提供了现实的合作平台。在此基础上打造以中国为主导的更大范围的区域合作框架，必将对传统的国际经济制度形成制衡，进一步优化中国的周边环境和国际环境，为中国的和平发展和民族复兴营造广阔的战略空间。

公正高效的国际制度是中国和平发展的保障，中国和平发展已经积聚了引领和重构国际制度的能力。面对国际制度变革的契机，"推动建设国际经济金融领域、新兴领域、周边区域合作等方面的新机制新规则，推动建设和完善区域合作机制"② 既是中国和平发展的必然要求，也是构建更加公正、合理国际制度的必然选择。

---

① 国家发展改革委、外交部、商务部编《推动共建丝绸之路经济带和21世纪海上丝绸之路的愿景与行动》，人民出版社，2015，第 3 页。

② 《推动全球治理体制更加公正更加合理 为我国发展和世界和平创造有利条件》，《人民日报》，2015 – 10 – 14，第 1 版。

三　中国和平发展构建国际制度的障碍

国际制度是国际关系中权力较量的重要平台，参与国际制度的构建对大国而言具有战略意义。中国的和平发展，已经为更多地参与国际制度构建积聚了意愿和能力，但是，一个国家战略目标的实现，不仅取决于自身的主观愿望和客观条件，还取决于对国际、国内形势的准确把握。中国的和平发展能否坚持，"很大程度上要看我们能不能把世界的机遇转变为中国的机遇，把中国的机遇转变为世界的机遇，在中国与世界各国良性互动、互利共赢中开拓前进"。① 认清制约中国参与国际制度构建的因素，才能在把握机遇的同时趋利避害，坚定中国走和平发展道路的信念。

1. 国际话语权的局限

话语是一种以声音、语言为载体的表达和沟通方式。"话语权"既是一种权利，也是一种权力。20世纪70年代法国思想家福柯提出："话语是权力，人通过话语赋予自己权力。"② 这一观点对80年代后的国际关系研究产生了重要影响。从话语与权力相结合的角度，主权国家之间的不平等，不仅体现为经济、军事等实力大小的不平等，而且体现为话语权强弱的不平等。国际话语权被认为是"对国际事务、国际事件的定义权，对各种国际标准和游戏规则的制定权以及对是非曲直的评议权、裁判权"。③ 谁掌握了国际话语权，谁就掌握了主导国际关系的能力。长期以来，以美国为首的西方国家凭借其历史、文化、经济、军事优势，垄断着国际话语权的内容和平台。改革开放30多年来，中国的和平发展取得了举世瞩目的成就，经济发展水平和综合国力都取得了显著进步，但是，中国的国际话语权没有发生相应的大幅变化，并未获得与世界经济第二大国身份相适应的国际话语权。由于中国在政治制度、价值观念、意识形态等方面，与西方资本主义制度的明显差异，中国的和平发展道路一直未能摆脱部分西方舆论的误解、非议和质疑。各种版本的"中国威胁论""中国崩溃论"泛滥，有关中国不遵守国际规则、挑战国际秩序、不履行国际义务等无理指责时有鼓噪，中国的国际行为和国内的政治经济社

---

① 习近平：《习近平谈治国理政》，第248页。

② 〔法〕福柯：《话语的秩序》，载许宝强、袁伟选编《语言与翻译的政治》，中央编译出版社，2001，第21页。

③ 梁凯音：《论国际话语权与中国拓展国际话语权的新思路》，《当代世界与社会主义》2009年第3期，第110页。

会状况，极易招致西方媒体的肆意歪曲甚至是妖魔化。这反映出中国缺乏国际话语权的困境，是中国和平发展长期面临的瓶颈。

国际话语权与国际制度构建的关系密切。话语是文化、价值、意识形态的载体，话语权通过非强制性的方式产生影响，具体表现为国际关系中设置议题、制定规则、鉴别是非、引导舆论的能力，本质上属于软权力的范畴。约瑟夫·奈最早明确提出并论述了软权力的思想，他的软权力概念包括文化吸引力、意识形态或价值观念吸引力，以及塑造国际规则和决定政治议题的能力。在他看来，"一个国家文化的普世性和它具有的建立一套管理国际行为的规则和制度之能力，是至关重要的权力源泉"。① 按照这一界定，国际话语权既是国家软权力的组成部分，也是衡量软权力大小的重要标准，而国际制度既是国家软权力的重要来源，也是实现软权力的途径。国际话语权和国际制度都是软权力的表现，国际制度是国际话语权的重要平台，一个国家参与国际制度的程度越深，享有的国际话语权就越大。反过来，一个国家的国际话语权越大，对国际制度的影响和构建能力就越大。"如果一个国家可以塑造国际规则，使之与自己的利益和价值观念相吻合，其行为就更可能在他人看来具有合法性。如果它可以使用和遵循那些能够引导和限制他国自愿行为的制度和规则的话，那么它就没有必要使用代价高昂的胡萝卜与大棒。"② 在这里，话语权通过国际制度实现了合法化和权威化，成为了维护国家利益的力量。中国和平发展取得的成就，客观上冲击了西方国家在国际关系中的主导地位，面对西方国家的话语霸权，现阶段中国尚未掌握国际话语权的主动，与和平发展的需求之间存在着巨大的落差。但是，经济地位的变化为中国国际话语权的提升准备了物质基础，世界政治多极化和国际关系民主化发展，增大了中国国际话语权的成长空间，和平发展道路的成功经验对仍然在探索中的发展中国家产生了吸引力，为中国提升国际话语权创造了难得的历史机遇。

近年来，中国为打造中国话语体系、提升国际话语权，应对国际话语权挑战采取了积极的措施。中国的话语体系，是在借鉴传统文化、汲取西方先进成果基础上，对中国和平发展道路、制度、理论的阐述和表达，用具有中国特色的话语揭示中国和平发展的价值。2011 年 10 月，党的十七届六中全会通过了《中共中央关于深化文化体制改革　推动社会主义文化大

---

① Joseph Nye, *Bound to Lead: The Changing Nature of American Power*, Basic Books, 1990, p. 33.

② Joseph Nye, *Soft Power: The Means to Success in World Politics*, NY: Public Affcurs, 2004, pp. 10 – 11.

发展大繁荣若干重大问题的决定》，提出："创新对外宣传方式方法，增强国际话语权，妥善回应外部关切，增进国际社会对中国基本国情、价值观念、发展道路、内外政策的了解和认识，展现中国文明、民主、开放、进步的形象。"① 这一阐述将中国的文化建设与国际话语权联系起来。此后，中国开始从国家战略层面加强国际话语权的构建能力，其目的在于：通过自己的话语更好地阐释中国的和平发展道路，得到其他国家和国际社会的理解与支持，使中国在政治上更有影响力、经济上更有竞争力、道义上更有感召力、形象上更有亲和力，从而构建反映人类共同利益和共享价值的国际话语体系。习近平主席指出："提高国家文化软实力，要努力提高国家话语权，要加强国际传播能力建设，精心构建对外话语体系，发挥好新兴媒体作用，增强对外话语的创造力、感召力、公信力，讲好中国故事，传播好中国声音，阐释好中国特色。"② 中国丰富的传统文化、价值观念是话语权构建的源泉，挖掘传统文化的精髓，融合现代的先进理念和人文精神，从中提炼出具有普遍意义的人类共同价值，重建中国的核心价值体系，对提升国际话语权具有基础性的作用。

在外交实践中，中国努力通过拓宽话语传播渠道、加大话语能力的建设力度，为主导国际话语权创造条件，具体措施包括：充分利用现有的国际话语平台，贡献新的理念和议题，主动承担更多的制度运行的成本；倡导建立新的话语平台解决国际关系中的新矛盾和新问题；推动中国文化"走出去"，利用各种媒体形式传递中国的文化与价值观，尤其是利用新科技手段，开拓新兴媒体；开展公共外交和民间外交，向国际社会展示开放、进步、真实的中国；推动人文和学术交流，提高中国在国际人文社会科学领域的理论和学术水平，构建具有中国特色的国际话语体系。为了增进世界各国对中国语言、文化的了解，2004 年中国开始在海外设立孔子学院，到 2015 年 12 月 1 日，全球 134 个国家和地区已经建立了 500 所孔子学院和 1000 个孔子课堂③，成为遍及全球的传播中国文化的平台。"中国梦"作为昭示中华民族伟大复兴的中国式表述，在对外传播中同样发挥着重要作用，成为中国国际话语体系的新理念，"中国梦不仅造福中国人民，而且造福世

---

① 《中共中央关于深化文化体制改革　推动社会主义文化大发展大繁荣若干重大问题的决定》，《人民日报》，2011 – 10 – 26，第 1 版。

② 习近平：《习近平谈治国理政》，第 162 页。

③ 数据引自国家汉办官网：http://www.hanban.edu.cn/confuciousinstitutes/node_10961.htm。

界人民"①。"一带一路"的战略构想也不仅是经济层面的对外投资和贸易，而且是一种社会发展理念的对外传播，致力于与广大沿线国家构建共同价值体系，提升中国的国际话语权。

然而，国际话语权的构建是一个长期的过程，中国积极争取国际话语权的努力很难产生立竿见影的效果。中国虽然有丰富的话语权资源，却缺乏足够的普世性。语言、文化的巨大差异，导致相互交流中的隔阂、误解难以避免，政治制度和意识形态的差异则加剧了偏见，中国国际传播能力的提高也并非短时间就能见效。话语权属于软权力的范畴，软权力和硬权力之间是相互促进相互制约的关系。硬实力是软实力的基础，"弱国无外交"，没有强大的硬实力，就不会拥有充分的话语权，中国的国际话语权是以中国日益强大的经济实力、军事实力为基础的。但话语权的角逐是以思想价值观念的形式来表现的，并不完全按照国家实力大小来分配。因此，中国要争取更多的国际话语权，不能单纯依靠物质力量的增强，而应兼顾软实力的建设，加大中国文化的普世性和影响力，推动中国的观念和主张被其他国家所认可。只有经过长期的不懈努力，才能确保中国的和平发展道路得到其他国家和国际社会的理解与支持。

2. 国际环境的制约

中国的和平发展不是独善其身，国际关系领域的政治、经济、社会等环境因素影响并制约着中国的和平发展。中国和平发展对国际制度的建构，不仅取决于自身的主观愿望，还取决于对外部环境因素的把握。当今世界体系正在发生错综复杂的变化，政治多极化日益深化，经济全球化持续推进，和平、发展、合作成为国际社会的普遍共识，总体上为中国的和平发展创造了良好的国际环境。但是，美国加大对中国遏制的力度、周边安全形势的复杂化、世界经济下行的风险以及生态、能源等非传统问题的凸显，使中国和平发展面临的外部压力增大，制约着中国参与国际制度构建的能力。如何化解上述矛盾，维护和平发展的战略机遇期，营造良好的外部环境，是现阶段中国和平发展亟须解决的重大现实问题。

美国是当前唯一的超级大国，按照国际关系现实主义理论的逻辑，中国的迅速崛起势必冲击美国的主导地位。"国际政治经济关系是一种动态的循环过程。由于各国政治经济发展不平衡，后起的经济强国必然要利用发展起来的经济力量要求获得政治上相应的权力，而衰微的强国必然利用旧

---

① 习近平：《习近平谈治国理政》，第57页。

的制度权力阻止新兴大国的崛起，其结果就是系统的'结构性战争'和新的国际权力体制的建立。"① 出于地缘政治和意识形态的双重考虑，美国将中国视为战略对手的观点随着中国实力的增长而日益加强，对华政策中的防范、遏制成分加大，突出表现在"亚太再平衡"战略的提出。作为美国奥巴马政府重返亚洲政策的延续和补充，"亚太再平衡"战略的根本目的是确保美国在亚太的主导地位。具体而言，亚太地区在美国全球战略部署中的重要性得到了提高，美国借助亚太地区的盟国和伙伴，不断升级、强化双边军事合作的力度，部署更多的高端武器和军力，拉拢印度、缅甸等新伙伴，合力围堵、牵制中国在这一地区的战略空间。在经济领域，跨太平洋贸易伙伴关系协定（TPP）是"亚太再平衡"战略的支柱，美国通过打造以美国为中心的亚太自由贸易区的方式强化与该地区的经济联系，与中国争夺亚太市场，在提振美国经济的同时，巩固美国在亚太地区的经济领导地位，削弱中国的影响力。尽管美国近年受制于中东乱局、乌克兰危机和国内政治因素，战略重心东移仍然存在心有余而力不足的现实困境，同时美国在亚太地区仍需要寻求与中国在朝核问题、反恐问题、气候问题等领域的合作，以保障自身发展、维护地区和平稳定。但是，美国仍自视为不可或缺的领导世界的国家，认为世界需要美国的领导。② "亚太再平衡"战略针对中国的意图是不言而喻的，引起了中国的战略警觉。中美关系的信任基础因而受到削弱，美国对中国的遏制和包围，严重威胁着中国在亚太地区的利益，成为中国和平发展面临的一大障碍，制约了中国参与国际制度构建的能力。

　　周边安全环境是影响中国和平发展的最直接因素，中国的周边邻国众多，民族矛盾、宗教纠纷、领土争端等传统安全问题长期存在，恐怖主义、毒品走私、跨国犯罪等非传统安全问题日益猖獗，这使中国周边安全形势错综复杂。随着中国国力的增长，一些周边国家在"搭便车"分享经济红利的同时，对中国的疑虑和担忧与日剧增，担心中国的崛起打破地区均势。对此，中国采取"以经促政"的政策，通过对周边国家开放中国广阔的市场，加强与周边国家的经济合作，以此带动其他方面的合作。但是，一些周边国家担心过度依赖中国，受到中国的控制，在经济上依赖中国的同时，选择在政治和安全上依赖美国，试图通过与美国的政治、军事密切联系来

---

① 〔美〕罗伯特·吉尔平：《国际关系政治经济学》，第173—175页。
② 参见〔美〕罗伯特·卡根《历史的回归和梦想的终结》，陈小鼎译，社会科学文献出版社，2013，第12页。

平衡中国日益增长的影响力。这种"选择性依赖"大大削弱了中国"以经促政"政策的长期效果，尤其是在东部和南部，经济上日益紧密的相互依存并未转化为政治上的互信，反倒给这些国家造成了中国为确保经济发展不会动用武力解决争端的错误预期。日本提出所谓的钓鱼岛国有化问题，激化了中日在海洋争端中的矛盾；菲律宾、越南等国也想单方面加强对其所占南海岛屿的合法性，一再试探中国的底线，使南海争端加剧。面对周边国家的挑衅行为，中国原来的"搁置争议"主张失去了战略空间，迫使中国用实际行动更加清楚地阐明自己的核心利益和战略底线，表明中国维护国家主权利益的力量和决心，由此导致中国周边安全形势的紧张。在一些东南亚国家看来，"中国在南海争端中放弃了长期维持的'友善的大象'这一形象"。[①] 这一时期美国推行的"亚太再平衡"战略，正好迎合了一些周边国家对中国的戒心，美国利用中国周边的领土和海洋权益争端，怂恿中国周边国家与中国对抗，加大这些国家对美国的安全依赖。美国的举措成为中国周边安全动荡的催化剂，激化了中国与周边国家的矛盾，恶化了中国周边的安全形势。能否妥善处理东海和南海的领土主权及海洋权益争端，用合作共赢的地缘政治取代传统的对抗型地缘政治，是中国和平发展进程中的重大考验。

　　国际经济环境是中国和平发展的重要外部环境，中国的崛起与全方位融入世界经济体系密不可分。20世纪80年代末到21世纪初，世界经济总体上保持了强劲增长，中国充分利用了这一时期的机遇，实现了内向型经济向外向型经济的转变，建立起具有竞争力的开放型的市场经济体制。2008年金融危机是二战后涉及范围最广、后果最严重的一场危机，世界主要经济体都受到不同程度的打击，不仅使世界经济陷入了严重的衰退，而且对二战后的国际经济制度和治理结构提出了挑战。虽然经过国际社会的共同努力，近年世界经济已经实现复苏，但复苏基础不稳、动力不足、速度缓慢。发达国家经济的结构性问题远未解决，新兴市场经济体增长普遍放缓，大宗商品价格下跌削弱了生产国的增长前景，世界经济整体减速。而局部动荡加剧、自然灾害频繁等因素则进一步延缓发展中国家的经济增长，加重了世界经济长期低迷的态势。受金融危机后经济衰退蔓延的影响，以出口导向带动的中国经济面临巨大的下行压力，国际市场出口竞争压力加大，

---

① Yeremia Lalisang, "ASEAN's Procrastination in the South China Sea", *The Jakarta Post*, 2013 - 04 - 03.

贸易壁垒增多，对外投资环境复杂化，金融安全面临的挑战增多，中国参与国际经济制度构建的努力受挫。对于西方发达国家而言，中国与其他新兴国家的快速崛起冲击了西方主导的国际经济秩序，"赋予新兴大国在世界舞台上发挥更大作用的空间，将可能削弱维持民主、人权、核不扩散和环境保护的更强有力的多边体系和国际法律体制"①，为了维护既得的优势地位，近年西方发达国家越来越多地采取贸易保护主义措施，既有提高关税、反倾销、反补贴等传统手段，也有技术壁垒、环境壁垒等新方法。为了与新兴国家争夺国际经济制度的主导权，美国在亚太地区推动跨太平洋伙伴关系协定（TPP）于 2010 年开始谈判，并于 2015 年 10 月取得突破。美国和欧盟则于 2013 年 3 月宣布正式启动跨大西洋贸易与投资伙伴协定（TTIP）的谈判，这将是有史以来最大的自由贸易协定，被西方舆论称为"经济北约"。表面上，TPP 和 TTIP 只是两个区域贸易协定，但实际上，美国是带动欧洲、日本创建超越世贸组织规范的、涵盖范围更广、自由化程度更高的平台，制定有利于发达国家的全球贸易和投资规则，在发达国家经济规模下降的情况下继续主导国际经济制度，应对包括中国在内的新兴国家的挑战。总体上，当前中国面临的国际经济形势更加复杂、竞争空前激烈，对中国的和平发展以及重构国际经济制度的进程带来消极影响。

全球化的时代，国际关系领域那些威胁全人类利益的全球性问题凸显，中国和平发展构建国际制度的能力同样受制于全球性问题的挑战。尤其是资源能源短缺、生态环境恶化、信息安全、流行性疾病蔓延等问题的威胁日益加剧。如果不能及时有效加以处置，就可能危及中国和平发展多年来取得的成果。第一，资源和能源的短缺随着经济规模的扩大逐渐成为中国和平发展的短板，中国对国际能源市场、原材料市场的高度依赖，一方面导致中国经济容易受制于人，另一方面给所谓"中国资源威胁论""中国能源威胁论"提供了口实。第二，生态环境的恶化是中国在追求经济高速增长时所付出的沉重代价，在人口压力和工业化压力的长期持续之下，中国的生态环境形势在短期内难以好转，已经成为中国经济可持续发展的障碍，危及人民的生存环境和健康。处理好经济发展与人口、资源、环境之间的矛盾，对于中国和平发展的持续具有重要意义。第三，信息安全同样事关国家政治稳定和经济发展，信息时代保护信息系统与资源免受干扰和破坏

---

① J. G. Castaneda, "Not Ready for Prime Time: Why Including Emerging Powers at the Helm Would Hurt Global Governance", *Foreign Affairs*, Vol. 89, No. 5, 2010, pp. 109 – 122.

是不容忽视的国家安全问题。互联网在推动社会经济进步的同时，也给网络安全、网络秩序带来了管理的难题，不良信息的传播则使互联网成为网络犯罪的温床和意识形态渗透的工具，信息主权的掌控、信息资源的争夺等问题成为中国和平发展的重大挑战。第四，流行性疾病蔓延引发的公共卫生事件不仅威胁公众生命和健康，破坏正常的生产和生活秩序，而且可能导致社会动荡和混乱，是影响国家稳定和发展的全新问题。近年来，非典型性肺炎、艾滋病、禽流感等传染病不同程度对中国的社会经济造成了冲击，防控流行性疾病成为保障中国和平发展的新任务。全球性问题大多属于经济社会领域具有极强公共性的问题，对中国和平发展的影响不可低估。从中国的自身利益和全人类整体利益着眼，积极应对全球性问题的威胁、努力改善引发全球性问题的自然条件和社会基础，是中国实现和平发展需要与国际社会共同面对的挑战。

3. 国内矛盾的干扰

中国走和平发展道路，本质上是国家的现代化进程由内而外的延伸。中国的国内发展与对外关系的联系极为密切，习近平主席对此曾指出："更好统筹国内国际两个大局，……不断夯实走和平发展道路的物质基础和社会基础。"[①] 所谓物质基础，就是不断增强中国的综合国力；所谓社会基础，就是让广大人民群众享受到和平发展带来的利益。现阶段中国的国家统一大业尚未实现，极端民族分裂主义势力长期存在，对中国的主权完整和政治稳定构成威胁。中国的现代化建设仍处于一个经济社会体制转型的进程中，在总体上保持社会基本稳定和经济快速发展的同时，也存在着种种转型中的问题和困难。经济增速放缓、贫富差距拉大、民生问题突出，都是关乎国家稳定与和谐的重大问题，如果应对措施不当，不仅会削弱中国和平发展的对外影响力，而且可能导致社会动荡。

"台独""疆独""藏独"等分裂势力的存在，是对中国和平发展最直接的挑战。解决台湾问题，完成国家统一长期在中国总体国家发展战略中占据重要地位，和平稳定的两岸关系是中国实现和平发展的必然要求。长远来看，中国的和平发展要为最终解决台湾问题创造条件，从而实现中华民族的伟大复兴。但 20 世纪 90 年代后，李登辉、陈水扁等"台独"分裂势力背离一个中国原则，大肆从事分裂活动，炮制"两国论""一边一国论""公投制宪"等闹剧，威胁中国的国家统一和领土完整，严重干扰中国

---

① 习近平：《习近平谈治国理政》，第 247 页。

的和平发展大局。中国对此进行了针锋相对、有理有利有节的斗争，捍卫了一个中国的原则。2005 年 3 月，《反分裂国家法》获得通过，将反"台独"、反分裂上升为国家意志，使其更具强制性与约束力，昭示了中国维护国家统一的坚定意志和强大民意。2008 年马英九在台湾赢得选举后，两岸关系呈现出前所未有的和平发展局面，政治层面的互信逐步建立，经济层面的合作不断加强，文化社会人文层面的交流更加活跃。2010 年两岸签署了《海峡两岸经济合作框架协议》（ECFA），为两岸经济合作搭建了制度化的平台。但是，两岸交往的扩大并未根除"台独"势力长期推行"去中国化"的不利影响，两岸关系的和平发展未能转化为阻止独立促进统一的政治能力。"20 年来台湾民众'中国认同'的比例逐步下降，'台湾认同'的比例则不断上升。"[1] 2014 年爆发的"太阳花运动"，以阻碍两岸经贸关系进一步深化为表现形式，反映出台湾青年一代的认同危机和分离主义倾向。2015 年 11 月 7 日，两岸领导人在新加坡举行了世界瞩目的"习马会"，意在巩固两岸关系和平发展的成果。但 2016 年民进党蔡英文赢得选举，国民党实力衰退，为两岸关系的走向增添了新的变数。中国的和平发展绝不会以丧失领土主权为代价，一旦"台独"的事态恶性发展，中国只能采取一切必要手段加以制止，这必然使中国的和平发展进程遭受严重挫折。正如习近平主席指出的那样，"对两岸关系和平发展的最大现实威胁是'台独'势力及其分裂活动。'台独'煽动两岸同胞敌意和对立，损害国家主权和领土完整，破坏台海和平稳定，阻挠两岸关系发展，只会给两岸同胞带来深重祸害"。[2]

除了"台独"之外，以热比娅为代表的"疆独"、以达赖集团为首的"藏独"等分裂主义势力严重影响民族团结、国家统一和社会稳定。2008 年西藏发生的"3·14"事件和 2009 年乌鲁木齐发生的"7·5"暴力事件表明，民族分裂主义打着民族、宗教的幌子，煽动民族仇恨，制造宗教狂热，从事暴力恐怖活动，制造社会恐慌，破坏安定团结的局面，危害国家安全和民族团结。"暴力恐怖活动漠视基本人权、践踏人道正义，挑战的是人类文明共同的底线，既不是民族问题，也不是宗教问题，而是各族人民的共同敌人。"[3] 更为严重的是，尽管分裂主义活动是中国的内政，是挑战中国和平发展的内部问题，但"台独""疆独""藏独"都不同程度得到境外

① 刘国奋：《两岸关系发展二十年之省思》，《台湾研究》2015 年第 2 期，第 2 页。
② 《习近平同马英九会面》，《人民日报》，2015 – 11 – 08，第 1 版。
③ 习近平：《习近平谈治国理政》，第 203 页。

反华、遏华势力的支持，其长期延续与外部势力的插手密不可分，一直充当外部势力牵制中国崛起的重要战略棋子。从这个角度而言，分裂主义势力威胁中国国内的和平与稳定，对中国和平发展的总体战略造成极大危害。

中国国内的和谐稳定对中国和平发展的意义重大。改革开放30多年来，中国取得了令世界瞩目的建设成就，国内社会保持了持久的稳定状态。当前中国仍处于政治经济社会转型的重要时期，"现代性孕育着稳定，而现代化过程却滋生着动乱"[1]，既是发展的机遇期，也是各种矛盾的凸显期，维护社会稳定、实现社会和谐的任务十分艰巨。在可预见的将来，经济发展仍然是中国的第一要务。然而，在30多年的高速增长后，束缚中国经济发展的各种体制性障碍和深层次矛盾突出，中国经济进入了增速回落的新常态时期。具体表现为：经济增长速度由高速增长转为中高速增长；经济发展方式由粗放型增长转向遵循经济规律的科学发展、遵循自然规律的可持续发展以及遵循社会规律的包容性发展；经济结构从增量扩能为主转向调整存量、做优增量并存的深度调整；经济发展动力从要素驱动、投资驱动转向创新驱动；等等。中国经济进入新常态，是为了实现经济的持续健康发展，是中国经济社会发展的必经阶段，但新常态的转型需要一个过程，其间的风险和挑战不容忽视。而且，经济增速放缓所带来的产能过剩、传统产业收缩、比较优势丧失等难题，与社会领域的民生问题密切相关，如若解决不好，就会使社会稳定的经济基础发生动摇，各种社会矛盾和社会风险就会相互交织、接踵而至。诸如贫富分化、就业困难、房价上涨、贪污腐败、食品安全、环境污染等问题引发的社会不满和风险，一旦遇到突发性的事件，极易引发群体性事件，严重威胁社会的稳定。"社会和谐是中国特色社会主义的本质属性"，"建设社会主义和谐社会是社会主义贯穿全过程的长期历史任务，就是要在发展的基础上正确处理各种社会矛盾"。[2] 民为邦本，中国和平发展的实现归根结底有赖于广大人民群众的信任与支持。近年来中国政府为完善社会保障体系，保障人民群众的权益采取了一系列措施，在一定程度上促进了社会的公平正义与繁荣和谐，有效防止了形形色色社会风险的激化，但总体而言，深层次的

[1] 〔美〕塞缪尔·亨廷顿：《变化社会中的政治秩序》，王冠华、刘为等译，上海人民出版社，2008，第31页。
[2] 《全面建设小康社会，开创中国特色社会主义事业新局面——在中国共产党第十六次全国代表大会上的报告》，《人民日报》，2002-11-18，第1版。

社会矛盾尚未根除。当前，全面建设小康社会的目标对政府的治理能力提出了严峻挑战，正确处理经济新常态下的各种民生问题，才能不断提高维护社会稳定和国家长治久安的水平，为中国实现和平发展提供最重要的国内基础。

中国和平发展的道路还很长，既需要和平安宁的国际环境，更需要和谐稳定的国内环境。当前，中国国内发展中所面临的矛盾和困难，必须通过进一步深化改革加以妥善处理，从而推进经济建设、政治建设、文化建设、社会建设以及生态文明建设各个环节相协调，为中国和平发展注入新的动力。

结　语

中国的和平发展开创了以实现国家现代化和民族复兴为目标的新型发展道路，是中国对内战略与对外战略的有机统一。中共十八大以来，中国日益走到了国际舞台的中心，面临着更多纷繁复杂的挑战。新的时代呼唤新的思路，中国和平发展的道路需要与时俱进的理论创新。习近平主席准确把握国内国际形势及其发展趋势，提出了许多富有创见的治国理政新理念、新思想，推动中国特色大国外交取得了丰硕的成果。

和平发展道路是中国的国家意志和国家战略，中国特色大国外交继续坚持和平发展的战略选择。中国和平发展的进程，一直伴随着对国际制度的参与、建设与塑造，国际制度的演变对中国和平发展的外部环境和内在需求都产生了重要影响。"十三五规划"明确提出："推动国际经济治理体系改革完善，积极引导全球经济议程，促进国际经济秩序朝着平等公正、合作共赢的方向发展。""积极参与网络、深海、极地、空天等新领域国际规则的制定。"[①] 这些举措，表明中国一方面将以完善、重建国际经济制度作为参与全球治理的突破口，另一方面将积极谋取国际制度新兴领域的发言权。在中国特色大国外交的战略布局中，国际制度占据了前所未有的重要地位。作为崛起中的大国，中国不仅应当拥有强大的物质实力，更要具备制度上的建设能力。中国特色大国外交的实践必将进一步强化中国构建国际制度的能力，推动国际制度朝着更加公正合理的方向发展，为中国的和平发展创造更加有利的条件，同时为世界的和平与发展做出更大贡献。

---

① 《中共中央关于制定国民经济和社会发展第十三个五年规划的建议》，《人民日报》，2015 - 11 - 04，第 1 版。

参考书目

【中文著作】

蔡拓：《全球问题与当代国际关系》，天津人民出版社，2002。

陈东晓主编《全球治理与联合国机制改革》，时事出版社，2012。

戴轶：《联合国集体安全制度改革问题研究》，中国社会科学出版社，2014。

邓永昌：《中国和平发展与西方的战略选择》，社会科学文献出版社，2008。

郭学堂：《人人为我　我为人人——集体安全体系研究》，上海人民出版社，2010。

国务院发展研究中心课题组：《大变局：中国和平发展的国际经贸环境与总体战略》，中国发展出版社，2012。

胡鞍钢：《中国崛起之路》，北京大学出版社，2007。

胡锦光、韩大元：《当代人权保障制度》，中国政法大学出版社，1993。

胡宗山：《中国的和平崛起：理论、历史与战略》，世界知识出版社，2006。

郇庆治：《环境政治学：理论与实践》，山东大学出版社，2007。

黄全胜：《环境外交综论》，中国环境科学出版社，2008。

焦世新：《利益的权衡：美国在中国加入国际机制中的作用》，世界知识出版社，2009。

李翀：《超主权国际货币的构建：国际货币制度的改革》，北京师范大学出版社，2014。

李东燕：《全球安全治理：研究与调查》，当代中国出版社，2013。

李景治等：《中国和平发展与构建和谐世界研究》，中国人民大学出版社，2011。

李君如：《中国人权事业发展报告》，社会科学文献出版社，2011。

李铁城：《世纪之交的联合国》，人民出版社，2002。

刘杰：《国际人权体制——历史的逻辑与比较》，上海社会科学院出版社，2000。

刘兴华：《国际规范与国内制度改革》，南开大学出版社，2012。

罗建波：《中国特色大国外交研究》，中国社会科学出版社，2016。

毛燕琼：《WTO 争端解决机制问题与改革》，法律出版社，2010。

秦亚青：《世界政治与全球治理》，世界知识出版社，2014。

饶戈平：《全球化进程中的国际组织》，北京大学出版社，2005。

任丙强：《全球化、国家主权与公共政策》，北京大学出版社，2007。

苏长和：《全球公共问题与国际合作：一种制度的分析》，上海人民出版社，2000。

陶坚、林宏宇：《中国崛起与全球治理》，世界知识出版社，2014。

王缉思：《大国关系》，中信出版社，2015。

王杰主编《大国手中的权杖——联合国行使否决权纪实》，当代世界出版社，1998。

王杰主编《国际机制论》，新华出版社，2002。

王逸舟：《国际公共产品：变革中的中国与世界》，北京大学出版社，2015。

王逸舟：《探寻全球主义国际关系》，北京大学出版社，2005。

王之佳：《中国环境外交》，中国环境科学出版社，1999。

武心波主编《大国国际组织行为研究》，上海人民出版社，2010。

徐能武：《国际安全机制理论与分析》，中国社会科学出版社，2010。

杨光海：《国际安全制度及其在东亚的实践》，时事出版社，2010。

杨洁勉：《中国外交理论和战略的建设与创新》，上海人民出版社，2015。

叶江：《全球治理与中国的大国战略转型》，时事出版社，2010。

叶自成等：《中国和平发展的国际环境分析》，经济科学出版社，2009。

俞可平：《全球化与全球治理》，社会科学文献出版社，2003。

赵磊：《建构和平：中国对联合国外交行为的演进》，九州出版社，2007。

郑必坚：《论中国和平崛起发展新道路》，中共中央党校出版社，2005。

郑必坚：《思考的历程——关于中国和平发展道路的由来、根据、内涵和前景》，中共中央党校出版社，2006。

中共中央党校国际战略研究所：《中国和平崛起新道路》，中共中央党校出版社，2004。

中国联合国协会：《联合国70：成就与挑战》，世界知识出版社，2015。

周忠海：《中国的和平发展与国际法》，中国政法大学出版社，2006。

朱锋：《人权与国际关系》，北京大学出版社，2000。

朱杰进：《国际制度设计：理论模式与案例分析》，上海人民出版社，2011。

朱立群等：《全球治理：挑战与趋势》，社会科学文献出版社，2014。

庄贵阳:《全球环境与气候治理》,浙江人民出版社,2009。

庄贵阳、陈迎:《国际气候制度与中国》,世界知识出版社,2005。

【译著】

〔美〕R. J. 文森特:《人权与国际关系》,凌迪等译,知识出版社,1998。

〔美〕阿尔瓦雷茨:《作为造法者的国际组织》,蔡从燕等译,法律出版社,2011。

〔加拿大〕安德鲁·库珀、〔波兰〕阿加塔·安特科维茨主编《全球治理中的新兴国家》,史明涛、马骏等译,上海人民出版社,2009。

〔美〕安妮·克鲁格:《作为国际组织的 WTO》,黄理平等译,上海人民出版社,2002。

〔美〕奥兰·扬:《直面环境挑战:治理的作用》,赵小凡、邬亮译,经济科学出版社,2014。

〔英〕芭芭拉·沃德、〔美〕勒内·杜博斯:《只有一个地球》,《国外公害丛书》编委会译校,吉林人民出版社,1997。

〔美〕保罗·肯尼迪:《大国的兴衰:1500 到 2000 的经济变化和军事冲突》,梁于华等译,世界知识出版社,1990。

〔加拿大〕彼得·哈吉纳尔:《八国集团体系与二十国集团》,朱杰进译,上海人民出版社,2010。

〔美〕查尔斯·金德尔伯格:《世界经济霸权:1500 – 1990》,高祖贵译,商务印书馆,2003。

〔美〕大卫·鲍德温:《新现实主义和新自由主义》,肖欢容译,浙江人民出版社,2001。

〔加拿大〕黛布拉·斯蒂格主编《世界贸易组织的制度再设计》,汤蓓译,上海人民出版社,2011。

〔英〕赫德利·布尔:《无政府社会:世界政治秩序研究》,张小明译,世界知识出版社,2003。

〔美〕杰克·唐纳利:《普遍人权的理论与实践》,王浦劬等译,中国社会科学出版社,2001。

〔美〕莉莎·马丁、贝思·西蒙斯编《国际制度》,黄仁伟、蔡鹏鸿等译,上海人民出版社,2006。

〔美〕路易斯·亨金:《权利的时代》,信春鹰等译,世界知识出版社,1997。

〔美〕罗伯特·基欧汉：《霸权之后：世界政治经济中的合作与纷争》，苏长和、信强、何曜译，上海人民出版社，2001。

〔美〕罗伯特·基欧汉、〔美〕海伦·米尔纳主编《国际化与国内政治》，姜鹏、董素华译，北京大学出版社，2003。

〔美〕罗伯特·基欧汉、〔美〕约瑟夫·奈：《权力与相互依赖》（第3版），门洪华译，北京大学出版社，2002。

〔美〕罗伯特·吉尔平：《国际关系政治经济学》，杨宇光等译，经济科学出版社，1989。

〔美〕罗伯特·吉尔平：《世界政治中的战争与变革》，宋新宁、杜建平译，上海人民出版社，2007。

〔英〕马克·威廉姆斯：《国际经济组织与第三世界》，张汉林等译，经济科学出版社，2001。

〔美〕迈克尔·巴尼特：《为世界定规则》，薄燕译，上海人民出版社，2009。

〔美〕迈克尔·斯温、〔美〕阿什利·特利斯：《中国大战略》，洪允息、蔡焰译，新华出版社，2001。

〔奥〕曼弗雷德·诺瓦克：《国际人权制度导论》，孙世彦译，北京大学出版社，2010。

〔美〕曼瑟尔·奥尔森：《集体行动的逻辑》，陈郁等译，上海人民出版社，1995。

〔英〕尼古拉斯·惠勒：《拯救陌生人——国际社会中的人道主义干涉》，张德生译，中央编译出版社，2011。

〔美〕塞缪尔·亨廷顿：《变化社会中的政治秩序》，王冠华、刘为等译，上海人民出版社，2008。

〔美〕塞缪尔·亨廷顿：《文明的冲突与世界秩序的重建》，周琪等译，新华出版社，2002。

世界环境与发展委员会：《我们共同的未来》，王之佳等译，吉林人民出版社，2005。

〔美〕斯蒂芬·D.克莱斯勒等：《结构冲突：第三世界对抗自由主义》，李小华译，浙江人民出版社，2001。

〔美〕斯塔夫里·阿诺斯：《全球通史：1500以后的世界》，吴象婴、梁赤民译，上海社会科学出版社，1992。

〔日〕星野昭吉：《全球化时代的世界政治——世界政治的行为主体与

结构》，刘小林、梁云祥译，社会科学文献出版社，2004。

〔美〕熊玠：《无政府状态与世界秩序》，余逊达、张铁军译，浙江人民出版社，2001。

〔英〕亚当·罗伯茨、〔新西兰〕本尼迪克特·金斯伯里主编《全球治理——分裂世界中的联合国》，吴志成等译，中央编译出版社，2010。

〔美〕亚历山大·温特：《国际政治的社会理论》，秦亚青译，上海人民出版社，2000。

〔美〕伊恩·约翰斯顿、〔美〕罗伯特·罗斯主编《与中国接触——应对一个崛起的大国》，黎晓蕾、袁征译，新华出版社，2001。

〔美〕伊丽莎白·埃克诺米、〔美〕米歇尔·奥克森伯格主编《中国参与世界》，华宏勋等译，新华出版社，2001。

〔美〕约瑟夫·奈：《硬权力与软权力》，门洪华译，北京大学出版社，2005。

〔美〕约瑟夫·奈、〔美〕约翰·唐纳胡主编《全球化世界的治理》，王勇等译，世界知识出版社，2003。

〔美〕詹姆斯·罗西瑙主编《没有政府的治理》，张胜军、刘小林等译，江西人民出版社，2001。

【英文著作】

Alagappa M. , *Asian Security Order*：*Instrumental and Normative Features*, Stanford：Stanford University Press, 2003.

Bernett M. , Finnemore M. , *Rules for the World*：*International Organizations in Global Politics*, Ithaca：Cornell University Press, 2004.

Brook C. , McGrew A. , *Asia – Pacific in the New World Order*, Oxford：Routledge, 1998.

Carr E. H. , *The Twenty Years' Crisis*, 1919 – 1939：*An Introduction to the Study of International Relations*, New York：Harper & Row, 1964.

Claude I. L. , *Swords into Plowshares*：*The Problems and Progress of International Organization*, London：University of London Press, 1964.

Commission on Global Governance, *Our Global Neighbourhood*：*The Report*, Oxford：Oxford University Press, 1995.

Falk R. A. , Kim S. S. , *The United Nations and a Just World*, Boulder：Westview Press, 1991.

Griller S. ed. , *At Crossroad: The World Trading System and the Doha Round*, New York: Springer Wien, 2008.

Hasenclever A. , Mayer P. , Rittberger V. , *Theories of International Regimes*, Cambridge: Cambridge university press, 1997.

Ikenberry G. J. , *After Victory: Institutions, Strategic Restrain, and the Rebuilding of Order after Major Wars*, Princeton: Princeton University Press, 2000.

Kent A. , *China, the United Nations, and Human Rights: The Limits of Compliance*, Philadelphia: University of Pennsylvania Press, 1999.

Keohane R. O. , *International Institutions and State Power: Essay in International Relations Theory*, Boulder: Westview Press, 1989.

Kim S. S. , *China, the United Nations and World Order*, Princeton: Princeton University Press, 1979.

Kim S. S. , *China and the World* (4th *Edition*), Boulder: Westview Press, 1998.

Lampton D. M. , *The Making of Chinese Foreign and Security Policy in the Era of Reform*, 1978 – 2000, Stanford: Stanford University Press, 2001.

McKinnon R. I. , *Money and Capital in Economic Development*, Washington: Brookings Institute Press, 1973.

Morgenthau H. J. , *Politics among Nations: The Struggle for Power and Peace* (*7th edition*) , Beijing: Beijing University Press, 2007.

Nye J. S. , *Bound to Lead: The Changing Nature of American Power*, New York: Basic Books, 1990.

Nye J. S. , *Soft Power: The Means to Success in World Politics*, New York: Public Affairs, 2004.

Oye K. A. , *Cooperation under Anarchy*, Princeton: Princeton University Press, 1986.

Ramo J. C. , *The Beijing Consensus*, London: The Foreign Policy Centre, 2004.

Risse – Kappen T. , *Bringing Transnational Relations Back in: Non – state Actors, Domestic Structures and International Institutions*, Cambridge: Cambridge University Press, 1995.

Rittberger V. , *Regime Theory and International Relations*, Oxford: Clarendon Press, 1993.

Robinson T. W. , *Chinese Foreign Policy: Theory and Practice*, Oxford: Oxford University Press, 1995.

Shambaugh D. ed. , *Power Shift: China and Asia's New Dynamics*, Berkley: University of California Press, 2005.

Shaw E. S. , *Financial Deepening in Economic Development*, Oxford: Oxford University Press, 1973.

Snyder G. H. , *Alliance Politics*, New York: Cornell University Press, 1997.

Stuart H. ed. , *China as a Great Power: Myths, Realities and Challenges in the Asia – Pacific Region*, New York: St. Martin's Press, 1995.

Thacher P. S. , Hurrell A, Kingsbury B. , *The International Politics of the Environment: Actors, Interests, and Institutions*, Oxford: Clarendon Press, 1992.

Weiss T. G. , Forsythe D. P. , Coate R. A. , *The United Nations and Changing World Politics*, Boulder: Westview Press, 1994.

图书在版编目（CIP）数据

中国和平发展与国际制度/蒲俜著. -- 北京：社
会科学文献出版社，2016.6
（当代世界与中国国际战略）
ISBN 978 – 7 – 5097 – 9156 – 1

Ⅰ.①中…　Ⅱ.①蒲…　Ⅲ.①发展战略 – 研究 – 中国
Ⅳ.①D60

中国版本图书馆 CIP 数据核字（2016）第 102327 号

·当代世界与中国国际战略·

中国和平发展与国际制度

著　　者／蒲　俜

出 版 人／谢寿光
项目统筹／宋浩敏
责任编辑／宋浩敏

出　　版／社会科学文献出版社·当代世界出版分社（010）59367004
　　　　　地址：北京市北三环中路甲 29 号院华龙大厦　邮编：100029
　　　　　网址：www.ssap.com.cn
发　　行／市场营销中心（010）59367081　59367018
印　　装／三河市尚艺印装有限公司

规　　格／开　本：787mm×1092mm　1/16
　　　　　印　张：13.75　字　数：238 千字
版　　次／2016 年 6 月第 1 版　2016 年 6 月第 1 次印刷
书　　号／ISBN 978 – 7 – 5097 – 9156 – 1
定　　价／56.00 元